香港非物質文化遺產系列

# 紮作技藝

黃競聰　李凌瀚　著

中華書局

# 目錄

# 推薦序

　　紮作技藝為一門歷史悠久之民間手藝，紮作以簡單之材料，如竹篾、紗紙、色紙、絹布等，運用紮作技巧及繪畫筆功製作而成。紮作技藝可分為設計、選料、紮骨、貼紗紙和施彩五個步驟。

　　以功能區分，紮作可分為喪葬紮作、節慶紮作及裝飾紮作三類。喪葬紮作為供奉死者之祭品，主要用於喪禮之上，包括用以超渡亡魂之金銀山、金銀橋及仙鶴等。節慶紮作主要用於各類民間節慶及祭典，例如圍村點燈儀式用之花燈、盂蘭勝會及醮會中之大士王、及在各種神誕巡遊中之神像及花炮等。裝飾紮作主要包括花牌和燈籠。

　　早於十九世紀，本地宗教儀式中已使用大量紙紮祭品。至20世紀初，本地紮作行業開始日趨興旺，1940年代末，不少內地紮作師傅來港定居，促進了本地紮作行業之發展，曾出現不少大型紙紮舖，該行業當時且成立了港九油燭紙業扎作職工會等工會組織。1950至1970年代，香港紮作行業發展蓬勃，香港紮作之花燈甚受外國遊客歡迎，自1960年代起經常出口至英國、美國、瑞典及加拿大等國家。

　　近年，隨着時代變遷及城市發展，神誕及盂蘭勝會等節慶之規模日漸縮小，往日隨處可見之燈籠及機動花牌等裝飾亦不再流行，紮作品之需求下降。由於面對內地廠房大量生產紮作品之激烈競爭，本地紮作行業逐漸式微，年輕人多不願入行，但紮作製品仍然普遍見於傳統節慶祭典，以至日常生活中各種信仰儀式之中。部分紮作師傅現正與不同機構合作舉辦工作坊，向市民及

學生傳授紮作技藝，亦有紮作師傅嘗試結合傳統紮作工藝與現代設計意念，創作出新穎之紮作品，積極傳承這門傳統民間手藝。2017 年，紮作技藝被列入首批香港非物質文化遺產代表作名錄。

競聰博士對香港歷史研究甚力，對香港華人傳統風俗文化、及民間信仰有深入探索。近將香港紮作技藝傳統風俗與習慣輯集成書，題為《香港非物質文化遺產系列：紮作技藝》，囑余為序。余以其書內容豐富，對該傳統風俗及習慣各項問題，解說甚為詳盡，故特作推薦。

2023 年初夏月
蕭國健
於顯朝書室

# 序

紮作技藝源遠流長，一直是中國傳統民間習俗與宗教儀式不可或缺的組成部分。傳統社會舉凡生死大事、神誕節慶，以及其他紅事白事，都會用上紮作品。香港非物質文化遺產代表作的五個類別，紮作技藝屬第五類別「傳統手工藝」中的一個項目；觀乎第一類別「表演藝術」及第二類別「社會實踐、儀式、節慶活動」內的諸多項目，紮作技藝的「身影」其實也穿插其中。

相較其廣泛影響，關於紮作技藝及紮作品的歷史紀錄卻寥寥可數。最近翻閱 1905 年在廣州創刊的《時事畫報》，赫然發現不少報道提及各種為人熟悉的傳統紮作品，包括丁燈、大士王、花炮、魚燈、祥龍、瑞獅、七姐盆、吊公、佛船。部分報道更有紮作品的繪畫，至於是否寫實描繪或許有商榷餘地。《時事畫報》乃革命刊物，報人與畫師當然不是為後人留下紮作品記錄，而是從「鼓吹文明」及「革除陋俗」的角度對傳統民間習俗大加撻伐，[1]不過因此反而為我們留下了該紮作品在清末的圖像記錄，也顯示出紮作技藝與傳統習俗息息相關。

文字記錄匱乏，一方面受傳統手工藝固有傳承方式影響，也關乎大眾與用家如何看待紮作品。紮作品製作得漂亮固然賞

1　如〈花燈貽害〉（丁燈），1906/1〔1:398〕；〈特別人物〉（吊公），1906/10〔2:199〕〈有此陋俗〉（大士王），1906/30〔3:507〕；〈開鑼〉（丁燈），1907/1〔4:128〕；〈大良賽會〉（祥龍、魚燈），1907/2〔4:167〕；〈運動會〉（瑞獅），1907/5〔4:328〕；〈乞丐〉（七姐盆），1907/18〔5:278〕；〈智識進步〉（花炮）。1908/4〔6:598〕；〈四萬金一炬〉（慈禧佛船），1909/14〔9:418〕。按：〈〉內為報道標題，（）內是提及的紮作品，X/X 是出版年份及期數，〔〕內是重印本卷頁數。各報道見廣東省立中山圖書館、廣州博物館編；程存潔、倪俊明主編：《時事畫報》，十冊（廣州：廣東人民出版社，2014）。

心悅目，但「使用」一面無疑更為重要。不少紮作品都在儀式上使用，且大都用後火化。就算保留下來再使用（如龍獅等瑞獸紮作），在南方潮濕天氣影響下要長久保存也不容易，畢竟大部分紮作品都是由紙、竹及漿糊所造，體積又大，而非像金銀玉石工藝品般方便收藏及鑑賞。不過近年因「非遺」概念日益普及，紮作品製作與鑑賞的一面愈趨獲得重視。

回到本書正題，究竟紮作技藝是什麼？一位資深紮作師傅常對我們說，紮作就是以假亂真！紮作師傅以簡單材料與工具去造出不同比例的模仿物，包括現實世界與想像世界的各種各樣事物。前者常見如楊桃、魚、白兔、太空船、卡通人物等中秋花燈，後者則是各種瑞獸神獸，以及靈界神明。可以說，紮作品就是一種比例模型，因應用途與場合而變化，有些動態舞動，有些則靜態擺放。

紮作品除了是一種模仿物，也是一種承載豐富象徵意義與情感的「物件」。在特定場合及儀式中，活靈活現的紮作品既寄託了用家情感，也會影響參與者的感受。例如在盂蘭勝會及醮會中兇神惡煞的大士王，形象突出，信眾都肅穆上香。而「化大士」一幕，無論對信眾還是旁觀的「風俗愛好者」乃至攝影師來說，不單是儀式，更是一種「景觀」，直接刺激着每一位在場人士的官能情感。[2]

· · · · · · · · · · · · · · · · · · · · · · · · · · · · · · · · · · · · ·

2　傳統學界較重視儀式的象徵意義與功能。近數十年有所謂「物的轉向」，轉而重視儀式物本身及其在場合中對參與者的衝擊。部分紮作品的製作、使用與用畢儀式正好是這方面研究很好的材料與例子。不過這是另一課題，無法在本書展開論述。

談傳統紮作品的製作理念及其象徵意義，的確不能不認識其使用場合背後的歷史傳統與儀式程序，這方面我們在書中時刻強調。至於技藝一面，我們除了簡介紮作的基本步驟與原則、所需材料與工具，也會扼要介紹紮作品的傳統背景、形制特色與製作過程，並輔以九個案例加以說明。

香港的紮作技藝自有特色。紮作不單是一門工藝，也是一種維生技能及營商活動。所以貫穿全書的，是紮作師傅與紮作店老闆的故事。在各行業尚未專業細化分工前，紮作店除了忙於製作傳統紮作品，有些更兼營廣告、道具、外牆裝飾，以至室內設計等業務。因緣際會，1950 至 1980 年代造就了紮作行業的黃金時期，訂單不絕，更出口海外。本書為此各特闢一章探討香港紮作業行會與紮作出口貿易，除欲深入了解行業運作，也期望為香港行業史及工運史添上一筆。

紮作這門傳統技藝與行業，在香港這個急速發展的社會有危亦有機。無論在營商方式、營業範圍，還是技術改進與材料選用上，都不時需要尋求革新與變通，方能化危為機。誠如 1950 年代一位紮作師傅向記者說：「紮作的技術，是沒有止境的，全憑紮作師傅的心思與靈活的頭腦……。紮作一件物件，千變萬化，這在乎一個師傅之技巧如何了。」[3] 紮作技藝本身既傳統又創新，所以我們介紹的「失傳技藝」，嚴格來說應稱為傳統做法。不同時代的紮作師傅會隨着新技術與新材料的普及因時制宜，用更快捷及更方便的方法來達成所需效果。

近年非遺概念盛行，香港傳統工藝備受關注，相關書籍、研究論文、口述歷史，以及媒體訪談，層出不窮。紮作技藝或因其作品色彩豐富及外形多樣，屬頗獲推廣與介紹的傳統工藝之一。我們撰寫此書，除了從非遺角度記錄紮作技藝及補足坊間現有的成果外，也希望讓讀者對香港紮作技藝及行業有更立體的認識。本書取材自政府檔案、口述訪問、私人收藏、舊報報道、老照片

3 〈訪問紮作工人〉，《華僑日報》，1957 年 7 月 14 日。

等舊物舊刊。將內容設定為上、中、下三篇的格局，正是希望歷史、技藝與文化並重，務求讀者從工藝角度欣賞紮作技藝之餘，更能深入理解這門技藝的歷史與文化底蘊。

由最初構思到整理文獻，由拜訪師傅到實地考察，整個研究為期大約兩年。沒有各受訪師傅的鼎力相助，本書難以寫就。猶幸各師傅與持續關注此課題的競聰兄相識多年，故對我們的「問長問短」，均不厭其煩「傾囊相授」，更時刻為我們解答難題。某次訪問一位新相識師傅，因訪問超時又耽誤了他做生意，甚感歉意，但他說：「沒關係，與你們聊天就像跟紙紮佬聊天一樣。」這一句話是對我們工作的莫大肯定。又本書能成功出版，必須感謝非物質文化遺產辦事處的支持，以及中華書局黎耀強先生及葉秋弦小姐專業的工作。

天寶樓紮作師傅夏中建說曾在港九油燭紙業扎作職工會舊址見過一本小冊，名曰《拿龍捉鳳》。此乃該會唯一一本會刊，估計於 1960 年代出版。書名氣勢磅礴，可以想像紮作師傅的巧手在舞弄竹篾、撲紙寫色，從無到有把想像中的神獸製作出來。惜至今此冊仍未得見，還望有識之士及資深收藏家若知其下落，不吝告知是幸。

李凌瀚

2023 年 6 月 18 日書於香港中文大學圖書館

# 緒論

　　紮作又稱紙紮，是一門歷史悠久的民間手藝。[1] 在沒有機器的年代，所有紮作品均出自人手製作，物料就地取材，以竹篾、紗紙、漿糊等簡單材料，憑藉匠人的巧手、經驗和技術，製作出外形千變萬化的紮作品。時至今日，每逢香港傳統節慶或祭祀活動，仍會用紮作品，常見如獅頭、龍頭、燈籠、花炮、紙紮祭品如金銀衣紙、衣包等。紮作師傅憑着想像力與一對巧手，每一件製成品都可以說是獨一無二的，然而紮作技藝卻萬變不離其宗。

## （一）歷代文獻中的紮作

　　據考古發現，早在漢初紙張已被使用，作為文字載體，逐漸普及於民間社會。紙造祭品用於喪葬和祭祀用途，則可以追溯至魏晉南北朝時期。[2]《釋名‧釋喪制》：「送死之器曰明器。」古代稱紙造祭品為紙明器，或冥器，如宋人趙彥衛《雲麓漫鈔》卷五云：「古之明器，神明之也。今之以紙為之，謂之冥器，錢曰冥財。」《夢粱錄‧團行》：「其他工役之人，或名為作分者，如

1　全書基本以「紮」為常用正字。若引文及名稱（如店名、書名）運用異體字如「扎」、「紮」及「札」，則予以保留，以存原本。按：港九油燭紙業扎作職工會除了招牌採用「紮」字，其官方名稱及文書都取用「扎」字。故文中談及工會，俱稱為「扎作工會」或「扎作職工會」。

2　新疆吐魯番阿斯塔那古墓葬群出土大量的紙明器，最早為前秦建元廿年（384），最晚在唐代大曆年間。詳見陸錫興：〈吐魯番古墓紙明器研究〉，《西域研究》，第 3 期（2006），頁 50-55。

……修香澆燭作、打紙作、冥器作等。」[3] 紙紮原是用作喪葬的紙祭品，隨着時代演進，紙紮技藝日漸成熟，不再局限於喪葬用品，更應用於製作喜慶娛樂產品。

至於紮作的起源眾說紛紜，莫衷一是，其中台灣流行說法是與唐太宗李世民有關。傳說李世民曾巡遊地府，與陰府三曹對案後，由閻王護送返回陽間，途經之處見到不少孤魂野鬼衣不蔽體，居無住處等慘況，並向李世民乞求幫助。李世民回到陽間，尋求長城仙師（有一說是仲慶仙師）協助，他建議用紙和竹紮成日常生活祭器，如房屋、器物等，以火化形式供予孤魂野鬼的需要。亦因如此，台灣地區奉李世民、長城仙師和仲慶仙師為紮作祖師爺，反觀香港紮作業因擔心祝融光顧，故奉火神華光先師為行業神。[4]

宋孟元老《東京夢華錄·清明節》載：「紙馬舖皆於當街用紙袞疊成樓閣之狀。」袞疊即用紙張捲成樑柱，並裝嵌成房子形狀。由此可見，到了宋代，紙紮用品已大行其道，製品變得多樣化，紮作技藝已趨成熟，並設有專門紮作的工匠。紙紮品愈趨精緻美觀，帶動市場需求，不少富戶人家願意出巨資購買。迄至元代，朝廷為遏止漢人耗費，曾下令禁止購買紙紮品。[5]

明清時期，紙紮業的發展達到巔峰。《帝京歲時紀勝》云：

> 中元祭掃，尤勝清明。……庵觀寺院，設盂蘭會，傳為
> 目蓮僧救母日也。街巷搭苫高台，鬼王棚座，看演經文，

3　《夢粱錄·鋪席》有提到「紙劄鋪」。見林國輝：〈紙紮工藝在香港：歷史、傳承與創新〉，《美術家》，第 10 期（2021），頁 76。林國輝亦提及《東京夢華錄》中一些與紙紮有關的例子，讀者可參考。按：林文 2022 年 7 月有修訂本：https://www.icho.hk/tc/web/icho_e_publications.html. 讀取日期：2022 年 6 月 30 日。

4　林承緯、呂江銘：《天地一紙：李清榮的糊紙藝術》（台北：台北市政府文化局，2022），頁 19-23。

5　《元典章·禮制三·喪禮·禁喪葬紙房子》：「至元七年十二月，尚書刑部奉尚書省劄付該：准中書省諮：十一月十八日，奏過數內一件：民間喪葬，多有無益破費。略舉一節，紙房子等，近年起置，有每家費鈔一兩定鈔底，至甚無益，其餘似此多端。奉聖旨：紙房子無疑，禁了者，其餘商量行者。欽此。都省議得：除紙錢外，據紙糊房子金銀、人馬並彩帛、衣服、帳幙等物，欽依聖旨事意，截日盡行禁斷。」今天喪禮上火化給先人的「洋樓別墅」即「紙房子」也。

施放焰口，以濟孤魂。錦紙箚糊法船，長至七八十尺者，
臨池焚化。點燃河燈，謂以慈航普渡……七月三十日傳
為地藏菩薩誕辰。都門寺廟，禮懺誦經，亦紮糊法船，
中設地藏王佛及十地閻君繪像，更盡時施放焰口焚化。[6]

清代紮作技藝精湛，以「紮糊」製法船為例，造型形體巨
大，以堅韌的高麗紙[7]，染上顏色，並用秫秸稈紮骨架。船上櫓、
槳、帆和艙房一應俱全，栩栩如生。法船佈滿紙衣和紙錢等紙紮
明器[8]，與香港盂蘭與醮會的紙紮「佛船」十分相似。由此可見，
歷史文獻中與紮作相關的紀錄，多與宗教祭祀儀式有關。[9]

乾隆年間，日本官員中川忠英《清俗紀聞》記錄當時福建、
浙江和江蘇一帶社會民生狀況，文中也有篇幅旁及紮作品在民間
的應用。如正月十三至十八，當地稱為燈夜，街頭巷尾盡見不同
種類的花燈：

自十三日夜晚開始，在各家門前點起燈籠。官府富戶則
不僅在門前，而且在堂上或樓上等處以紅綢結綵。綢之
兩端從房柱或上檻垂下，結成花狀。並燃掛各種花樣燈
籠……燈夜期間，在市中空地搭台做戲。並於城中大
道大戶富家居住之處，以竹竿在兩側房屋之間搭起燈
棚，遮以布幔，並用麻繩吊點各式各樣綵燈。此外，街
上有年輕人舞弄龍燈、馬燈、獅子燈等，以及製成魚鳥
形狀之各樣行燈……。[10]

6　潘榮陞：《帝京歲時紀勝》（北京：北京古籍出版社，1981），頁 27-28。

7　高麗紙採用桑樹皮纖維製作，韌性好，不易破裂。

8　陸錫興：〈古代的紙紮〉，《中國典籍與文化》，總 63 期（2007），頁 106-113。

9　詳見本書第六章，以及第五章對各類紮作案例背景的討論。

10　中川忠英編著，方克、孫玄齡譯：《清俗紀聞》（北京：中華書局，2006），頁 9-14。

七姐盆，*Hong Kong Annual Report 1961.*

# (二) 紮作與社會實踐、儀式與節慶活動

　　紮作在華人社會生活中有舉足輕重的作用，不但作為情感寄託及表達媒介，更是儀式中不可或缺的部分。2014 年，當局公佈香港非物質文化遺產首份清單（以下簡稱「非遺清單」），並分為五大類別，紮作技藝屬「傳統手工藝」類別，而另一類別「社會實踐、儀式與節慶活動」，包括時令節慶與人生禮儀。不難發現，兩種類別關係密切，各類型的紮作品在後一類別所屬活動中擔演着重要角色。古人遵循自然時序，循時而動，以歲時禮俗維繫人與自然的關係，形成周期性習俗。香港常見有傳統節日與節氣、神誕和醮。至於非周期性習俗也不是毫無規律的，例如生命歷程中各個階段的重要時刻，當中包括紅、白二事。

## 時令節慶

### 節

　　節可以分為節氣和節日。前者將一年劃分為 24 等份，以表明一年四季的氣候變化，配合農事耕作。後者則以古人依據季節、氣象和物候轉移等制定主題節日。二次大戰以前，坊間的待嫁少女早已組織「七姐會」，又稱「義會」，專門籌備拜七姐的

印刷版本七姐盆。

活動。[11] 七夕前，她們特別訂造一套新衫和新鞋，更會集體製作織女鞋和牛郎冠履等，以展示手藝。有的更會預先向紮作舖訂製七姐盆，並配有紙製紮作衣服、鞋、胭脂和粉撲等。七姐盆的設計講究，盤內配有牛郎織女鵲橋的佈景，外圍貼有鏡、梳和胭脂盒等，四周更裝有電燈。隨着時代變遷，愈來愈少人拜祭七姐，而七姐盆亦由複雜的紮作品簡化為電腦印刷的平面紙品。

清初屈大均《廣東新語》云：「（七月）十四祭先祠厲為盂蘭會」。[12] 由此可見，早在 400 年前廣府人在農曆七月舉辦盂蘭勝會已甚為普遍。《新安縣志》載：「十四日，為盂蘭會，化衣以祀其先者，必宰鴨為敬云」。[13] 每逢農曆七月初一，傳說鬼門關大開，無主孤魂會從陰間來到陽間，因此各地方都紛紛在這一個月舉行「普渡」的祭祀儀式。至今，每逢農曆七月，香港各區依俗舉行盂蘭勝會，不同族群會按照自身傳統聘請法師或道士進行祭幽活動，常見有廣府、水上人、海陸豐和潮州傳統。

11　七姐會組織很簡單，沒有特定人數，有的為迎合傳統，由七個待嫁少女組成。當中有人負責管賬，有人負責購買祭品等，按各自組織自行分配工作。籌辦一次賀誕活動費用不少，故成員需要每月供款，第二次世界大戰前月供約二、三元，最後扣除成本後，餘下者則獲回派。

12　屈大均：《廣東新語》（香港：中華書局（香港）有限公司，1985），頁 298-300。

13　化衣意即燒街衣。詳見靳文謨：《新安縣志》，卷十四「風俗條」。

## 東頭村孟蘭勝會（潮州傳統）紮作品 [14]

| 棚名 | 紮作品 | 數量 |
| --- | --- | --- |
| 天地父母棚 | 大龍香 | 3 支 |
| | 觀音袍 | 1 付 |
| | 大峰祖師襖 | 1 付 |
| | 黃大仙襖 | 1 付 |
| | 水火星君襖 | 2 付 |
| | 土地袍 | 1 付 |
| | 山神袍 | 1 付 |
| | 五土伯公袍 | 5 付 |
| | 天頭錢 | 12 對 |
| | 1 呎 4 吋竹紙紮大燈籠 | 1 對 |
| | 38 厘米竹紙紮天地父母燈籠 | 1 對 |
| | 大庄 4 開金絲吊 4 吊庄 | 12 對 |
| | 侯王袍 | 1 付 |
| 神袍棚 | 天地父母袍 | 3 付 |
| | 大紅馬 | 1 隻 |
| | 南辰北斗袍 | 2 付 |
| | 金山銀山 | 1 對 |
| | 南辰袍 | 1 付 |
| | 北斗袍 | 1 付 |
| | 金山銀山 | 1 對 |
| | 對甲大福衣 400 庄 | 800 套 |
| | （中童）福衣 2000 庄 | 7000 套 |
| | （小童）福衣 2000 庄 | 7000 套 |
| 神袍棚 | 300 色紙 30 開 10 條庄 | 2 件共 20 條 |
| | 珠版紙元寶（中）1000 庄 | 1 件共 20 條 |
| | （上鞋）紙盒 50 對庄 | 800 對 |
| | 18 開真錫箔大金 | 60000 萬張 |
| | 9 開真錫箔大金 | 100000 張 |
| | A4 開孤衣金面 1500 庄 | 12 件 |
| | 紙製品精裝唸往生 20 庄 | 4 件共 80 條 |
| | （外箱紅字）黑鞋 500 對庄 | 2 件共 1000 對 |
| | （外箱紅字）黑帽 500 頂庄 | 3 件共 1500 頂 |

· · · · · · · · · · · · · · · · · · · · · · · · · · · · · · · · · ·

14　2019 年東頭村孟蘭勝會紮作品紀錄表。

（續上表）

| 棚名 | 紮作品 | 數量 |
| --- | --- | --- |
| 神袍棚 | 男鞋（加大）50 對庄 | 6 件共 300 對 |
| | 大錦洋銀 | 15 箱 |
| | 中冥紙 | 3 件 |
| | 平安錢細庄 | 1000 張 |
| 大士台 | 大秋幡 | 1 支 |
| | 大士爺連座 | 1 座 |
| | 大士爺甲 | 1 付 |
| | 施食官 | 1 位 |
| 孤魂台 | 大靈牌（孤魂牌） | 3 塊 |
| | 草幡 | 55 支 |
| | 1 呎 2 吋竹紙紮大燈籠 | 1 對 |
| 經師棚 | 大龍香 | 1 支 |
| | 金童玉女 | 1 對 |
| | 值符金馬 | 1 對 |
| | 路頭幡 | 1 支 |
| | 仙鶴 | 18 隻 |
| | 1 呎 2 吋竹紙紮大燈籠 | 1 對 |
| 米棚 | 五鶴幡 | 5 支 |
| 戲棚 | 1 呎 4 吋竹紙紮大燈籠 | 1 對 |

　　香港是一個移民城市，受戰亂及其他因素影響，來自不同地區的群體不斷遷入，帶着各自的傳統移植境內。因此，同一類型的紮作品也帶有不同地方的群體色彩。舉例說，每個潮人盂蘭勝會都因應自身傳統，使用不同種類的紮作品，常見的是神袍、幡、大紅馬、金童玉女、靈牌、仙鶴、五鶴幡和值符金馬等。按照傳統，每個盂蘭場都會供奉大士爺，場地空間限制紮作品擺放，所以紮作店會提供不同尺碼的製品供客戶選擇。以專為潮人社群服務的光華紙品為例，大士王分為大、中和小碼，分別是 22 呎高、16 呎高和 8 呎高。[15] 盂蘭勝會的大士王造型樣式多變，同樣按族群分為潮州、鶴佬和廣府，其造型和坐姿等各有特色。[16]

15　黃競聰撰、長春社文化古蹟資源中心編製：《香港非物質文化遺產系列：香港潮人盂蘭勝會》（香港：長春社文化古蹟資源中心，2023），頁 108。

16　詳見本書第五章「實作案例」：大士王。

## 誕

誕，慶祝神明的日子，誕期通常選在神明的生日。如果神明廣受善眾信奉，祂的誕期會不止一個，有的誕期甚至選擇在神明的死忌，即稱為飛升日。[17] 神誕是喜慶日子，一般情況下不用僧道參與，簡單如善信自備祭品酬謝神恩便可。香港常見慶祝神誕的形式，包括瑞獸助慶、繞景巡遊、花炮賀誕，有經濟能力者則搭建戲棚，演出神功戲。花炮賀誕是香港神誕活動一大特色，花炮製作更是出自紮作師傅之手。花炮原是由爆竹造成，燃點後可發射空中，成功爭奪者可換取所代表的炮山。後來，搶炮期間屢出現打鬥事件，政府雷厲風行取締，遂改為抽籤形式進行。現今的花炮是掛上各種寓意吉祥的「聖物」的炮山。一般花炮由炮頂、炮身和炮躉組成。炮頂通常寫上花炮會的名稱和炮號。炮身內置空位供奉神明的鏡架，稱為炮膽。而炮躉即花炮的底座，底層會寫上紮作師傅的寶號和聯絡方法。

## 醮

醮是祭神儀式，通過道士及和尚作為媒介，與鬼神溝通，廣府人稱打醮。[18] 醮的種類繁多，香港的醮一般稱為太平清醮，日期長短不一，短的只有一天，但一般約五天。部分社區舉行醮會則稱「安龍清醮」，如西貢井欄樹、沙頭角吉澳和西貢高流灣等，大都是客家人舉辦的。香港醮會通常在農閒（農曆十、十一月）或漁民較少出海（農曆四、五月）期間舉行，目的是答謝神明庇護之恩，祈求風調雨順和闔境平安。隨時代變遷，打醮演變為祈神酬恩和祭幽赦罪的民間祭祀活動，普及民間社會，大多稱為太平清醮。香港醮會結合了道教醮儀與地方傳統廟會，形成地區風俗活動。

. . . . . . . . . . . . . . . . . . . . . . . . . . . . . . . . . . . .

17　觀音是香港最「入屋」的神靈，不少港人的神位置有神像供奉，常慶祝的觀音誕就有四個，分別是農曆二月十九日觀音誕辰、農曆六月十九日得道日、農曆九月十九日飛升日和農曆十一月十九日入海為水神日。

18　早期的道教醮儀主要用作赦罪、祈福和治病等，而自魏晉南北朝開始已有官方建醮的紀錄。齋儀同樣是祭祀的儀式。《唐六典》載有七種齋儀，包括：黃籙齋、金籙齋、明真齋、三元齋、八節齋、塗炭齋和自然齋。唐代以後，齋醮開始合稱，成為道教科儀的總稱。

## 橫洲六村八年一屆太平清醮紥作項目 [19]

| 項目 | 數量 | 項目 | 數量 |
|------|------|------|------|
| 六元大士 | 1 尊 | 大寶珠 | 1 粒 |
| 龍將 | 1 尊 | 大旛亭 | 1 座 |
| 虎將 | 1 尊 | 小旛亭 | 3 座 |
| 城隍 | 1 位 | 黃色羅傘 | 1 把 |
| 判官 | 1 位 | 紅馬仔 | 8 隻 |
| 白財神 | 1 位 | 意者亭 | 1 座 |
| 黑財神 | 1 位 | 旛燈籠 | 14 個 |
| 鬼卒 | 4 位 | 竹帽 | 3 頂 |
| 差吏 | 4 位 | 龍牌位 | 5 個 |
| 大紅馬 | 1 匹 | 紅旛 | 5 個 |

　　醮會具有潔淨及再生社區與宗族的能力，帶有強烈的地域及族群色彩。醮會儀式同樣離不開紥作，例如醮棚內的神壇需要龍、虎將軍守護；大士王管理醮棚秩序，監察分衣施食；功曹馬（紅馬）協助傳遞榜文信息給上天等。醮會的地域族群特色，亦涵括紥作，故傳統上部分醮會紥作由居鄉同族儀式專家兼任。例如長洲太平清醮是由海陸豐族群主導的，二十世紀 80 年代中期前各種紙紥神像及用品，都是由海陸豐紥作師傅黎恆祥負責。[20]

　　不過隨着社會發展和科技進步，雖然醮會儀式效力的地域族群界限依舊，鄉村和市區紥作師傅則打破城鄉界線。現在一般由本地喃嘸和道壇經生兩大儀式專家系統負責香港醮會法事儀式，時至今天新界醮會大都仍由喃嘸師傅（正一派道士）主導，而正

. . . . . . . . . . . . . . . . . . . . . . . . . . . . . . . . . . . . . . . . . . . . . . . .

19　橫洲六村八年一屆太平清醮紥作項目資料由許嘉雄提供。

20　1951 年黎師傅繼承其叔父開始為長洲太平清醮做紙紥。黎師傅 1984 年仙遊，兩年後由另一班坪洲海陸豐師傅接手，其間由其泰籍妻子負責。見蔡志祥：《打醮：香港的節日和地域社會》（香港：中華書局（香港）有限公司，2000），頁 92-94。據知現在長洲太平清醮的紥作都是來自內地。福興隆豪記余英豪訪問，2023 年 2 月 8 日。

化功曹馬，2021 年橫洲六村太平清醮。

一道士的傳統也涵蓋紮作範疇，[21] 所以醮會的紙紮品也是由他們一手包辦。[22] 例如過去屏山鄉橫洲六村八年一屆太平清醮儀式與紮作，均由永安堂正一道士梁仲負責[23]，直到 2004 年改由全真派圓玄學院負責法事儀式，兼安排紮作。[24] 最近兩屆（2012 年及 2021 年）醮會的紮作，均由港島區柴灣雄獅樓承辦，這是市區紮作店承接新界醮會紮作的經典個案。[25] 又如祺麟店在元朗大橋街市設有門市，過去承辦新界節慶祭祀紮作為主，近年創辦人冒卓祺師

. . . . . . . . . . . . . . . . . . . . . . . . . . . . . . . . . . . . . . . . . . . . .

21　其他功夫包括吹、打、喃、跳、唱、書、畫。見蔡志祥：《酬神與超幽（下卷）：1980 年代香港新界清醮的影像民族志》（香港：中華書局（香港）有限公司，2019），頁 133。另外我們曾訪問正一道士陳均，他也承辦紮作項目，自己也懂紮作。陳均訪問，2022 年 6 月 8 日。

22　前者是師承龍虎山天師派，執行正一清醮儀式；後者則屬於宮觀道教，常見參與香港地區醮會法事的道觀，分別有圓玄學院、青松觀和蓬瀛仙館。詳見黃競聰：《簡明香港華人風俗史》（香港：三聯書店（香港）有限公司，2020），頁 202。

23　橫洲由六個鄉村組成，即林屋村、忠心圍、東頭圍、福慶村、楊屋村和西頭圍。

24　橫洲六村壬申年太平清醮編輯小組：《橫洲六村壬辰年太平清醮特刊》（香港：橫洲建醮委員會，2012），頁 36-37。

25　另一個經典例子是生和隆連續六屆（1955-2005）承辦了錦田十年一屆的醮會。

傳積極通過社交平台宣傳自家品牌，業務擴及本港市區、澳門和內地，也遠及美國。

# 人生禮儀

生老病死是人生必經階段，無論上至國家元首，下至平民百姓都難逃此規律。從前，中國人會因應不同人生的階段，作出相應禮俗，當中包括誕生禮、成年禮、壽禮、婚禮和喪禮，祈望每個人生階段都能夠順利過渡。[26] 按非遺清單紀錄，人生禮儀的包括點燈、傳統婚嫁儀式和傳統喪葬儀式，均與紮作有密切關係。

## 點燈

每年正月十五前後，香港不同群體都會舉行點燈儀式。燈者，取諧音「丁」也。「點燈」有「添丁」意思。從前農村社會，以男性為主導，勞動力關乎一族興衰。族內兄弟有子嗣，實屬宗族盛事，需要通過點燈儀式確認宗族成員身份，使新成員受到神明和祖先的庇蔭。無論廣府人或客家人，都有在祠堂點燈的習俗，但用作祭祀的丁燈形制上卻截然不同。[27]

## 傳統婚嫁儀式

中國古代的婚姻講求「父母之命，媒妁之言」，通過舉行一系列婚禮程序，確立夫妻關係。隨着時代進步，現在港人婚姻自主，男女雙方只要情投意合，便註冊結婚。然而，香港不同群體仍然恪守傳統，按照自家婚俗禮儀，舉辦婚禮，如海陸豐陸上龍船舞和客家麒麟迎親等。麒麟在客家人心中擁有崇高地位。每逢慶典，客家人總愛舞動麒麟，期望麒麟神力為他們帶來福氣。舞麒麟，內地慣稱麒麟舞，華南地區則改稱舞麒麟，其實意思相

26　誠如蕭放指出「人生儀禮是社會民俗事務的重要組成部分，每一個人之所以經歷人生儀禮，決定因素不只是他本人年齡和生理變化，更重要的是在個人生命過程的不同階段，生育、家庭、宗族等社會制度對其進行地位規定和角色認可，也是一定文化規範對個人進行人格塑造的要求。」詳見蕭放：《傳統節日與非物質文化遺產》（北京：新華書店，2011），頁 261-266。

27　詳見本書第五章「實作案例」：圍村丁燈及客家丁燈。

同。在迎娶過程中,麒麟作為保護者角色,潔淨住所、花車、圍繞新人轉圈,保護迎娶過程順利,令魑魅魍魎不敢作兇。[28] 香港流行的麒麟紮作,分別是「海陸豐麒麟」、「客家麒麟」及「東莞麒麟」,三款麒麟造型各異。[29]

### 傳統喪葬儀式

傳統喪葬儀式會用上大量紙紮祭品,可以說是紮作行業一大分支。一般人談到紙紮,馬上想到的就是祭祀或喪葬用的紙祭品。紮作業與殯儀業關係密切,人稱殯儀大王的蕭錫明早年曾任紮作業工會榮譽會長,如此看來便不覺得奇怪。[30] 香港一地以廣東人為最大群體,常見祭祀及喪葬用紙紮多屬廣府傳統,如金銀橋、金山、銀山、妹仔、望鄉台及花園洋房等。[31] 不過喪葬紙紮品也有族群區別,各有特色,如傳統水上人喪禮會紮造一個同比例的先人「真身」,穿上先人衣衫,供遺屬憑弔供奉。其實,在紅白二事方面,不同族群都會因應自身傳統,實踐生活習俗。隨着時代發展,紮作師傅亦會迎合時代需求,尋求創新,傳統以外各類新式喪葬紙紮應運而生,應有盡有,獲不少媒體報道。[32]

## (三) 城鄉、族群紮作營運模式差異

香港傳統宗教儀式與節慶活動有地域與族群範圍的差異,從地域角度看,香港紮作師傅可分為在市區謀生和活躍於鄉村兩大類,兩者均採用傳統師徒制或父傳子形式傳承。市區紮作師傅

---

28　沙田小瀝源村吳水勝回憶自己有一次從沙田步行到西貢大環村迎接新娘,從凌晨三時出發,步行到晚上八時回沙田。當時路線跨越馬鞍山,取道北港,然後到大環村。途經村落,需要參拜土地和祠堂。詳見劉繼堯、袁展聰:《武舞民間:香港客家麒麟研究》(香港:商務印書館(香港)有限公司,2018),頁 85-90。

29　詳見本書第五章「實作案例」:客家麒麟。

30　有關香港紮作業行會的歷史,詳見本書第三章。

31　詳見本書第五章「實作案例」:喪葬紙紮。

32　有關香港紮作技藝的傳承與創新,詳見本書第八章第二節及第三節。

通常在人口密集的城市店舖工作，大部分不屬長工制，而是按日薪或產量計算收入，鮮有獨自創業營運。紥作店採用商業模式營運，因應市道旺淡季，調整兼職紥作師傅人數。由於客戶主要是普羅大眾，故多承接各類紅白二事紥作。其實紥作紙品種類多元化，近代業務進一步拓展至海外出口、商場佈置和政府項目等。例如金玉樓和生和隆美術扎作曾是紥作行業翹楚，聘有大量市區紥作師傅。[33] 全盛時期，生和隆僱用了近十名兼職，甚至聘有駐場廚師，提供膳食予職工。[34]

鄉村紥作師傅主力服務一村一鄉，不依附店舖工作，很多時候只專注某一類型的紥作品。這類紥作品通常用作節慶和祭祀活動，往往集中特定時段才有需求，所以鄉村紥作師傅難以單靠手藝為生。例如小瀝源村吳水勝，人稱水伯，是客家紥作的代表人物，舉凡客家丁燈、客家麒麟，以至盆菜宴會，都是由他主理。水伯年老後交由村民楊九、楊強兩兄弟接手。兩兄弟均師承水伯，大哥楊九專紥客家丁燈，但正職卻是盆菜師傅。楊強則學會紥作客家麒麟，移民回流後村內麒麟隊亦由他帶領。[35] 另外，據上水燕崗村侯更燊回憶，從前該村會舉行點燈儀式，其父負責紥作丁燈。[36] 看來單靠製作單一類型紥作品的收入並不穩定，對鄉村紥作師傅來說，紥作只屬於副業，或更多是為村落或族群服務。

此外，專營某一地方群體的紥作師傅大多無暇向外擴展業務，一來單靠這些生意已足夠糊口，再者每一群體的紥作各有差異，承接另一群體紥作的成本更高。光藝紙品創辦人翁紹青原是

33　金玉樓早於 1970 年代末已結業，生和隆自梁有錦 2017 年逝世後也沒再正式開門營業，店舖現由已退休大兒子梁金華接手，偶爾會接一些個別訂單或參與紥作技藝的推廣活動。關於這兩家寶號及部分香港紥作店，內文亦會提及與介紹。按：據《香港年鑑》的工商名錄，1979 年後便沒再列出金玉樓及其聯絡地址。

34　生和隆梁金華訪問，2021 年 1 月 7 日。

35　小瀝源村楊九、楊強訪問，2021 年 2 月 25 日。

36　燕崗村侯更燊訪問，2022 年 9 月 6 日。

在金玉樓製作抽紗公仔[37]，後來獨自開業，專營潮州紥作。翁氏為了增加收入，乘着香港潮人盂蘭勝會步入黃金時期，眼看商機處處，於是主力承接潮州紥作品生意。第二代紥作師傅翁振華指出，潮州紥作技藝擅長以硬紙皮代替竹篾作為骨架，支撐體積較大的紥作品。最忙碌的時候，光藝紙品更會外聘廣府紥作師傅協助，製作盂蘭紥作品。[38]

# （四）紥作業種類與經營方式

提及紥作或紙紥，常論及的除了喪葬或祭祀用的紙祭品，便是獅頭[39]、龍頭、花燈等喜慶節日的紥作。喪葬紙祭品讓人印象深刻，在於其仿真度及包羅萬有；[40]喜慶節日紥作則被視為技藝精湛，配搭紗、綢、絹、絲綢等材料，色彩斑斕。簡言之，紥作與日常生活有關聯的主要是紅白二事，可分為節慶紥作與喪葬紥作。普羅大眾普遍將節慶紥作和喪葬紥作通稱「紙紥」，常用「紙紥佬」稱呼紥作師傅。行內人士普遍認為龍獅花燈等節慶紥作技術和藝術層次較高，習慣稱之為「紥作」，一般喪葬及祭祀用的紙祭品則統稱為「紙紥」或「火燒嘢」。[41]

華人傳統對紅白二事頗多忌諱，存有各種禁忌，盡量避免紅白二事相沖。假若家裏剛辦白事，就不要出席別人的婚禮或壽宴。紥作店作為傳統行業，專營範圍會否分為紅事和白事呢？事

---

37　抽紗公仔是多種紥作品的重要配件，詳見本書第五章「實作案例」：抽紗公仔。

38　光藝紙品翁振華訪問，2022 年 6 月 1 日。

39　詳見本書第五章「實作案例」：醒獅。

40　如由高峰（Chris Gaul）撰寫的《人間冥煙：香港紙紥文化》（香港：香港中文大學出版社，2022）一書，便是從視覺設計角度介紹喪葬紙祭品。

41　雄獅樓許嘉雄訪問，2021 年 6 月 30 日。生和隆梁金華訪問，2021 年 7 月23 日。台灣多把「紥作」、「紙紥」稱為「糊紙」。其實，紙造祭品的稱呼因地域不同而有差別，如紥作、彩糊、糊紙、紥罩子、彩紥、糊紙活兒和紙活兒等。見路春嬌：〈民俗紙紥及其文化價值〉，《石家莊職業技術學院學報》，卷 27 期 4（2015），頁 74-76。

實上，從店舖的名稱已察見端倪，金玉樓、生和隆與寶華這幾家老店專營龍、獅等節慶紮作，其店號附有「藝術扎作」和「美術扎作」的稱謂。相對而言，專營喪葬紮作等祭祀用紙祭品的店舖，店號名稱則較為「低調」，不附專有稱謂，如吉祥、黃秋記和鄭權記等。喪葬紮作始終需求大，現今紮作店基本上兼做紅白二事，兩者都是重要收入來源，例如金玉樓與生和隆早期的廣告，除列出各類節慶紮作，也分別列有「冥鏹事業」及「婚喪用品」兩項。事實上，對於專營節慶紮作的店號來說，最理想當然是市道暢旺專營紅事紮作，市道疲弱便要面對現實，白事紮作也不能放過，頂多把喪葬紙紮品放置於店內隱閉處，或客人有需求方拿出來。[42]

香港開埠以後，社會風氣相較內地開放，香港政府通過參與傳統風俗活動，拉近政府和普羅市民的關係，甚至反過來利用香港傳統技藝和習俗對外宣傳，以凸顯香港文化的多元性。觀乎1935 年英皇喬治五世登基銀禧紀念活動，巧奪天工的紮作品已成為會景巡遊焦點之一，廣獲傳媒報道。[43] 早於二次大戰前，香港紮作技藝享負盛名，證諸澳洲本迪戈市（Bendigo）特意禮聘本港紮作名店金玉樓製作紗龍。[44] 到了二十世紀 70 至 80 年代，香港政府積極發展本港旅遊業，以本土風俗和傳統技藝作為賣點，屢次將紮作技藝「內銷轉出口」，香港旅遊協會又主動邀請業界合作，宣傳香港傳統文化，以吸引海外旅客訪港。回歸以後，港府繼續將紮作視為香港傳統文化象徵，除了繼續在外地以紮作宣傳香港，每年撥款籌辦的元宵和中秋花燈晚會便是最佳例子。[45]

42　雄獅樓許嘉雄訪問，2021 年 6 月 30 日。

43　詳見本書第二章第一節。

44　詳見本書第七章第二節。

45　詳見本書第二章第二節及第三節。

1960 年代中環閣麟街，街尾高掛「金玉樓扎作專家」直幅招牌。

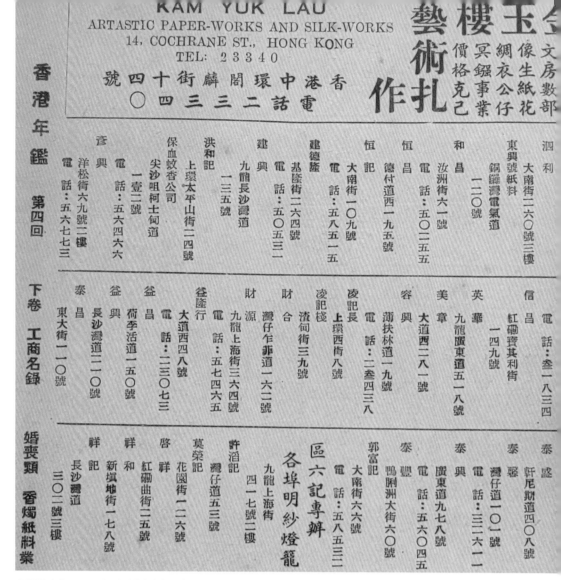

金玉樓廣告。1951 年《香港年鑑》。（香港中文大學圖書館特藏）

## 小結

　　本書尋訪的紮作師傅與談及的紮作寶號，大都屬於專營廣府紮作。第二次世界大戰後香港紮作行業蓬勃發展，得力於大群南來的內地紮作師傅，其中不少便是來自廣東。查歷屆香港紮作業工會職員籍貫，便主要為南海、順德、新會、台山、東莞及寶安等廣東地區。佛山的手工藝遠近馳名，佛山紮作技藝也備受推崇，醒獅不用多說，今天香港已不多見，但在二十世紀會景巡遊中常見的大魚燈及頭牌燈，則是「佛山秋色」賽會中紮作品的基本元素。[46]

46　關於佛山秋色，請參林明體：〈佛山秋色的起源與藝術特色〉，載林明體主編、廣東省工藝美術工業公司和廣東省工藝美術學會編：《廣東工藝美術史料》（廣東省：廣東省工藝美術工業公司，1988），頁 599-611。另頭牌燈詳見本書第五章「實作案例」：頭牌燈。

生和隆當年就紮造了不少魚燈。[47] 不過香港除了廣府紮作外，潮州、水上人及海陸豐的紮作傳統也不可小覷，他們自成一系，服務自身族群，在鄉村地區世代傳承。

正如上文所言，香港的紮作一般有鄉村與城市之分、業餘與專業之別，以及服務與營利之異，但實際上發展到現今社會，這些區別也逐漸模糊。城鄉界線被打破，為求營利謀生，專業紮作師傅都會嘗試學懂別家紮作傳統。這當然不容易，畢竟有專精之別。生和隆創辦人梁有錦擅長紮作花燈，人稱「花燈大王」，曾受委託紮作麒麟，不過承辦訂單屈指可算，蓋因麒麟地方色彩強烈，所謂各處鄉村各處例，同樣是客家麒麟在不同地區的客家村落各有不同形制規定，不諳舞麒麟者難以完全掌握箇中奧妙。[48]

雖然本書介紹的大多為廣府紮作，但在實作案例中我們亦加入了客家丁燈、客家麒麟及潮州抽紗公仔，內文也會扼要介紹各族群麒麟與大士王之差別及各自特色，務求兼及廣東以外其他主要族群在香港一地的紮作傳統。紮作技藝是傳統手工藝，但紮作師傅並非不食人間煙火的藝術家，而是以此技藝謀生養家，下一章我們先從這門傳統行業的發展概況說起，了解其中的由來與演變。

47　生和隆梁金華訪問，2023 年 2 月 15 日。

48　生和隆梁金華訪問，2021 年 7 月 23 日；祺麟店冒卓祺訪問，2022 年 5 月 4 日。

巨龍與魚燈，*Coronation Festivities: Hong Kong 1953*。（香港中文大學圖書館特藏）

## 附表一：非遺清單中的「節」

| 節日或節氣 | 活動 |
|---|---|
| 春分 | 春祭 |
| 驚蟄 | 打小人 |
| 端午 | 龍舟活動 |
| 七夕 | 七姐誕 |
| 中元 | 中元法會 |
| 中秋 | 舞火龍 |
| 秋分 | 秋祭 |

## 附表二：非遺清單中的「誕」

| 農曆 | 神誕 |
|---|---|
| 正月初二 | 車公誕 |
| 正月初二至初六 | 大王爺誕 |
| 正月初九 | 天公玉皇大帝誕 |
| 正月二十日 | 土地誕 |
| 二月初三 | 文昌誕 |
| 二月十三日 | 洪聖爺誕 |
| 二月十九日 | 觀音誕 |
| 二月廿二日 | 廣澤尊王誕 |
| 二月廿五日 | 三山國王誕 |
| 三月初三 | 北帝誕 |
| 三月十五日 | 真君誕 |
| 三月廿三日 | 天后誕 |
| 四月初八 | 譚公誕 |
| 四月十五日 | 李靈仙師誕 |
| 五月十三日 | 金花娘娘誕 |
| 五月初八 | 龍母誕 |
| 五月十三日 | 文武二帝誕 |
| 六月初一 | 周王二公誕 |
| 六月初六 | 楊侯誕 |
| 六月十三日 | 魯班誕 |

（繼上表）

| 農曆 | 神誕 |
|---|---|
| 六月二十四日 | 關帝誕 |
| 八月十五日 | 地藏王誕 |
| 八月十五日 | 齊天大聖誕 |
| 八月二十三日 | 黃大仙誕 |
| 九月初六 | 地母元君誕 |
| 九月二十八日 | 華光誕 |
| 十二月十九日 | 張飛誕 |

## 附表三：非遺清單中的「醮」

| 周期 | 舉辦地區 |
|---|---|
| 一年一屆 | 長洲、朱大仙醮（大澳）、朱大仙醮（香港仔合勝堂）、三角媽醮誕 |
| 三年一屆 | 蒲台島 |
| 四年一屆 | 南丫島索罟灣 |
| 五年一屆 | 大埔泰亨 |
| 八年一屆 | 八鄉元崗村 |
| 十年一屆 | 西貢北港、塔門聯鄉建醮（壓醮）、西貢蠔涌、沙頭角慶春約、南鹿社、屏山山廈村、粉嶺圍 |
| 三十年一屆 | 西貢井欄樹（安龍清醮） |

## 附表四：非遺清單中的「人生禮儀」

| 人生禮儀 | 清單主項目 |
|---|---|
| 誕生禮 | 點燈 |
| 婚禮 | 傳統婚嫁儀式 |
| 喪禮 | 傳統喪葬儀式 |

1950 至 1960 年代的香港紙紮舖。

上篇

歷史篇

# 第一章
# 香港紮作行業發展概況

　　傳統技藝與其所屬行業的發展有着密不可分的共生關係。行業興旺，入行學藝者眾，技藝也因競爭激烈而有所提升，傳統技藝與經驗亦可代代相傳。反之行業式微，年輕一代不願入行，承傳自然出現問題。香港紮作行業經歷由盛至衰的變化，與本地以至周邊地區的政治、經濟、文化，以及科技發展有着密切關係。

## （一）香港早期紮作行業發展

　　香港開埠以後，「紮作技藝」和「紙紮舖」的紀錄非常稀少[1]，我們只能從報章報道地區祭祀活動，側面窺探當時香港紮作技藝與行業的發展概況。1856 年《德臣西報》（The China Mail）詳細報道農曆七月西營盤（West Point）的盂蘭勝會，該處搭建大型竹棚（Dragon Hall），主醮棚佈置講究，外部掛滿大量吊飾，並佈置十殿閻王等紮作裝飾。據說此次大型祭幽活動開支高達十萬元，費用由當地華人捐助。值得注意的是，無論巡遊隊伍、粵劇戲班和醮棚擺設均來自佛山。[2] 由此可見，香港紮作行業仍屬萌芽階段，大型節慶及祭祀活動主要依靠內地紙紮舖承辦紮作擺設。

　　從 1871 年人口統計調查，港九地區有 16 名冥鏹商販（Joss-

---

1　我們在緒論指出，紮作又稱紙紮（或紙扎），一般人統稱為紙紮，行內則有明紗紅事者為「紮作」，火燒白事者為「紙紮」的說法。此處「紙紮舖」也取一般人用法，與紮作店意思類同，我們行文上偶爾兩者混用，以保存各種說法。

2　周樹佳：《鬼月鈎沉：中元、盂蘭、餓鬼節》（香港：中華書局（香港）有限公司，2015），頁 28、44-45。

據 1881 年人口統計，香港有 63 名燈籠紮作師傅。

paper Sellers）和 24 名燈籠師傅（Lantern Makers）。[3] 這些相關人口統計資料只着重交代「數量」，沒有詳加描述其職業性質，我們只能從字義上推敲出來。[4] 到了 1881 年，冥鏹商販和燈籠師傅遞增接近三倍，反映香港市道需求日益增多。[5] 林國輝〈紙紮工藝在香港：歷史、傳承與創新〉一文指出，最早見於文字及照片的香港「紙紮舖」，分別是 1880 年 5 月 19 日《循環日報》一則廣告提及的「合昌油燭紙料店」，以及同時期中環威靈頓街照片中「同德號元寶紙料爆竹發客」和「泗隆號元寶紙料札作自澆油燭」招牌。[6] 我們在同一舊照片集裏，發現另一幀攝於 19 世紀末「近南北行的一段皇后大道」街景照片，照片中有另一間排列了三個招牌的「紙紮舖」，依次為「榮盛爆竹扎作」、「榮盛紙料數部」及「榮盛油店」，[7] 三者當為同一店舖。

簡單而言，當時的紙料、紮作、爆竹、油燭和油燈等行業關係密切，甚或曾經是一體化業務。後來行業逐步專門化，經營模式分門別類，衍生出不少行業勞資問題。有關紮作工會與紙業商會的糾紛，後文會詳細探討。

......

3　"No. 68, Census Returns, 5-Jun-1871," *Hong Kong Government Gazette 1871*.

4　Lantern Makers 當與紮作有關。而 Joss-paper Sellers 未知是否也包括紙紮商販。

5　1881 年人口調查報告列出 47 個冥鏹商販及 63 個燈籠師傅。同一報告另記油燭商販（Joss-stick Sellers）65 人。"No. 204, Census Returns, 11-Jun-1881," *Hong Kong Government Gazette 1881*. 林國輝：〈紙紮工藝在香港：歷史、傳承與創新〉，頁 77 及註 14。

6　林國輝：〈紙紮工藝在香港：歷史、傳承與創新〉，頁 76-77。威靈頓街照片現屬香港歷史博物館藏品，見香港歷史博物館編：《影藏歲月：香港舊照片》（香港：康樂及文化事務署，2013），頁 319。

7　香港歷史博物館編：《影藏歲月：香港舊照片》，頁 323。按：照片屬「夢周文教基金會藏品」。1910 年同街景照片可清楚看見榮盛的三個招牌，照片見鄭寶鴻：《香江知味：香港的早期飲食場所》（香港：香港大學美術博物館，2003），頁 182。

右方可見「榮盛爆竹扎作」、「榮盛紙料教部」及「榮盛油店」木招牌。19世紀末近南北行的一段星后大道街景。（夢周文教基金會藏）

oad, West, Hongkong.

1953年慶祝英女皇伊利沙伯二世加冕舞金龍隊伍於保良局總部大樓前合照。（保良局歷史博物館藏）

　　20世紀初，著名紙紮舖莫過於中上環一帶的金玉樓、黃秋記和永昌花燈店。[8] 值得一提的是，金玉樓已是當時行業的佼佼者，1935年英皇喬治五世登基銀禧紀念活動的會景巡遊紮作品基本來自內地製作名家，惟「紗燈頭牌八寶飛禽走獸，則為本港金玉樓紮作」[9]。而且其業務早遍及海外。[10] 第二次世界大戰後，金玉樓主力承接海外紮作訂單，見證香港紮作業的黃金年代。

　　1937年爆發「七七事變」，日本對華發動全面侵略，本地各界社團紛紛籌措物資善款，捐助內地同胞。中秋佳節本是餅店賺錢良機，不少餅店花盡心思裝飾門面，招徠顧客，但國難在前，各餅店寧願節省中秋裝飾費用，捐款抗日。[11] 香港紮作店也響應呼籲，不甘後人：

> 全行議決，不附贈彩燈，將此款全數獻金。又灣仔洛克道新彩華號，本有力出力之旨，以自動獻出，職責猶有未盡，特加意製〔造〕大批精彩燈色，……義賣獻金，業由婦女兵災籌賑會，領得捐箱一具，希望多得義金，獻給政府云。[12]

8　分別依次位於閣麟街14號、士丹頓街35號、摩羅下街42號。見鄭寶鴻：《香港華洋行業百年：工業與服務業篇》（香港：商務印書館（香港）有限公司，2016），頁126。

9　詳見本書第二章第一節。

10　詳見本書第七章第二節。

11　《國難嚴重中，中秋節前廣州狀態》，《工商晚報》，1937年9月6日。

12　《抗戰與中秋，紙扎獻金，全行決議進行》，《大公報》，1938年9月27日。

以前每年中秋，紮作店例有各款花燈分贈與長期客戶之舉，此類支出頗為龐大，其時適逢國難之際，各紮作寶號把這筆開銷轉作「獻金」，支持抗日。[13] 二次大戰後，香港紮作店延續這份「善舉」，臨近中秋期間有贈送花燈之義舉，1954 年西環區和筲箕灣區貧苦者多，西區其中六間紙紮店捐出賣花燈所得收入合共300 元，作為善款捐給街坊會，以支持街坊會診所經費。[14]

## （二）香港紮作行業的黃金年代

1953 年 6 月 2 至 4 日，香港舉行慶祝英女皇伊利沙伯二世加冕港九及新界會景巡遊。其時，中英關係日漸緊張，港府實施出入境限制。兩地人民不復戰前來往自如，兩地物資進出亦受到限制，可想而知從內地輸入會景紮作已變得不太可能了。此時，大量內地人士遷港，為香港提供充足的勞動力，當中包括「紮作技術人員」。如此，香港紮作業便有能力參與這場大型會景巡遊，大金龍更是當中的焦點，報章花了不少篇幅描述其各個部分的用料與形制：

> 一、龍身長十四丈五尺，全部共分廿四節。二、龍頭全
> 部採用五色通紗，配以五色絨球。三、龍頰採用七彩花
> 綢布。四、龍身用紅綠色綢仔齒形，全身釘鏤金色圓鏡

13 〈中秋佳節奮捐輸〉，《大公報》，1938 年 9 月 20 日。
14 〈西環六間紙紮店花燈費移充善〉，《華僑日報》，1955 年 9 月 22 日。

仔。五、龍脊用織毛絨縷布製成。六、龍鱗全部採用金色薄銅片，釘上金色銅圓鏡仔，並用紅綠光粉鑲邊。七、龍爪用帆線紮作。除了金龍本身之外，還有舞龍時作為「引龍」附屬景色，包括鳳一隻，通紗鯉魚兩條，頭牌一個，高枱一對，日月各一個牌，都是不可缺一的品物。[15]

至於當時紮作行業生態，紮作師傅福伯接受訪問時指出：紮作工人入行平均需學師三年，滿師後正式稱為師傅，行內稱呼「橫櫃」，[16] 然後仍需跟老師傅學習更高深的紮作技藝，才算是原班出身。這位「福伯」在訪問中更頻頻指出，幹這行沒有出色了：

> 這並不是說，該業的工人沒有工作做，而是撫今追昔，工資日低，幾乎沒有固定的行規。……以往的行規，學徒必定學師三年，由伙頭出身，而至舖面工作，……。時至今日，可不同了，沒有所謂學師制度，……原因是老一輩的師傅，少之又少。……今日營業競爭劇烈，……一間紙料店規模不大，很難請一個老一輩的師傅，……〔老師傅〕惟有各自發展，……或散工工作，以維持其日常的生活。……〔紮作工人薪金〕，最高的月薪二、三百元，但一百幾十元月薪也有，沒有一定的標準的。[17]

紮作工人普遍薪金低，多數人會為優厚待遇而轉行，而且隨着社會發展，參與傳統祭祀活動的善信愈來愈少，年輕人更視之

15 〈……怎樣製龍〉，《華僑日報》，1953 年 4 月 14 日。

16 「橫櫃」其實是指紙紮舖面一張高約半身的橫向櫃枱，是與客人接洽生意及交易的位置。天寶樓夏中建訪問，2021 年 10 月 9 日。學滿師的稱為「橫櫃」，相信是指滿師者已熟悉各類紮作，有能力坐在櫃枱前，統籌與管理各類紮作承造項目。

17 〈中秋佳節近，紮作工友忙〉，《華僑日報》，1959 年 9 月 3 日。按：這段報道大部分文字，數年前已見刊出，此次也是舊稿重用，被訪問者名稱則第一次出現。前兩年類似報道，見〈訪問紮作工人〉，《華僑日報》，1957 年 7 月 14 日；〈紮作工人〉，《華僑日報》，1958 年 11 月 17 日。

香港非物質文化遺產系列：紮作技藝

40

中秋佳節近
紮作工友忙

昔日中秋佳節是紮作工友最忙碌的日子。《華僑日報》，1959 年 9 月 3 日。

為迷信和落伍，經營紙紮生意愈來愈困難，行業日趨式微。[18]
二十世紀 60 年代，一般紮作工人薪金約數十元至百元，然而絕
大多數任散工。雖然膳食由東主提供，但散工日薪只有八元。[19]
1956 年紙紮商號共有 100 多家，從事紮作的工人卻只有 20 至 30
人。[20] 紮作工人每天平均工作 15 小時，大部分工人月薪不過 100
元，生活艱難。1960 年業內曾觸發勞資糾紛，最後在勞工處調停
下，工人待遇稍有改善。踏入中秋，紮作工人十分忙碌，技術卓
越者自然收入大增，更可利用工餘時間賺取外快，[21] 平均收入能稍
增一成左右。[22] 紙紮店年中有數個收入特別豐厚的節日，包括農
曆新年、清明節、端午節、盂蘭節、中秋節、重陽節和冬至，而
每月初一、十五都是衣紙銷量暢旺的日子。[23]

　　二十世紀 50 至 60 年代，美蘇冷戰，聯合國對親蘇的內地實
施禁運政策，香港從中獲得不少對外貿易優勢。本地紮作業同樣
受惠，獲得不少海外訂單。由於交貨準時，手工精湛，除贏得口
碑外，闖出名堂的紮作店在紮作外銷出口上獲利甚豐。據政府新

18　收入多少，視乎技術造詣，老師傅級數的薪金可達每月 200 至 300 元，沒
　　賺取外快的師傅月薪 140 元左右，打雜每月 90 元。紮作工人普遍工時長，
　　朝七晚十一。詳見〈用燈飾點綴中秋，燈飾紮作生意見旺〉，《華僑日報》，
　　1960 年 10 月 2 日。

19　〈紮作工友注重技術，三年滿師後才升為師傅〉，《華僑日報》，1960 年 1 月
　　31 日。

20　鄭寶鴻：《香港華洋行業百年：工業與服務業篇》，頁 130。

21　〈紙料紮作工友，秋節工作繁忙〉，《華僑日報》，1973 年 9 月 13 日。

22　〈乞巧節近中秋將臨，紮作與月餅工作進旺月〉，《華僑日報》，1960 年 8 月
　　13 日，。

23　〈端節民間習俗，紙紮寶鏹暢銷〉，《華僑日報》，1967 年 6 月 13 日。

聞報道，1960 年本地花燈出口總值共 24 萬港元，到了 1963 年急增至 44 萬港元。由此可見，本地花燈廣受海外人士歡迎，遠銷歐美等地。[24]

　　二十世紀 70 年代，香港踏入工業黃金時期，工人薪金不斷上升，反觀紮作工人的薪酬待遇未能追上其他行業。[25] 紮作業的性質又介乎工商之間，既從事紮作手藝，也兼顧門市生意，故行內人士亦分不清紮作屬於製造業抑或批發零售業？查職工會登記局的歷年《年報》，紮作工會在行業分類上數次變更，反映無論官方或行內人士也弄不清楚：

> 由於這一行業，一方面從事紙料紮作，另方面，也做門市生意，形成了亦工亦商。究其實，是否成為工業製品的一類，難下定論。不過，到目前為止，仍然是商業裏的一個行頭。……數年前，勞工處有高級官員訪問紙料紮作業工會，該會負責人曾提出一個問題為問：該行業是否成為工業的一種？勞工處官員亦難以即席作答。[26]

　　由於待遇不高，旺季工時又長，一般初入行者又要拜師學藝，並需懂得各種拜神衣紙的用途，必須磨練一、兩年，故難以吸引青年人入行。紮作工人薪酬大多以「件工」計算，而紮作業分淡旺季，紮作工人在淡月期間時常出現開工不足，收入不穩的情況。[27]

24　"Lantern Makers in Hong Kong"，香港政府檔案處，檔案編號 HKRS365-1-20。

25　例如每年農曆十二月，紙紮舖由初一起已開始加時工作，第一階段是加一小時，第二階段是加兩小時，第三階段是加四小時。最後階段工作時數高達 17 小時。許多工人為了趕工都要通宵加班，然而這樣超時工作卻沒有補工，理由是有雙糧補貼。相對其他工種的工人，加時工作有的補薪 10 至 20 元不等，有些酌撥花紅，令工人收入稍增。詳見〈紙料紮作工友開始加時工作〉，《華僑日報》，1970 年 2 月 9 日。

26　〈紙料扎作情形特殊，亦工亦商半勞半資〉，《華僑日報》，1975 年 5 月 6 日。

27　同上。

# （三）香港紮作業迎難而上

　　二十世紀 80 年代內地改革開放，大力發展工商業。當地薪金低，地價平，勞動力足，帶動投資者在內地設置工場，生產許多不同款式的紙紮品。內地紙紮工場大多設在廣東省沿海一帶，如東莞、順德、南海、三水、中山及汕頭等地，遠至福建和廣西等外省也有設廠。由內地製作、加工到大量生產，一條龍式運作大大減低成本，可以降低紙紮品的零售價。反觀香港紮作人力成本不斷上升，香港顧客寧願選擇較便宜的內地紙紮品，也不願花錢選購本地紮作師傅精巧的紮作品。此外，紙張原料價格不斷上漲，本地生產的紙紮品價格難以跟內地競爭。報載 1979 年灣仔衣紙舖老闆梁先生稱相比前一年，祭祀衣紙價格上漲高達兩成，顧客戲稱「燒衣有如燒銀紙」。[28] 中秋時節，內地製作的花燈精美又便宜，吸引紙紮店大批引入香港，再加上受到塑膠製花燈的夾擊，使本地紮作師傅製作的傳統花燈銷情大不如前。

　　在 80 年代初開始接受政府委託紮作每年元宵、中秋綵燈的生和隆創辦人梁有錦，屢受傳媒訪問，內容難免觸及紮作業的前景：

> 國產的中秋花燈雄踞本港市場是有其特別因素的，首先是國產花燈人工便宜，而且又能在中秋前抽調大量人手投入生產，故國產花燈雖然要顧及運費成本，但售價仍較本港紮作的花燈平了一大截。他舉例說，平均一盞售價五元的國產花燈，在本港如以同樣的材料及手工，售價要十二元才能獲利，因此本港大部分紮作店都視紮作中秋花燈為畏途，相反地他們轉售國產花燈，卻可獲利。[29]

- - - - - - - - - - - - - - - - - - - - -

28　〈燒衣有如燒銀紙，紙紮舖生意漸少盂蘭勝會也失色〉，《工商晚報》，1979年 9 月 2 日。
29　〈港產花燈難敵國貨，花燈比賽無疾而終〉，《晶報》，1981 年 8 月 31 日。

1950 年代生和隆店舖照。（相片由梁金華提供）

　　本地紮作行業面對時代衝擊及內地市場挑戰，業務不斷萎
縮。香港紮作業大多是小本經營，不少更是家族生意，在旺季時
才會外聘臨時工。[30] 二十世紀 80 至 90 年代，能在生和隆梁有錦
眼中稱得上全能紮作人，行內不出十人，加上缺乏年輕人入行，
紮作業日見人材凋零。[31] 1999 年梁師傅再接受報章訪問，稱內地
除了工資低廉外，還有足夠土地可供儲存大型紮作品，這是香港
紮作業難以與內地行家競爭的另一主因：

　　製作大型紙紮產品尚需要大面積場地，香港地租高昂，
　　除非擁有私人物業，否則這問題將難以解決，令經營成
　　本進一步上升。[32]

　　以回歸後維園中秋綵燈會為例，政府基於成本考量，大型綵
燈基本上由內地製作，如 2000 年主題為「鯉躍華燈耀維園」中

30　〈紙料紮作工友，秋節工作繁忙〉，《華僑日報》，1973 年 9 月 13 日。

31　白茹：〈梁有錦手藝巧思馳譽海內外，紙紮業式微人才凋零〉，《清雅周刊》，
　　第 159 期，1985 年 9 月 18 日。

32　〈薪金地租限制在港發展，梁伯：紮燈工藝勢失傳〉，《星島日報》，1999 年
　　3 月 1 日。

秋綵燈會，當中大型綵燈便由佛山紮作師傅承辦。[33] 2009 年有報章以〈綵燈會棄用港貨政府扼殺紮作業〉為標題云：

> 每年康文署在元宵和中秋主辦的綵燈會，本是紮作業的發市好時機，但事實上市民所欣賞的花燈，全部假手於內地紮作工匠，香港工匠雖有鬼斧神工亦只能「恨到流口水」、未能分一杯羹⋯⋯。回歸前市政局每年的元宵綵燈晚會都採用「香港製造」的手製綵燈，但近年政府將工程外判，承辦商均採用內地廉價綵燈，令本地綵燈幾近絕跡綵燈會。[34]

紮作行業與華人傳統習俗關係密切，但隨着香港城市發展，民間信仰備受挑戰，這對紮作行業不無影響。猶幸的是，紮作技藝本身歷史悠久，又是傳統文化一大特色，只要推陳出新，配合香港經濟發展及政府對內對外的文化宣傳，業務仍有一定發展空間。

2015 年 5 月，康樂及文化事務署將非物質文化遺產組升格為非物質文化遺產辦事處（以下簡稱「非遺辦」），加強保育香港非遺工作。非遺辦也有參與策劃中秋綵燈會，邀請本地紮作師傅運用創意和技藝，創造出與別不同的大型綵燈。[35] 2017 年，紮作技藝被納入「香港非物質文化遺產代表作名錄」，大大鼓舞紮作業界，紛紛出現以不同形式傳承紮作技藝的各種嘗試。

2019 年底新冠疫情爆發，政府不建議舉辦涉及大量群眾的聚集活動，香港地區節慶及文化活動近乎停辦，紮作業生意一落千丈。天寶樓夏中建師傅指出，2020 年疫情肆虐，中秋綵燈會也宣告取消，綵燈這一環簡直是「零生意」：

33　〈萬眾齊賞月，翹首望加薪〉，《大公報》，2000 年 9 月 13 日。
34　〈綵燈會棄用港貨政府扼殺紮作業〉，《東方日報》，2009 年 2 月 8 日。
35　詳見本書第二章第二節。

二十世紀 80 年代著名紮作師傅莫華創立的「白雲」紮作店購物袋。(梁金華藏)

過去有一半訂單來自康文署管轄的公司或其他
公眾場地，惟本港限聚令一直未見放寬，為免
燈飾增加人群聚集的機會，政府未有在公園準
備中秋燈飾。他目前僅有的訂單均來自私人
場地。[36]

　　疫情稍緩後，部分節慶活動有限度復辦。如每年農曆七月潮
州盂蘭勝會，過往部分紮作品會向內地購買，然而在各種政策限
制下，運輸成本大幅上升，勝會組織者轉為購買本港製品，帶來
本地潮州盂蘭紮作「小陽春」。另外用於喪事的紮作亦因香港實
行「封關」，內地來貨無法運抵本港而造成供不應求的情況，但
不少本地紮作師傅卻因此忙得不亦樂乎，意外地賺了不少。許嘉
雄師傅指雄獅樓這兩年的喪葬紮作收入因而急增五成。[37]

36　〈CD 類食肆訂位增，憧憬一路旺到過年〉，《頭條日報》，2021 年 9 月 4 日。
37　雄獅樓許嘉雄訪問，2021 年 6 月 30 日。

香港非物質文化遺產系列：紮作技藝

白雲及莫華名片。（余英豪藏）

## 小結

　　今天紮作技藝傳承面對不少挑戰，雖然市場日漸萎縮，不過仍有生存空間。事實上，一般傳統節日與拜祭喪俗仍需大量紙紮品，而紙紮店日漸減少，本地競爭也相對降低。部分紮作師傅各出奇謀開拓新市場，落力做好公關宣傳。特別是新一代紮作師傅嘗試突破囿限，無論是紮作用料、工具或題材上，敢於進行跨界別合作，獲藝術家及設計師邀請，在固有技藝中尋求創新，既宏揚傳統，也發展創意。有些具雄厚資本的紮作師傅面對內地廉價來貨的競爭，選擇在內地設廠，以減低大量製作和加工成本。簡單來說，紮作品的精細程度視乎投放製作時間多少，紮作師傅大多只能將貨就價，盡量縮短製作時間，以減低營運成本；或是運用現代科技，簡化紮作程序和時間。紮作師傅必須有所取捨，既要維持業務發展，也要保持產品質量。

# 第二章
## 紮作技藝與官方節慶和宣傳

### 第一節　香港英治時期紮作技藝與官方慶典

19 世紀末以降，每逢英國皇室大型慶典，如英皇及英女皇加冕或「登極」（登基）周年紀念，香港都會舉辦相應的慶祝活動。[1] 迄至 20 世紀 70 至 80 年代，皇室成員相繼到訪香港，港府與民間亦籌辦歡迎盛典。翻看官方刊印紀念特刊及報章報道，官方大型慶祝或典禮經常有舞龍和舞獅環節，皇室成員的到訪亦會安排龍獅「點睛」儀式。[2] 至於隆重慶典，如 1935 年英皇喬治五世登基銀禧紀念，以及第二次世界大戰後 1953 年英女皇伊利沙伯二世加冕典禮，香港舉行的慶祝活動更是多姿多彩，除了官方閱兵、鳴炮及軍樂外，香港華商均積極參與其中，自然免不了搭建牌樓和舉行會景巡遊，紮作技藝在其中擔當一定角色[3]，除了龍獅紮作外，紮作技藝也在各巡遊隊伍的花車裝飾和佈置主題（即所謂「景色」）上得到充分反映。這一節我們以 1935 年英皇喬治五世登基銀禧紀念的官方慶典為例，探討紮作技藝在當中的重要性，以及第二次世界大戰前香港紮作行業的狀況。

---

1　有關 19 世紀末至 20 世紀香港舉辦與英國皇室有關的官方節慶與歡迎活動，見鄭寶鴻：《百年香港慶典盛事》（修訂版）（香港：經緯文化，2022），第一章及第五章。

2　見陳慧貞編輯，徐禮成譯：《恭迎女皇伉儷訪港紀念冊》（香港：香港評論新聞出版，1975）及香港勳銜譜編輯委員會編：《英儲君查理斯王子訪港紀念冊》（香港：香港新聞出版社，1979）。

3　當時分工沒有那麼仔細，牌樓其實也是紮作業業務一環，如生和隆在 60 至 70 年代，便於盂蘭節及中秋節在西營盤搭建了不少牌樓。生和隆梁金華訪問，2021 年 1 月 7 日。

# 1935 年英皇喬治五世登基銀禧紀念活動

　　1935 年 5 月 6 至 8 日，香港舉行英皇喬治五世登基銀禧紀念活動，會期三日兩夜。除了白天官方的閱兵儀式、鳴響禮炮、軍樂演奏等海陸空三軍表演，以及「日色」巡遊等外，晚間也有軍艦「探海燈照耀碧海、飛機隊凌空表演，滿燃燈光」、滅火小輪彩色噴水（這種此表演香港至 90 年代末也仍可看到）、六日及七日兩晚燃放煙花（七日煙花由在港日僑報效）。九龍半島及港島張燈結綵，猶如白晝。軍隊演奏的音樂會分別在對岸九龍半島酒店前及普慶戲院旁，以及港島皇后像前空地舉行，兩者隔港遙相對應。每個大型牌樓安排粵劇八音演出，當然少不了「夜色」巡遊，紗龍與魚燈等魚貫進場，中華巴士與電車也設計一特別車身，在外觀裝飾頗花心思（白色亮燈電車及打扮成瑞獅的中巴），為盛典助慶。[4]《天光報》在第一天的日夜慶典結束後，對會景巡遊有如下評論：

> 一個曾經看慣了會景的先生告訴我，昨天會景之偉大，要算銀龍，表演要算金龍，紮作精細巧妙當推潮州故事景色，佛山秋色中的像真古玩，也算東方藝術的表現。趣味幽默以扮婆媳的一對小兒女為第一，醒獅巡行又生體育會可稱威儀齊整，而雙鳳引龍之表演可為大會生色不少云。[5]

　　會景巡遊隊伍眾多，沿途表演琳瑯滿目，舞龍始終最為注目。值得一提的是，潮僑商會原擬安排大百足赴港，參與巡遊活動，但「費用超過預算數倍，不能成議」，為此時人多感可惜。[6] 最後，參與巡遊的主角無疑是四條祥龍瑞獸，分別是日間表演的金龍、銀龍與翠（脊）龍（又稱彩龍），以及晚間表演的紗龍（又稱

4　〈獅子巴士今晚出〉、〈白色電車出現〉，《香港工商日報》，1935 年 5 月 7 日。

5　〈會景巡遊速寫〉，《天光報》，1935 年 5 月 7 日。

6　〈慶祝英皇銀禧典禮，潮州會之百足不能參加原因〉，《香港工商日報》，1935 年 4 月 9 日。按：香港歷史博物館編號 MHP1992.6.126 藏品是一張舞百足照片。館藏說明是 1935 年 5 月英皇喬治五世登基銀禧紀念。不過當時報章暫未見相關報道，詳情待考。

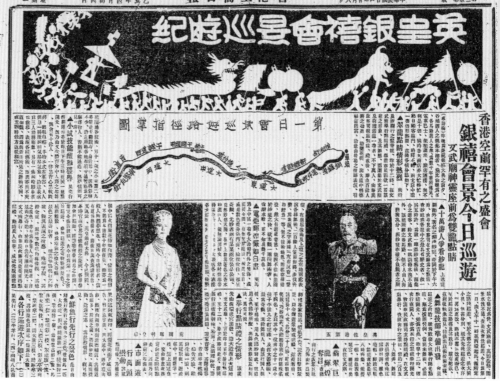

英皇喬治五世登基銀禧紀念會景巡遊路線。《香港工商日報》，1935 年 5 月 6 日。

夜龍）。為隆重其事，每條祥龍均由時任華民政務司駱克（Norman Lockhart Smith, 1887-1968）親臨上環文武廟舉行點睛開光儀式：

> ⋯⋯昨晨八時鮮魚行中人一律鮮衣彩鞋，為數約二百
> 餘人齊集西區，將龍舉往荷里活道文武廟，先由喃嘸先
> 生誦銀龍歸魂咒，繼乃為龍開光，斯時華民政務司史美
> （按：即司駱克）亦徇該行之請，親臨用硃筆為點睛，方
> 由港紳葉蘭泉陪同乘車離廟⋯⋯。[7]

5 月 2 日銀龍及 5 月 5 日紗龍點睛儀式後進行「上水禮」，
之後舞動回西環「龍窩」，上萬遊人沿途爭看：

> 又銀龍自離廟時，曾先至干諾道中皇后像上行上水禮，
> 由數十人將龍頭微俯向海作上水狀，然後巡行⋯⋯沿途
> 萬人空巷，道為之塞，即所經各道房樓之騎樓上，亦無
> 不聚眾多人，僉欲先睹為快者，警察當局事前曾派出大
> 隊中西印警，列隊維持秩序，並有交通西警乘電單為前
> 驅，否則人多不能通過，其熱鬧情形得未曾有。[8]

7　〈銀龍點睛記，西環各街道頓形熱鬧〉，《香港工商日報》，1935 年 5 月 3 日。
8　同上。

……著名的潮連紗龍，亦同於下午六時，由華民政務司在文武廟為之點睛，查紗龍為各龍中最具有歷史者……故集合之遊客，除文武廟一隅圍得水洩不通外，該龍所經之各馬路，無不人山人海，擠擁萬分，而紗龍亦確不負觀者之期望，在皇后像前及上環之某空地兩處表演各種舞術，二百餘人笠衫短褲、步伐齊整，其表演之「之字弄珠」、「左右反脊」、「雙孖鯉魚」等，無不技術純熟，圍搖穿插矯捷……全龍以紗製成，龍首以白紗扎作，復以雜色紗相襯，殊為奇觀，龍身由燃燭高照，自遠觀之，宛似游龍……點睛後至……皇后像對開海面上水，上水後向英皇像前行互鞠躬禮，始回龍宮……舞紗龍者，俱衣黑綢衫褲，綁腳帶尖鞋，殊為雅觀……紗龍身長十三丈餘，統計十四節，頭大四五尺，舞者一百五十餘人……。[9]

此外，紗龍開光的同日下午，翠龍也在文武廟行點睛儀式，所經之處同樣「圍觀如堵」，記者對該「翡翠巨龍」有如下介紹：

翡翠巨龍……價值不資，蓋該龍以金鑲翡翠製成龍麟，輝煌奪目，龍長 18 丈，共分 38 節，龍頭製成笑狀，巧妙甚殊……至於龍頭，用九色縐紗製成，龍裙用五色縐紗所配，與舞龍者新裝互相輝映，異常可觀。[10]

會期天氣酷熱，參與步操的步兵就有 40 人中暑不適。首日會景巡遊更有舞銀龍健兒中暑暈倒，救傷隊送往醫院急救，結果返魂乏術。這名舞龍健兒名為鄭有，「為中環街市魚枱中人，寓於域多利街四號二樓」。有「好事者」事後稱：「……某孕婦曾以手撫及龍身，故有此不祥，蓋龍最忌接近妊婦云。」[11]

9  〈香港空前罕有之盛會，銀禧會景今日巡遊，文武廟神靈座前為雙龍點睛〉，《香港工商日報》，1935 年 5 月 6 日。
10  〈慶祝英皇銀禧，巡遊景色總動員〉，《天光報》，1935 年 5 月 6 日。
11  天光雀，〈大會過後之嫋嫋餘音〉，《天光報》，1935 年 5 月 11 日。

銀龍在港島街道巡遊，舞龍隊帽寫有「鮮」及「行」字，可見是銀龍無誤。
（相片編號 CO 1069/455，The National Archive, UK）

　　四龍價值不菲，均由行商出資「報效」，可謂出錢出力。[12]
除了夜色巡遊的紗龍，其餘三龍的出場次序需在華人籌備委員會
見證下抽籤決定。按四龍的報效行商、紮作公司，以及日色巡遊
出場排序，列表如下：[13]

| 祥龍[14] | 報效行商 | 紮作公司 | 6/5 | 7/5 | 8/5 |
|---|---|---|---|---|---|
| 銀龍 | 鮮魚行 | 廣州光雅里富興貴 | 1 | 3 | 2 |
| 翠龍 | 肉行 / 豬欄行 | 佛山聖昌製獅龍專家[15] | 3 | 2 | 1 |
| 金龍 | 雞鴨行 | 四邑荷塘李和樂堂 | 2 | 1 | 3 |
| 紗龍 | | | | | 夜色巡遊 |

　　負責是次巡遊安排的華人籌備委員會工作繁重，牽涉範疇廣泛，瑣碎如向工務局提交搭建牌樓及圖則[16]，會景物流運輸和入境關稅等[17]，均由他們一手包辦。此外，籌委會特設常務委員會，負責審查參與巡遊會景，並「議決凡有商業宣傳性質者，均一律不准參加巡遊」。[18] 雖云不許作廣告宣傳，但各行商自有辦法，如獲通過參加巡遊的國民酒家，其安排的景色甚為有趣：

　　　　帥旗一支、海狗魚一條、桂花魚一條、大嘉魚一條、大邊魚一條、大鯽魚一條、七日鮮一條、金邊龍利一條、大明蝦一隻、大鱔王一條、大龍蝨一條、花龍鱸一條、大扯魚一條、老虎魚一條、山斑魚一條、大烏魚一條、石斑魚一條，鱘龍魚一條、大響螺一隻、大群翅一副。[19]

· · · · · · · · · · · · · · · · · · · · · · · · · · · · · · · · · · · · · · ·

14　鄭寶鴻先生對 1935 年慶典的描述頗詳，包括巡遊僱用人數及費用等，並提到金龍長 120 尺，銀龍 280 尺及紗龍 225 尺。未有提及翠龍參與巡遊。見《百年香港慶典盛事》，頁 39。其實各報所述龍的長度，無論是市尺還是英尺，皆出入頗大，如有報道稱銀龍 36 丈 42 節，則未免太誇張，見〈銀龍點睛記〉，《香港工商日報》，1935 年 5 月 3 日。詳細情況待查。

15　疑佛山聖昌為勝昌的筆誤。若是，則該店便是澳洲本迪戈市 19 世紀末 20 世紀初 Loong 的製作者。

16　待工務局批核，獲牌樓執照方能興工搭建。

17　大量會景運送來港及運回原地，便要跟海關處理租賃貨物的來港手續，取得入關證書才能享有出入免稅，凡此種種都需要籌委會代行商向相關部門申請，方能順利進行。〈英皇銀禧會景，巡遊九龍之困難……〉，《香港華字日報》，1935 年 4 月 17 日。〈英皇銀禧，運港景色概免稅〉，《香港華字日報》，1935 年 4 月 18 日。

18　〈慶祝英皇銀禧，日間巡遊路徑已規定，三大行頭金銀龍分日先行，有廣告性質出品不許參加〉，《香港華字日報》，1935 年 4 月 10 日；〈慶祝英皇銀禧盛典，籌委會兩星期後結束，產生常務委員審查會景，九龍會景方面交由大會表決〉，《香港工商日報》，1935 年 4 月 17 日。

19　〈慶祝英皇銀禧大典，籌委會與各行商代表昨開結束會議〉，《香港工商日報》，1935 年 4 月 27 日。

國民酒家的巡遊隊伍，是一些光讀其名稱就想大快朵頤的「海鮮、河鮮」，都是紙紮魚燈製品。[20] 籌委會經數月開會議決及協調各項事務，最後交由華民政務司審批。所有抵港的會景物資均存放於西環吉席街寶興泰貨倉。日色巡遊共有 34 隊，夜色巡遊有 21 隊，每隊可達數百人之多。[21] 三天日色巡遊均於早上 11 時由西環出發，不過每天的巡遊路線都稍有分別。

## 華人籌備委員會工作簡表

| | |
|---|---|
| 值理成員 | • 籌委會主席原是華商何甘棠[22]，但會期前何氏因公事意外傷足，遂由黃廣田代任主席[23]。<br>• 籌委會值理：葉蘭泉、謝家寶、黃屏蓀、黃茂林、譚煥堂、李佐臣、伍華、黎乙真、何華生和陳騁歐等，均為當其時香港華人領袖。 |
| 開會地點 | 香港華商總會 |
| 工作內容 | 1. 擔當橋樑角色，在行商與港府之間居中協調。<br>2. 與多個政府部門就慶典安排處理各項事宜。[24]<br>3. 擬定三日兩夜的巡遊路線。<br>4. 統籌各行商報效會景的安排。<br>5. 報效現款之運用。<br>6. 議決各項巡遊細節安排，如會期內放寬至全日供水、無牌小販可自由擺賣、延長茶館酒樓營業時間等。[25] |

---

20 〈銀禧大典籌委與行商代表，昨開聯席會議〉，《香港工商日報》，1935 年 4 月 10 日。

21 〈英皇銀禧會景巡遊，昨日舉行頒給獎品〉，《香港工商日報》，1935 年 7 月 9 日。

22 何甘棠是香港首富何東之弟，其大宅名為甘棠第，現為孫中山紀念館。

23 黃廣田當時乃華商總會主席。

24 籌委會討論會景巡遊的安全事項，如巡遊時是否許可燃放爆竹（後決定不許），以及會期獅子採青安排（後決定會期內有條件的准予採青）。詳見〈會景巡遊所求均遂所願〉，《天光報》，1935 年 5 月 4 日。

25 〈英皇銀禧籌委員會，請於賽會期內全日開水喉〉，《香港工商日報》，1935 年 4 月 16 日；〈銀禧盛典當局准小販無牌賣物〉，《香港工商日報》，1935 年 5 月 5 日。〈慶祝英皇銀禧大典，請准各茶酒樓通宵營業〉，《香港工商日報》，1935 年 4 月 27 日。

我們不厭其煩地詳細介紹籌備過程，並非為誇讚籌委會的工作能力，而是帶出大部分「會景」皆不是本地生產，間接說明當時本港紮作師傅不足以應付這次盛大慶典。因此籌委會其中一項工作就是為赴港「景色」申請免稅，如四條祥龍都是出自廣東的紮作，可以想像其他巡遊景色也大多來自內地。籌委會在會期前提到「屆時所需各物，均派員往廣州及佛山，與四鄉等處預定，現經開始次第運港」[26]，又囑咐參與巡遊的行商提交報告，「以便儀仗等運來香港之時，代為報呈免稅及各項手續」。[27] 其實不獨「景色」來自內地，表演團體也多來自廣東。[28] 至於是次慶典的會景紮作，《天光報》一則題為〈日夜會景之壯觀，搜羅各方技師來港紮作〉的報道，提供頗為重要資訊。該報道述及「前日下午謝委員家寶領華民司史美（駱克），及西報記者前往參觀」已運至西環貨倉之會景，「昨日下午謝氏又再偕同記者前往參觀」：

> 首觀潮州八邑商會所報效之會景，由潮州周炳記派出技師 18 人來港紮作，據稱，共做典故景色十套，各景色每套有高約二尺之大公仔十個八個，均是穿著重新製造之顧繡，或釘金線之衣服，每座高約一丈，長亦約一丈，闊數尺，用四人抬之隨行，公仔自能擺動，鈴聲作響，悅目非常，為潮州著名景色。該商會又在汕頭美化公司訂製景色，已由該公司派有技師來港紮作，用運輸汽車四輛紮作。其次參觀港府報效之五千元，及各行商號報效現款紮作之紗燈魚燈、飛禽走獸、頭牌八寶等，查紗燈頭牌八寶飛禽走獸，則為本港金玉樓紮作，十分逼真；魚燈則由順德大良名師來港紮作，有各種水產魚類，大小不一，顏色各異，與真魚無異，共有百數餘尾之多，現尚加緊工作。佛

26　〈英皇銀禧盛典，各界籌備慶祝忙於佈置〉，《香港工商日報》，1935 年 4 月 22 日。

27　〈恭祝英皇銀禧，昨日召集行商聯議情形〉，《香港華字日報》，1935 年 4 月 3 日。

28　舞金龍者便包括來自新會李和東堂的舞龍好手，舞獅的「又生體育會」來自深圳，百人的音樂隊伍（樂社，又稱鑼鼓櫃）如「小雅山房」與「閒餘涉趣」，前者來自中山，後者由鮮魚行聘自廣州沙貝。而會期四處擺賣紙扇、凍飲料等物品的小販，皆有來自省港各地。

山秋色，由佛山快活社派出技師多名來港紮作，共有
秋色三十六枱，擔頭亦有數十擔，一切像生人物，花
果鳥禽水產，均維肖維妙，不獨遠望真假難分，若近
在眼前，幾亦難分別，非取起手上則不能知其是紙
與臘所製者也，所製之人頭，眼目靈動，口能吸煙，尤
為神乎其技也。[29]

會期前一日，籌委會委員謝家寶曾攜同港督貝璐爵士（Sir William
Peel, 1875-1945）夫人前往吉席街寶興泰貨倉參觀會景，據云其
「對於佛山秋色及鮮魚行之銀龍等製作精緻，手工精巧，備極讚
賞不置」。[30] 從上述報道透露不少內地紮作師傅（如紮作魚燈的
順德大良名師）應聘赴港參與這次盛會紮作，還列出負責不同會
景的製作公司，如潮州周炳記、汕頭美化公司及佛山快活社，至
於本港則只有金玉樓。

　　1935 年英皇喬治五世登基銀禧紀念巡遊所需的會景紮作品數
量極為驚人，單是魚燈已需百尾之多，本地紮作店根本不能獨力
承辦。既然如此，報效行商只能轉往廣東佛山等各地尋找紮作「能
手」協助，以及聘請巡遊表演者助慶，實屬合乎情理。這也反映
香港雖然被英國殖民統治，內地和香港兩地互有邊界，商貿貨物
往來有關稅協定，但兩地人民依舊來往自由。再者，當時不少居
港華人只把香港當作暫居之地，自稱「旅港」也好「僑港」也罷，
均視內地家鄉為根。這次會景巡遊充分體現廣東紮作文化薈萃於
本港。報道提及的潮州十景、順德魚燈與佛山秋色等大型紮作工
藝均來自廣東店號，可見第二次世界大戰前香港紮作業仍難與內
地並肩爭雄。不過，上述報道提及「紗燈、頭牌、八寶、飛禽、
走獸」製作得「十分逼真」的「本港金玉樓」，在當年已享負盛名，
至今仍是香港紮作業內為人津津樂道的一間傳奇紮作店。雖然報

29　〈日夜會景之壯觀，搜羅各方技師來港紮作〉，《天光報》，1935 年 5 月 3 日。
　　另同一文字的報道，但附有十套景色名稱，見〈籌備銀禧盛典消息種種〉，
　　《香港工商日報》，1935 年 5 月 3 日。
30　〈慶祝英皇銀禧，巡遊會景籌委會昨敘會，貝督夫人昨日下午到西環巡視會
　　景〉，《香港工商日報》，1935 年 5 月 6 日。

1935 年金玉樓造「二天堂佛嘜」花車。（相片編號 MHP2008.284.23，香港歷史博物館藏品）

道中金玉樓製的紗燈暫未得見，但今存一幀當年參與巡遊的「二天堂佛嘜」花車照片，坐着的大佛手持寫上「二天堂佛嘜恭祝銀禧大典」卷軸，車前則清楚標明委造的店號為金玉樓。[31]

事隔兩年，世界各地戰雲密佈，反觀香港一片歌舞昇平。為了慶祝喬治六世登基，1937 年 5 月 11 至 14 日本港再次舉行會景巡遊大型慶祝活動。華人慶典籌委會主席繼續由何甘棠擔任，同樣是三天兩夜的會景巡遊，參與的巨龍增至五條，除了鮮魚行的銀龍、還有其他行商報效的翠龍、紗龍及雲龍。[32] 大良魚

31　香港歷史博物館編：《影藏歲月：香港舊照片》，頁 114。按：照片屬「香港歷史博物館藏品」。二天堂是 20 世紀初於安南（越南）堤岸埠創辦的藥行，始創人是韋少伯，「佛嘜」是其商標，1930 年在香港開店，這間百年老字號今天仍在經營，見 http://www.yeetintong.com.hk/history.html, 讀取日期：2022 年 6 月 30 日。二天堂均有參與日間及夜間巡遊，除花車外更有銀樂隊，頭兩日日間巡遊秩序排 16 位，最後一日排 15 位。〈慶祝英皇銀禧大典，籌委會與各行商代表昨開結束會議〉，《香港工商日報》，1935 年 4 月 27 日。

32　〈慶祝英皇加冕大典，全港已呈熱鬧景象，夜間各方點綴燈色燦爛奪目，來觀會者日逾萬人市面熱鬧，會景巡遊之五巨龍明日點睛〉，《天光報》，1937 年 5 月 10 日；太乙：〈首夕夜景巡禮〉，《天光報》，1937 年 5 月 15 日。

1937 年金玉樓造的龍頭花車，*Hong Kong Yesterday: Festive Occasions*, 1989.

燈及佛山秋色再次登場。兩年前潮州百足因經濟理由無法赴港參與巡遊，這次如願以償，由汕頭經海路運抵香港。[33] 金玉樓也為是次慶典製作會景巡遊紮作品，更冠名報效，為夜景巡遊隊伍之一。[34] 左圖疑為「廣生行」參與此次巡遊的龍頭花車，前有「金玉樓造」四字，清楚標明委造此花車的紮作店號，同屬難得一見的歷史照片。[35]

## 小結

總括來說，二戰前香港官方的巡遊活動，參與其中的無論是金龍、醒獅，還是魚燈、各式傳統人物及獸口造型，皆由紮作師傅人手製作，紮作技藝與官方節慶的緊密關係可見一斑。更重要的是，當時香港紮作業尚未能獨力支撐大型慶典活動，但第二次世界大戰後大量紮作人才遷入本港，造就了二十世紀 60 至 70 年代香港紮作業黃金年代。

· · · · · · · · · · · · · · · · · · · · · · · · · · · · · · · · · · · · · · · · · · · · · · · · · · · · · · · · · · · · ·

33　潮州商會報效的百足「……身為肉色，長廿三節，青爪紅尾，遠看與真無異，舞士百餘人同來。」詳見〈慶祝英皇加冕大典，全港已呈熱鬧景象，夜間各方點綴燈色燦爛奪目，來觀會者日逾萬人市面熱鬧，會景巡遊之五巨龍明日點睛〉，《天光報》，1937 年 5 月 10 日；含笑：〈潮州蜈蚣參觀記〉，《天光報》，1937 年 5 月 12 日。

34　〈本港依照原定秩序慶祝，會景巡遊明日開始舉行〉，《香港工商日報》，1937 年 5 月 11 日。

35　照片載於 *Hong Kong Yesterday: Festive Occasions* (Hong Kong: British Airways, 1989)，沒提供頁數。

# 第二節　維園中秋綵燈會

## （一）英治時期的維園中秋綵燈會

中秋節又稱八月十五，傳統以來，家家戶戶趁着花好月圓的時節，團聚過佳節，更會外出一面玩花燈，一面賞月。早在二十世紀 70 年代，政府會聯同有關法定機構及地方組織，在港九新界不同地區舉辦中秋綵燈會，其中位於銅鑼灣的維多利亞公園尤為盛大。例如 1974 年維園中秋綵燈晚會一連兩天於「迎月」日和「賞月」日舉行，主辦單位包括香港市政局、香港旅遊協會、東區民政司署、銅鑼灣街坊會及尖沙咀街坊會等。值得注意的是，香港旅遊協會預期晚會能吸引外來遊客，特別贊助是次活動二萬元。誠如該會主席唐立信云：「我們對香港的中國傳統文化活動不斷被侵蝕，深感不安，因為這類活動是遊客最感興趣。」[36] 由此可見，維園中秋綵燈會除了提供大眾娛樂節目，同時有着推廣傳統文化，以及推動本港旅遊業的作用。[37]

隨着香港經濟起飛，生活質素逐步提升，但在城市化下，傳統文化趕不上潮流的步伐，年輕一輩不再重視中國傳統文化。為此，1978 年維園中秋綵燈會舉辦綵燈比賽，發揚中國傳統花燈紮作技藝，加強學生對傳統藝術的興趣。該比賽頒獎禮在大會堂舉行，評判分別是時任教育司署美工中心督學郭樵亮、葛量洪師範學院講師陳炳添、理工學院高級講師王無邪、中文大學講師李東強及大會堂美術館館長譚志成。大會主席岑材生指出：「中秋綵燈設計比賽，不但可以啟發學童創作潛能而且亦有保存傳統，發揚固有文化的使命，意義重大。」參賽作品多達二千多件，均由中、小學生創作：「學生們運用心思設計，甚至利用雪條棒、汽水蓋、紙杯、絲帶、鐵絲網、火柴盒等廢物，作為製作花燈的材料，因此每個展品都有其特色，令觀眾不禁暗自讚嘆現代中，小

36　〈維園中秋綵燈會特輯〉，《華僑日報》，1974 年 9 月 29 日。

37　黃競聰：《簡明香港華人風俗史》，頁 341-342。

學生的美術創作才華。」得獎作品安排在維園公開展覽，展出頗受歡迎，小孩子更是愛不釋手。

> 這三名皇仁學生方健僑、陳沛豪及黎紹衡合力創造一隻別具心思的花燈「航行者一號」，這是一隻狀似科學太空船的花燈，約二呎闊，通電後設於船底的燈膽便會發光，頗具科學幻想力……。[38]

維園中秋綵燈會的成功帶動當局在其他地區舉辦中秋節慶祝活動。1983 年，市政局在維園和摩士公園舉行大型中秋綵燈會，港九各處也舉行分區綵燈會，讓各區居民同慶中秋佳節。[39] 與此同時，香港華人風俗促進會、香港旅遊協會及市政局在置地廣場及遮打花園舉行綵燈盛會，更邀得港督夫人等主持金龍點睛開幕儀式。[40] 1980 年，生和隆梁有錦榮獲維多利亞山頂公園中秋綵燈會的走馬燈設計比賽冠軍，自此成為官方中秋綵燈會的「常客」，時常獲邀製作數以百計各款綵燈，其中有一盞「蓮花子母燈」，高五尺，分八面，由八瓣蓮花襯托，價值高達 3,000 元。此外，他又為香港華人風俗促進會設計巨型「八仙燈」，高 11 尺，豎立在置地廣場圓台。[41] 1984 年，梁有錦為吉隆坡紮作一盞八仙賀壽花燈，成功列入世界健力士大全，使其紮作技藝馳名海外，作品遍及美國、加拿大、新加坡和澳洲等地。[42] 1986 年梁有錦花了八星期紮作一盞超過 120 磅大花燈，名為「綵燈璀璨賀昇平」，分四層，頂層名為「鰲頭獨佔」；第二層稱為「彩龍吐珠」；第三層叫做「八仙賀壽」；底層為「八角花藍腳」。[43] 傳媒報道該花燈形

---

38 〈中小學生各展才華，得獎花燈今晚維園綵燈會懸掛〉，《華僑日報》，1978 年 9 月 17 日。

39 〈昨晚中秋夜家家戶戶賀佳節，摩士維園等綵燈會，居民扶老攜幼往觀賞〉，《大公報》，1983 年 9 月 22 日。

40 〈香江繁榮令人羨慕，中區綵燈會樂融融〉，《華僑日報》，1983 年 9 月 23 日。

41 〈中秋提燈具歷史意義綵燈製作不斷更新，塑膠花燈配燈泡夠安全，小孩卻仍愛燃燭富氣氛，花燈紮作講技藝全能師傅在港不足十人〉，《華僑日報》，1983 年 9 月 10 日。

42 〈八仙賀壽宮燈飄洋過海，矗立耀全閃爍生輝，紮作師傅細談製作過程〉，《南洋商報》，1984 年 9 月 7 日。

43 〈高一尺闊六尺重百廿磅，巨型綵燈慶賀昇平，維園高懸發字當頭〉，《晶報》，1986 年 9 月。按：此乃梁金華提供剪報，據內容能確定年月，但日期待考。

Mr Leung Yau-kan with the huge lantern which will be on show in Victoria Park tomorrow.

IN the backstreets of Western District stands a towering 3½-metre tribute to the moon.

The lantern – built at a cost of $10,000 by a 72-year-old craftsman commissioned by the Urban Council – will form the centrepiece at Victoria Park's lantern exhibition tomorrow.

Mr Leung Yau-kan has been making lanterns since he came to Hongkong from southern Guangdong at the age of 18. He learned the craft from an uncle in Hongkong.

Made of light silk stretched over a bamboo and wire frame and decorated with carp, dragons, fairies, peonies, lotus flowers, tassels, calligraphy and painted screens, the eight-sided lantern took eight weeks to make by Mr Leung with the help of his four employees.

It will be illuminated by 50 light bulbs and eight fluorescent bulbs.

"The most difficult part of the construction is making the frame. You must be care-ful that not too many bamboo pieces can be seen because that affects the lantern's appearance and beauty," said Sammy Leung, Mr Leung's son, who also works in the shop and plans to continue the business.

"All the calligraphy was done by my father," he added proudly.

During the rest of the year, Mr Leung's shop at 24 Western Street sells costumes for lion dances, funeral offerings and joss sticks.

1986 年中秋綵燈會特刊。（梁金華藏）　　　　梁有錦為 1986 年中秋綵燈會所紮作的花燈，*South China Morning Post*，17 September，1986.

制極為詳細，從中可窺見梁師傅技藝一二：

> 這盞大花燈高十呎，呈八角形，分四層，最下的一層略
> 呈圓形，寫有四首唐詩，其中「床前明月光，疑是地上
> 霜。舉頭望明月，低頭思故鄉。」最為應節。第三層角
> 上有八朵粉紅荷花，另有製作生動的八仙站立燈前，八
> 仙後面是盛放的牡丹，象徵花開富貴，第二層有國畫及
> 唐詩，以景應節，又畫上八隻吐珠龍頭，以示吉祥之
> 意；最上邊的一層是八隻鰲頭，表示鰲頭獨佔之意。[44]

　　從 1980 年至回歸初年，梁有錦屢獲市政局邀請，在元宵節
及中秋節設計及製作大型花燈，為傳媒訪問焦點。[45] 面對內地改
革開放，梁師傅自信其手藝遠勝內地紮作師傅，但不諱言本地紮
作業青黃不接的現象嚴重，能紮作花燈金龍等師傅不足十人，情
況令人擔憂。[46]

---

44　〈巨型花燈今現維園〉，《大公報》，1986 年 9 月 17 日。

45　〈應市局邀請製作巨型花燈，梁有錦謂不喜心思灰燼〉，《快報》，1993 年 2 月 5 日。

46　〈傳統現代兩紛爭，花燈趨勢說紛紜，年青一輩不願入行〉，《新報》，1989 年 9 月 7 日。

市政局中秋綵燈會廣告。《新報》，1989 年 9 月 7 日。

## （二）回歸以後維園中秋綵燈會之變遷

　　回歸以後，臨時市政局秉承傳統在中秋佳節期間於維園和高山道公園舉辦名為「中秋彩燈匯粹」慶祝活動，然而大型花燈不再是由本地紮作師傅負責製作。如 1998 年當局訂製兩座分別名為「龍騰鳳舞伴明珠」和「金童月下慶中秋」的大型花燈，均出自廣東藝術製作公司林德毅。[47] 1999 年，梁有錦也應邀紮作多個中秋花燈，但論規模和數量已不及回歸之前了。他自言年過 80，不堪過分操勞，眼看內地製作綵燈後來居上，他坦然接受現實：「就人工而言，內地工人每月薪金四百，跟香港工人日賺五百元比較，實屬天壤之別，單看兩地人工差異，香港製品在價格上

......................................................

[47] 「龍騰鳳舞伴明珠」在維園展出，「其底部是由鋼絲和絲網紮作而成的蓮花座，取其諧音「年發」之意；中間是中國民間主要的圖騰——「龍和鳳」；頂部則是狀似民間繡球的東方之珠……整盞花燈高六點二米，蓮花底座寬三米，由設計到製作完工整整花了三個月時間。這盞花燈採用中國民間傳統紮作藝術製作而成；顏色則以傳統上代表喜慶的紅、黃和金色為主；整盞花燈所用的燈膽則超過五千瓦；蓮花底座的花瓣都以彩虹燈管勾邊；亮燈後整盞花燈閃閃生輝，耀眼璀璨。」詳見〈龍騰鳳舞伴明珠〉，《文匯報》，1998 年 10 月4 日。

並不存在競爭能力，那些穿梭兩地的推廣商人，會為購買花燈客戶尋找售價最相宜的廠商製作花燈，大部分生意因而落入內地廠商之手，香港所得的生意是少之又少」。[48] 政府選用內地紮作師傅承辦中秋大型花燈，很明顯是製作成本問題。究其原因乃香港平均工資比內地高出很多，致使本地紮作品在價格上難以與內地競爭。

隨着赤鱲角新機場落成，作為海外遊客抵達香港的「第一站」，香港國際機場自然是推廣香港旅遊的重要陣地。2000 年，中秋佳節前後，康樂及文化事務署（以下簡稱「康文署」）聯同機場管理局舉辦「華燈藝粹匯機場」，在機場客運大樓展出一系列中秋綵燈，包括「荷塘月色」、「中國戲棚」、「家家戶戶慶中秋」、「嫦娥奔月」、「動物世界」和「昆蟲天地」，目的是宣傳年度大型「中秋綵燈會」。[49] 除了 2001 年中秋綵燈會移師添馬艦外，港島區中秋綵燈會基本仍是在維園舉行。2000 年以後九龍區中秋綵燈會由高山道公園移至尖沙咀露天文化廣場舉行，新界區則每年舉辦地點都不同，如 2018 年在大埔海濱公園和屯門公園[50]，2019 年改在沙田公園和荃灣公園[51]。

千禧年以後，維園中秋綵燈會也配合旅遊宣傳等需要，為此當局會與不同單位合作，擴大綵燈會的規模，內容顯得更多元化，然而中秋傳統花燈不再是當中的焦點。2002 年香港迪士尼樂園開幕，維園中秋綵燈會連續三年設有「睡公主城堡綵燈」[52]，吸引不少家庭扶老攜幼前去拍照留念。[53] 同場設有的另一組中式傳

48 〈薪金地租限制在港發展，梁伯：紮燈工藝勢失傳〉，《星島日報》，1999 年 3 月 1 日。

49 〈華燈藝粹匯機場，中樂雜技表演迎中秋〉，《香港商報》，2000 年 7 月 17 日。

50 〈三公園綵燈迎中秋，今料冒雨賞月〉，*Apple Daily*，2018 年 9 月 24 日。

51 〈公園人湧「熱」情賞月，錄 33℃歷來最熱 市民扶老攜幼綵燈〉，《文匯報》，2019 年 9 月 14 日。

52 「綵燈設計由經典迪士尼卡通人物米奇老鼠及美妮擔當主角，背景則仿照將在 2005/06 年落成的香港迪士尼樂園的主要景點「睡公主城堡」而製作……這組別具特色的綵燈，高七點五米，闊十一米，需用超過六百個燈泡發光。」詳見〈維園展出米奇美妮綵燈〉，《信報》，2003 年 9 月 10 日。

53 〈迎月追月好去處〉，*Apple Daily*，2002 年 9 月 18 日。

統綵燈「鯉躍荷塘月」,遊客反應卻是一般。2003 年,沙士肆虐香港,經濟蕭條,旅客人數大幅下降。香港旅遊發展局(以下簡稱「旅發局」)為振興旅遊業,舉辦「中秋綵燈慶全城」活動,「海陸空」式宣傳香港,如在維港舉行花艇巡遊、大坑火龍首次舞出維園和熱氣球升空之旅等。[54] 此外,旅發局和香港設計師協會合辦「綵燈大觀園」設計比賽,獲勝者是時任美國建築師學會香港分會會長林偉而。這次綵燈設計不再由傳統紮作師傅負責,而是交由本地設計師策劃。當局動用 250 萬元,在維園興建「綵燈大觀園」大型綵燈,其主體直徑長 335 米、高 15 米,面積約為 962平方米,算得上是當時全球最大綵燈,並計劃申請列入健力士世界紀錄大全:

> 這座「大觀園」相當於一個足球場大,由 38 條七彩繽紛的金魚圍繞,象徵生生發發,朝氣勃勃。「大觀園」主體部分相信是全球最大型的綵燈,中間有一個由數朵嫩紅的荷花組成的許願井,大燈頂部播放着富有動感的宣傳片,介紹香港的節日情況。[55]

2003 年維園中秋綵燈會反應熱烈,近十萬人湧入維園,警方採取「封路」措施,疏散人群。然而,不少慕名而來的參加者並非為一睹「綵燈大觀園」,而是一嘗熱氣球升空賞月的滋味![56] 兩年後,維園中秋綵燈會有三組綵燈,主題分別是「遊園秋色」、「童年搭趣」和「浮光月影」,其中「浮光月影」交由英國 Architects of Air 公司設計。[57] 當局為了增加中秋綵燈會的吸引力,摒棄了傳統綵燈造型,嘗試注入新元素,把設計意念交予本地或外國設計師負責,但礙於成本考量,綵燈主要仍是由內地製

---

54 〈中秋綵燈會慶全城〉,《成報》,2003 年 9 月 10 日。

55 〈全球最大綵燈照亮維園,體積大如足球場 金魚游繞紅荷放〉,《大公報》,2003 年 9 月 8 日。

56 〈中秋夜賞燈人潮迫爆維園,10 萬人入場歡聲笑語,排長龍一嘗飛天攬月〉《香港商報》,2003 年 9 月 12 日。

57 「『浮光月影』的設計靈感源於幾何學及回教建築的美態,館內的迴廊及拱型頂部,亦令人彷如置身伊朗市集,它在日間純粹是利用天然日光,穿透顏色塑料而造成令人意想不到的光影效果。」詳見〈維園中秋綵燈會今晚舉行〉,香港政府新聞公報,2005 年 9 月 18 日。

製作中的旗袍造型花燈竹囊。（相片由非遺辦提供）

造，本地紮作師傅絕少涉足。在這情況下，此舉自然引起本地師傅不滿，向傳媒吐苦：

> 「政府口口聲聲話帶動本土工業，但就帶頭北上消費，
> 等於毀滅我哋呢個已經式微嘅行業。」從事紮作綵燈廿
> 五年的夏中建慨嘆，回歸前市政局每年的元宵綵燈晚會
> 都採用「香港製造」的手製綵燈，但近年政府將工程外
> 判，承辦商均採用內地廉價綵燈，令本地綵燈幾近絕跡
> 綵燈會。他痛斥，政府根本在扼殺本土的紮作業，如果
> 有心保育便應該規定承辦商要有一定比例的花燈由香港
> 紮作師傅負責。[58]

2006 年《保護非物質文化遺產公約》適用於香港，「非遺」概念引入，使原本傳統知識和經驗得以從新的角度審視，中秋綵燈會也側面反映保育非遺思潮帶來的轉變。2012 年，維園中秋綵燈會有兩組大型綵燈，其一名為「萬燈喜月」[59]，其二是「蓮花龍」

58 《綵燈會棄用港貨政府扼殺紮作業》，《東方日報》，2009 年 2 月 8 日。

59 「高 18 米，直徑約 21 米，設計概念源自傳統的中式燈籠。彩燈由多種物料
包括鋼架、竹枝、木、環保 LED 燈泡及彈性布料組成。他指，整個設計都會
貫穿環保精神，物料會循環再用之外，旅發局會在活動結束後，將彈性布料
轉贈於慈善及學術團體，作為教育用途……「萬登喜月」象徵中國傳說故事
中嫦娥與后羿的愛情，猶如一輪緩緩向上爬升的明月。在晚間，彩燈更會呈
現多種燈光和聲響的多媒體效果，十分絢麗。旅發局介紹，巨型彩燈主體設
立於水池上，周圍設有多個小燈籠，池中建築一條小路，市民可進入彩燈參
觀，欣賞內部設計，彩燈內懸掛着多個可調節亮度的燈籠，視覺效果猶如浮
動的光雲。」詳見〈18 米高盈月燈籠耀維園，中秋彩燈會料吸引 40 萬人入
場〉，《大公報》，2012 年 9 月 13 日。

歐陽秉志製作的 2017 維園中秋旗袍造型花燈。（相片由非遺辦提供）

巨型花燈。前者由比利時和加拿大建築師設計；後者則由香港文化博物館策劃，兩位本地紮作師傅製作。「蓮花龍」花燈的「龍頭是海陸豐『滾地金龍』的造型，配上由 30 多個蓮花綵燈組成的龍身，呈現騰躍飛舞的姿態」。[60] 2015 年，維園中秋綵燈會以「光影留情話香江」為主題，重新展出該年參展過台灣燈會的霓虹燈箱大型綵燈組，重現昔日香港街頭的風貌。非遺辦邀請了冒卓祺紮作一盞高七米共四層，糅合了花炮和走馬燈紮作元素的大型綵燈。[61]

　　2017 年康文署公佈的首份「香港非物質文化遺產代表作名錄」，涵蓋 20 個項目，當中包括「香港中式長衫和裙掛製作技藝」和「紮作技藝」。是年維園中秋綵燈會，非遺辦邀請了寶華扎作歐陽秉志師傅紮作旗袍造型花燈，融合兩項香港非遺代表作。據歐陽師傅回憶，他一手包辦為數 15 個大型旗袍花燈，創作過程非常艱辛，足足花了近三個月時間才完成。要知道旗袍之美在於凸出女性柔和線條，用竹做出人體線條的弧度已具一定難度，所有旗袍花燈要達致統一弧度更是難上加難。旗袍花燈布料亦甚講究，歐陽除了參考香港二十世紀 30 至 70 年代流行的布料花紋獲

60　〈維多利亞公園今晚舉行中秋綵燈會〉，香港政府新聞公報，2012 年 9 月 30 日。

61　用霓虹燈箱及龍獅綵燈佈置場地，重現昔日香港街頭的風貌。而在燈會現場放映粵語長片，更彷彿把觀眾帶進時光隧道，引發憶古思今之情。〈維園舉行綵燈會賀中秋佳節〉，香港政府新聞公報，2015 年 9 月 27 日。

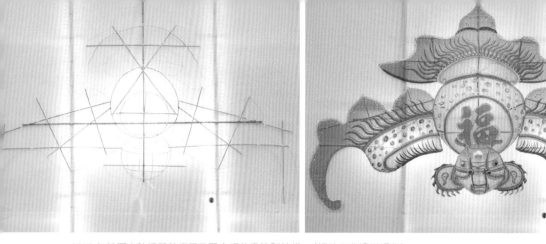

2018 年維園中秋蝙蝠花燈展示區介紹花燈竹製結構。（相片由非遺辦提供）

取靈感外，也為了應付變幻莫測的天氣，戶外展示的旗袍花燈需採用兼具防水及高透光度布料。

2018 年，冒卓祺再獲非遺辦邀請，第三次參與紮作維園中秋綵燈。[62] 冒師傅認為此次創作頗為突破，過去中秋綵燈往往以「大」見稱，他卻反其道而行，以精巧為先。冒師傅為配合該年主題「星空明月銀河夜」[63]，大膽選取花炮上的裝飾 —— 蝙蝠，作為主角，蓋因「蝠」取其「福」的同音，帶有吉祥寓意。他共紮作了 90 盞蝙蝠花燈，分為大碼、中碼和細碼。每隻蝙蝠共有四個組件，包括：頭、身和兩隻翼。每盞蝙蝠花燈都手工細緻，款式各有不同。從鐵線紮出蝙鼠形態到在布料上畫出花紋等均出自冒師傅之手。蝙蝠頭與身之間安裝了燈膽，並採用比較透光的顏色（如綠、粉紅和黃色）上色，裝置好後的蝙蝠仿如在黑夜間漫天飛舞。[64]

自 2020 年爆發新冠疫情，政府頒佈限聚令，實施封關和關閉政府康體場地等政策，原定在維園、大埔海濱公園、青衣公園和尖沙咀文化中心舉行的中秋綵燈會也被迫取消。[65] 2021 年和

62　前兩次分冒師傅為維園綵燈會紮作的花燈，分別是 2013 年三座吊公，以及上文提到 2015 一盞糅合花炮和走馬燈元素的大型綵燈。見〈「家是香港」九月九日至十五日節目精選：古蹟周遊樂、綵燈賀中秋、與作家會面、青年家書、吐露港渡海泳〉，香港政府新聞公報，2013 年 9 月 8 日；〈維園舉行綵燈會賀中秋佳節〉，香港政府新聞公報，2015 年 9 月 27 日。

63　創作人蘇暐朝設計了「時空之漩渦」、「隕石流星」和「仙後座」等多組大型綵燈，呈現浩瀚無際的宇宙，讓遊客猶如置身在星空之中。〈維園中秋彩燈會，「漫遊」宇宙賞月〉，《星島日報》，2018 年 9 月 21 日。

64　祺麟店冒卓祺訪問，2021 年 4 月 2 日。

65　〈舞火龍中秋綵燈會齊取消〉，《信報財經新聞》，2020 年 9 月 9 日。

冒卓祺製作的 2018 年維園中秋蝙蝠鼠花燈。（相片由非遺辦提供）

2022 年疫情反覆，在種種人流規管措施下，雖然中秋綵燈會如常舉行，但入場人數自然稍遜往昔。這兩年中秋綵燈會的花燈項目皆由雄獅樓許嘉雄負責，他稱 2021 年迴旋木馬綵燈已是一個超大型紮作品，但放置在維園這個龐大戶外空間，卻仍然顯得細小。許師傅認為如何在這種空間條件下，能製作出吸引觀眾駐足「打卡」的花燈，正是對紮作師傅功夫的考驗。此外，他提到此組綵燈的配件過百件，組合起來頗費心力，每件紮作構件組合後更要不見縫隙：

> 由本地紮作藝術家許嘉雄創作的迴旋木馬燈飾吸引大批
> 市民，數十人駐足觀賞，有人拍照留念，這座高達六米
> 旋轉木馬燈飾以全人手方式，運用砂紙、布料、竹篾、
> 漿糊及鐵線等簡單材料紮成。夜空下，七彩繽紛，倍添
> 節日喜慶。[66]

翌年，許師傅再獲非遺辦委託紮作維園中秋綵燈，這座大型綵燈名為「雙星伴月慶團圓」，約七米高、15 米闊。「雙星」是

66　〈維園閃亮綵燈 滿載節日氣氛〉，《東方日報》，2021 年 9 月 18 日。

指康文署吉祥物「活力仔」及「思文喵」，他們乘載在中式帆船上，寓意乘風破浪，疫情早日消除。許師傅指出，紮作海浪和船沒有困難，惟康文署只給了「活力仔」和「思文喵」圖片，沒有提供立體模型作為參考。他幾經思量，首先列印出高 12 呎的吉祥物平面圖，然後按着比例紮作出合符標準的立體吉祥物。除此以外，綵燈的燈光也不可忽略，「雙星伴月慶團圓」共有 1200 個燈膽，但要確保展覽期間有足夠電力，燈膽又不會「熄火」，這就不是紮作師傅可以控制的範圍了。[67]

## 小結

　　綜合而言，舉辦維園中秋綵燈會原意是「……在於增加本港康樂節目，提倡我國傳統節日的歡樂氣氛」。[68] 簡言之即在中秋節佳節期間提供娛樂予香港市民。隨着旅遊業逐漸成為香港重要的經濟產業，維園中秋綵燈兼具推廣香港旅遊的使命，而綵燈會的主題正好反映當時香港社會經濟狀況。由於製作大型綵燈價格高昂，當局只好把製作部分移師內地。非遺概念引入，社會大眾開始關注香港傳統行業與技藝。近年在非遺辦策劃下，本地紮作師傅再受青睞，協力延續維園中秋綵燈會兼融創意與傳統的精神，對香港而言，是文化傳播的重要力量之一。

　　除了中秋綵燈會，政府每年舉辦的另一個與紮作有關的大型項目，便是元宵綵燈會。自 2016 年起，非遺辦在香港文化中心露天廣場舉辦的元宵綵燈會，讓市民賞燈過節之餘，更着力向公眾推廣傳統紮作技藝。

67　雄獅樓許嘉雄訪問，2023 年 2 月 11 日。

68　〈維園中秋綵燈會特輯〉，《華僑日報》，1974 年 9 月 29 日。

# 附表一：1998-2022 年維園中秋綵燈會

| 年份 | 主題 | 承辦者 |
|---|---|---|
| 1998 年 [69] | 龍騰鳳舞伴明珠 | 廣東藝術製作公司 林德毅 |
| 1999 年 [70] | 九龍吐珠迎佳節 | 廣州紮作師傅 梁有錦 |
| 2000 年 [71] | 鯉躍華燈耀維園 | 佛山紮作師傅 |
| 2002 年 [72] | 1. 鯉躍荷塘月<br>2. 香港迪士尼樂園睡公主城堡綵燈<br>3. 瑤池仙子 | 不詳 |
| 2003 年 [73] | 1. 綵燈大觀園<br>▪ 金龍吐珠<br>▪ 瑤池仙子<br>▪ 鳳凰迎客<br>2. 香港迪士尼樂園睡公主城堡綵燈 | 美國建築師學會香港分會會長林偉而 |
| 2004 年 [74] | 1. 如意吉祥迎月明<br>2. 步步高升破雲霄<br>3. 維港霓彩耀星輝<br>4. 濕地灣鱷迎客至<br>5. 睡公主城堡綵燈 | 本地創作人設計，廣東省製造 |
| 2005 年 [75] | 1. 遊園秋色<br>2. 童年搭趣<br>3. 浮光月影 | 浮光月影由英國 Architects of Air 設計 |
| 2006 年 [76] | 中秋綵燈慶全城<br>1. 大唐盛世<br>▪ 盛唐昌崇人中傑<br>▪ 妙韻驕奢宴享樂<br>2. 綵燈大觀園 | 設計師陳健華 |

69　〈龍騰鳳舞伴明珠〉，《文匯報》，1998 年 10 月 4 日。

70　〈臨市局大型綵燈迎中秋〉，《香港商報》，1999 年 9 月 10 日。

71　〈萬眾齊賞月 翹首望加薪〉，《大公報》，2000 年 9 月 13 日。

72　〈迎月追月好去處〉，*Apple Daily*，2002 年 9 月 18 日。

73　〈中秋綵燈會慶全城〉，《成報》，2003 年 9 月 10 日。

74　〈四個綵燈會迎中秋，九龍公園首辦《月影星輝說傳奇》〉，《新報》，2004 年 9 月 24 日。

75　〈維園中秋綵燈會今晚舉行〉，香港政府新聞公報，2005 年 9 月 18 日。

76　〈中秋綵燈會現蒙古風情〉，《大公報》，2006 年 10 月 5 日；〈中秋綵燈耗資 700 萬〉，《成報》，2006 年 9 月 30 日。

（續上表）

| 年份 | 主題 | 承辦者 |
|---|---|---|
| 2007 年 [77] | 豐年之詠 | 不詳 |
| 2008 年 [78] | 共慶・花朝月夕 | 不詳 |
| 2009 年 [79] | 共創新生 | 不詳 |
| 2010 年 | 月下藝萃頌昇平 | 設計師鄧崇放 |
| 2011 年 [80] | 1. 李錦記綵燈大觀園<br>　▪ 動感之娛<br>　▪ 情味現香港<br>　▪ 港景・金蓮映千里 | 林偉而<br><br><br>本地紮作師傅 |
| 2012 年 [81] | 1. 李錦記綵燈大觀園<br>　▪ 萬燈喜月<br>　▪ 「蓮花龍」巨型花燈 | 梁誌誠、陳耀華 |
| 2013 年 [82] | 1. 綵燈大觀園<br>　▪ 悅滿中秋<br>　▪ 「老香港」中秋綵燈<br>　▪ 三座吊公 | 蕭國健、陳沛康、許晉愷及何裔騰設計<br>冒卓祺 |
| 2014 年 | 我們的童年歲月<br>六角形中式造型花燈 | 梁誌誠 |
| 2015 年 [83] | 光影留情話香江<br>　▪ 糅合「花炮」和「走馬燈」的中式造型綵燈 | 冒卓祺 |
| 2016 年 [84] | 童話人物遊香江<br>豎中秋 | 陳耀華 |
| 2017 年 | 團・圓<br>尋月 | 歐陽秉志 |

77　〈維多利亞公園今晚舉行中秋綵燈會〉，香港政府新聞公報，2007 年 9 月 25 日。

78　〈維多利亞公園今晚舉行中秋綵燈會〉，香港政府新聞公報，2008 年 9 月 14 日。

79　〈三場中秋綵燈會場內綵燈展覽今日起開放市民觀賞〉，香港政府新聞公報，2009 年 9 月 30 日。

80　〈維多利亞公園今晚舉行中秋綵燈會〉，香港政府新聞公報，2011 年 9 月 12 日。

81　〈18 米高盈月燈籠耀維園，中秋彩燈會料吸引 40 萬人入場〉，《大公報》，2012 年 9 月 13 日；〈維多利亞公園今晚舉行中秋綵燈會〉，香港政府新聞公報，2012 年 9 月 30 日。

82　〈「家是香港」九月九日至十五日節目精選：古蹟周遊樂、綵燈賀中秋、與作家會面、青年家書、吐露港渡海泳〉，香港政府新聞公報，2013 年 9 月 8 日。

83　〈維園舉行綵燈會賀中秋佳節〉，香港政府新聞公報，2015 年 9 月 27 日。

84　〈維園中秋綵燈會與市民共賀佳節〉，香港政府新聞公報，2016 年 9 月 1 日。

（續上表）

| 年份 | 主題 | 承辦者 |
|---|---|---|
| 2018 年 | 1. 星空明月銀河夜<br>　▪ 時空之漩渦<br>　▪ 隕石流星<br>　▪ 仙後座<br>2. 蝙蝠花燈 | 蘇暐朝<br><br><br><br>冒卓祺 |
| 2019 年 | 1. 千願亭<br>2. 金龍綵燈 | 設計師蕭國健<br>許嘉雄 |
| 2021 年 [85] | 迴旋木馬燈飾 | 許嘉雄 |
| 2022 年 | 1. 圓月故事<br>2. 雙星伴月慶團圓 | 許嘉雄 |

## 附表二：2016-2023 年香港文化中心露天廣場元宵綵燈會

| 年份 | 主題 | 承辦者 |
|---|---|---|
| 2016[86] | 傳統紮作技藝展示<br>（傳統花燈紮作工藝） | 夏中建 |
| 2017[87] | 傳統紮作技藝展示（走馬燈） | 陳耀華 |
| 2018[88] | 傳統紮作技藝展示<br>（紮作技藝與舞獅） | 許嘉雄 |
| 2019[89] | 傳統紮作技藝展示（宮燈與走馬燈） | 陳耀華、蘇敏怡 |
| 2023[90] | 傳統花燈紮作技藝展示：<br>兔來運轉·花燈迎新禧 | 許嘉雄 |

85　〈維園閃亮綵燈，滿載節日氣氛〉，《東方日報》，2021 年 9 月 18 日。

86　www.icho.hk/tc/web/icho/past_exhit_10.html. 讀取日期：2023 年 7 月 7 日。

87　www.icho.hk/tc/web/icho/past_exhit_14.html. 讀取日期：2023 年 7 月 7 日。

88　www.icho.hk/tc/web/icho/past_exhit_18.html. 讀取日期：2023 年 7 月 7 日。

89　www.icho.hk/tc/web/icho/past_exhit_22.html. 讀取日期：2023 年 7 月 7 日。

90　www.icho.hk/tc/web/icho/2023-lantern-making.html. 讀取日期：2023 年 7 月 7 日。按：2020 至 2022 年因新冠疫情沒有舉辦。

# 第三節　政府海外宣傳

　　無論是二十世紀的傳統綵燈，還是千禧年後其他跨界別聯乘合作的新創花燈，紮作技藝確是歷年本地中秋綵燈會最重要元素。除此以外，每年政府舉辦的「上元花燈節」，也是紮作師傅一展身手的時候。新界鄉村在元宵前後有開燈習俗，慶祝過去一年增加丁口，酬謝及稟告祖先，庇佑族裔繁衍，市區上元花燈節則是慶賀新春節慶活動。[91] 二十世紀 80 年代中，生和隆已於市政局在高山道公園舉辦的上元花燈節，展出其巧手紮作「月華燈」，[92] 也曾參與由香港華人風俗促進會與香港旅遊協會（以下簡稱旅遊協會）主辦的綵燈賀新春活動，花燈的展出地點則在宋城及中區遮打花園。[93] 觀乎當局選擇的活動地點，目標參觀者不單純為本地居民，還廣及海外遊客。更進一步來說，旅遊協會經常「主動出擊」，走出香港開展面向國際的宣傳活動，紮作品往往是用來吸引海外旅客的「吉祥物」。

## （一）香港旅旅遊協會與紮作技藝

　　1980 年梁有錦贏得香港華人風俗促進會舉辦的中秋綵燈製作比賽後，自此成為政府「御用」紮作師傅[94]，及後順理成章也是旅遊協會不可多得的合作伙伴。據梁金華師傅回憶，梁有錦多年來隨旅遊協會出訪多個國家，有吉隆坡、新加坡、倫敦、雪梨、溫哥華、多倫多等地，為此製作的花燈不計其數。隨着梁有錦年紀漸大，梁金華也曾陪同前往溫哥華及台北指示當地技工組裝花

---

91　元宵除了有「花好月圓，綵燈結良緣」之意，古時學童會在春假後提燈上學，讓塾師「開燈」，象徵學童新一年前途光明。二十世紀 60 年代香港元宵節「流行請燈送燈活動，送發財燈或添丁燈」。〈元宵開燈象徵光明，大型賞燈會官民同樂〉，《東方日報》，1987 年 2 月 8 日。

92　〈上元節八角月華燈〉，《快報》，1986 年 2 月 20 日；〈月華燈輝耀高山劇場，上元節看花燈〉，《華僑日報》，1986 年 2 月 20 日。

93　〈歌舞綵燈賀新春，市民歡渡上元節〉，《華僑日報》，1983 年 2 月 28 日；〈遮打花園元宵夜，東方明燈慶昇平〉，《東方日報》，1987 年 2 月 12 日。

94　〈花燈一代宗師：梁有錦手紮花燈製造〉，《旅業之聲》，第 212 期（1994 年9），頁 1。

2001 年以梁有錦及花燈做封面介紹香港的英文雜誌。

1994 年《旅業之聲》第 212 期封面。

## Tradition
# Burns On

A local craft survives, embodied by the city's last lantern maker *By Sheelah Gallion*

介紹梁有錦及香港紮作的英文雜誌報道。

燈。[95] 梁有錦經常接受傳媒訪問，當中不乏向外籍人士推廣香港旅遊的英文刊物，甚至榮登封面人物。[96] 我們相信這些訪問大多是由旅遊協會引薦或安排，旅遊協會官方刊物亦曾有一期梁有錦專訪，封面是他與幼子二人合照。[97]

旅遊協會海外推廣活動，除了綵燈展覽，也有紮作技藝示範。1981 年和 1982 年梁有錦曾兩度出訪新加坡作示範表演。1981 年「重享香港美食」食品節由旅遊協會、國泰航空及當地明閣酒店聯合主辦，其間梁有錦在明閣酒店及瑞興百貨公司「示範表演燈籠紮作的技巧」。[98] 翌年旅遊協會安排梁有錦出訪由《星州日報》及裕廊環境工程公司合辦的「中秋園遊會」。是次紮作示範，在裕華園、明閣酒店及八百伴百貨公司等多處舉行，梁有錦更帶來 12 盞高二至五尺的名貴「旋轉宮燈」作展覽。[99] 在出訪吉隆坡前一年，梁有錦亦應邀旅遊協會邀請，前往澳洲雪梨示範紮作花燈。

在眾多出訪宣傳活動中，梁有錦最常提及的無疑是 1984 年為吉隆坡花燈節紮作的一盞巨型宮燈。此宮燈獲列入手紮花燈健力士世界紀錄大全，也是梁有錦首次獲此殊榮（梁有錦後來多次刷新自己紀錄），所以感受尤深。這次吉隆坡花燈節由旅遊協會、國泰航空、當地聯邦酒店及耀全大廈主辦。這盞當時世界最大的燈籠是由旅遊協會訂製，共費港幣 12,000 元。宮燈名為「八仙賀壽」，高達 20 尺，呈八角形，共分六層，直徑達六尺，超過 150 磅。宮燈由梁有錦設計，加上六位師傅聯合參與製作，需時約十個星期。宮燈在本港製作，後分拆裝箱，空運至吉隆坡再行

95　生和隆梁金華訪問，2023 年 3 月 9 日。

96　如 "Seeking the Jade Rabbit," *Premier*, Autumn 1996, pp. 26-28; Sheelah Gullion, "Tradition Burns On: A Local Craft Survives, embodied by the City's Last Lantern Maker," *Where Hong Kong*, October 1998, pp. 14-16.

97　〈花燈一代宗師：梁有錦手紮花燈製造〉，頁 1-3。

98　〈把古典和現代溶冶一爐：訪香港燈籠師傅梁錦〉，《新明日報》，1981 年 8 月 16 日；〈香港燈籠師傅梁錦在明閣酒店和瑞興百貨公司示範〉，《星洲日報》，1981 年 8 月 19 日。

99　〈中秋佳節，人月共圓：港名燈籠師前來示範製作，將展示 12 個價值 6 千餘元燈籠，裕華園中秋園遊會必盛況空前〉，《新明日報》，1982 年 10 月 1 日。

1980 年梁有錦在澳洲雪梨示範紮作花燈。（相片由梁金華提供）

組裝。[100] 一般宮燈是六角形，這盞「八仙賀壽」則是八角形，以符合八仙造型。細節方面，宮燈內共有 48 個燈泡與八支燈管，外則「糊以不同色彩的絹布，布面上手繪山水人物，每一層邊角，又分別懸掛小綵燈、綢衣公仔、金銀龍首及流蘇彩帶」。梁有錦自讚此燈是他代表作之一，宮燈外形不單巨大，而且各部分均製作精緻，賞心悅目。

二十世紀 80 至 90 年代，香港深受海外遊客青睞，素有旅遊天堂、美食與購物之都美譽。其時旅遊協會所採取的海外宣傳策略，除了推廣本地多國美食與免稅購物外，也善用香港傳統文化作招徠。紮作技藝作為中國傳統工藝之一，其作品的精緻外形與豐富色彩，充滿懷舊與異國情調，作為地方文化特色，的確是對外宣傳之首選。旅遊協會藉紮作技藝及紮作品展覽向東南亞、美加、澳洲等地作海外宣傳 [101]，不單顯示出香港文化「軟實力」，更有助推廣香港文化旅遊。

100 〈花燈一代宗師：梁有錦手紮花燈製造〉，頁 1。〈配合今年中秋佳節，世界最大燈籠周六起在首都耀全大廈展出〉，《南洋商報》，1984 年 9 月 3 日；〈八仙賀壽宮燈飄洋過海，矗立耀全閃爍生輝，紮作師傅細談製作過程〉，《南洋商報》，1984 年 9 月 7 日；〈港多名技師抵隆做宣傳，八日耀全大廈舉行中秋盛會〉，《星洲日報》，1984 年 9 月 7 日。

101　例如 1992 年加拿大香港節，梁有錦亦有參與其中。

吉隆坡八仙賀壽燈。（相片由梁金華提供）

## （二）慶祝香港特區成立 20 周年官方活動

2017 年，特區政府以「同心創前路，掌握新機遇」為主題，籌辦數百個康樂文化活動慶祝香港特區成立 20 周年。英、美兩地的慶祝活動更加入了香港紮作技藝元素，兩項活動分別是三藩市「歲歲平安」竹藝燈籠裝置展覽，以及倫敦「探索香港非物質文化遺產的旅程」。

### 三藩市「歲歲平安」竹藝燈籠裝置展覽

香港駐舊金山經濟貿易辦事處贊助名為「歲歲平安」的巨型裝置藝術展覽，是由三藩市藝術委員會及舊金山亞洲藝術博物館聯合主辦，香港藝術家劉小康負責設計，雄獅樓許嘉雄紮作團隊負責製作，於同年 1 月 30 日開幕。這個裝置藝術是由六座高度從 16 至 20 尺不等的花瓶形竹製燈籠組成，座落於三藩市市政中心廣場。同時，舊金山亞洲博物館也展出一件六尺高版本。劉小康稱，這個藝術裝置的靈感源自華人移居美國的歷史，把華人姓氏及其不同拼寫印在顏色鮮艷的大花瓶上，代表同一姓氏因各

2017 年三藩市「歲歲平安」竹藝燈籠裝置展覽。（相片由政府新聞處提供）

地家鄉發音差異而出現不同英文拼法的現象。劉氏稱其作品主題
「歲歲平安」與大花瓶裝置互相呼應，因「瓶」與「平」二字同音，
中國傳統吉祥裝飾常以花瓶比喻平安。[102]

　　許嘉雄稱這組竹藝燈籠製作時間緊迫，需預先用竹篾紮出
花瓶外形，裝上貨櫃寄運美國。雄獅樓派出四人專程前往三藩市
市政廣場進行裝嵌，過程困難重重，如竹料需要徹底杜蟲，很多
常用物料和工具一律不准入境美國等，無形中增加製作難度。竹
藝燈籠裝置豎立在戶外，必須能夠承受風吹雨打，許師傅為了防
雨水滲漏，在燈籠裝置外特別包裹一層防水「帆布」，並特意在
花瓶內放置沙包，用鐵柱穿透底部，再以鐵餅承托。[103] 亮燈儀式
後，主辦單位舉行慶祝酒會，香港駐三藩市經濟貿易辦事處處長
蔣志豪致辭：「這組竹藝燈籠裝置不單可展出香港藝術家劉小康
的設計，同時亦展示香港的傳統紮作工藝」。[104] 這次政府對外宣
傳結合了現代設計藝術及傳統花燈紮作工藝，可以說是一種跨界
別合作，開拓了當今紮作技藝新的發揮空間及發展方向。

· · · · · · · · · · · · · · · · · · · · · · · · · · · · · · · · ·

102　〈為慶祝香港特區成立 20 周年而設的大型竹藝作品在三藩市展出〉，香港政
　　府新聞公報，2017 年 1 月 31 日。
103　雄獅樓許嘉雄訪問，2021 年 1 月 6 日。
104　〈為慶祝香港特區成立 20 周年而設的大型竹藝作品在三藩市展出〉，香港政
　　府新聞公報，2017 年 1 月 31 日。

2017 年冒卓祺遠赴英國教授當地學生紮作燈籠。(相片由政府新聞處提供)

## 倫敦「探索香港非物質文化遺產旅程」展覽

2017 年 11 月 15 日舉辦為期十天「探索香港非物質文化遺產的旅程」展覽,是香港駐倫敦經濟貿易辦事處舉辦的連串慶祝特區成立 20 周年活動之一,也是倫敦香港非物質文化遺產節的壓軸環節。倫敦經濟貿易辦事處處長杜潔麗在開幕酒會中表示:「非物質文化遺產是有關於塑造我們身份認同的各種生活方式。」[105]除了慶祝特區成立 20 周年,這次展覽活動也旨在英國推廣香港的非物質文化遺產。

「旅程」在唐人街中國站舉行,當中一系列慶祝活動計有展覽、講座、表演和工作坊,內容「涵蓋香港文化中的不同領域,包括食物、音樂及手工藝」。這次展覽由明愛(倫敦)學院主辦,香港非物質文化遺產辦事處協辦,展品有「南龍和客家麒麟等紙製工藝品」。負責紮作技藝環節的冒卓祺稱,為了是次「旅程」,特意從香港帶來一套吊公[106]、微型花炮和客家麒麟。冒師傅除了在展覽活動擺設攤位教授紮作技藝及介紹香港紮作文化,又在當地中學舉辦工作坊,教授學生紮作燈籠。[107]

105 〈倫敦經貿辦支持在倫敦展覽香港文化遺產〉,香港政府新聞公報,2017 年 12 月 19 日。

106 這套吊公原於 2013 年維園中秋燈會展出,分別是〈鳳儀亭呂布戲貂嬋〉、〈白蛇傳之水漫金山〉和〈鍾馗迎妹回娘家〉,當日倫敦只帶〈鍾馗迎妹回娘家〉一套。

107 〈開班授徒,大力推廣紮作,學子遍布中外〉,《大公報》,2021 年 9 月 18 日。

## 小結

　　無論回歸前後，港府均把紮作視為香港傳統文化象徵，動用公帑加以推廣，證諸每年撥款籌辦的元宵及中秋綵燈會便是最佳例子。早在回歸以前，港府屢次將紮作技藝「內銷轉出口」，旅遊協會又主動邀請業界合作宣傳中國傳統文化，以此吸引旅客來港。回歸以後，本土文化抬頭，旅遊協會改為香港旅遊發展局，加上非物質文化遺產辦事處成立，特區政府繼續積極以香港傳統紮作技藝作海外宣傳。

　　2017 年為慶祝香港特區成立 20 周年，於英美兩地舉辦的官方慶祝活動，均納入紮作技藝元素。許嘉雄與劉小康的聯乘作品是現代藝術與傳統技藝的結合，不啻是一種跨界別合作模式。冒卓祺則向海外人士推介傳統紮作藝術，重點是傳統文化的傳承與延續。這次活動也正好展現官方如何重新塑造紮作技藝，把香港傳統文化輸出海外。

　　港府以傳統紮作技藝向海外宣傳，其實不無道理。紮作是歷史悠久的傳統工藝，香港一地承傳至今，現在更成為香港非物質文化遺產代表作。這種獨特手工藝最能體現出傳統藝術之美，吸引喜好異國情調的遊客目光。正如歐陽秉志提到有外國遊客因「金銀衣紙顏色豐富」，會購買「衣紙、紙紮公仔做裝飾」，也會購買「拜神香」當作香薰使用。[108] 從另一角度看，遊客購買紙紮祭品自用或作手信，可真是百無禁忌，而這也是香港文化旅遊又一奇觀也。

---

108　李慧妍：〈大城小區・深水埗：紮作成香港手信，外國遊客購紙紮公仔當擺設〉，《香港 01》，2018 年 9 月 10 日。

# 第三章
# 香港紥作業行會

　　中國傳統技藝的承傳，多從拜師學藝一途，紥作技藝亦復如是。不過第二次世界大戰後香港社會經濟發展迅速，若年輕人有興趣入行，除非家學淵源，不然只能在紙紥舖當學徒，由雜役開始，邊做邊學。紥作行業競爭激烈，紥作師傅多是任職散工，傳統師徒關係更趨淡薄，相對而言勞資雙方時有爭拗。[1] 早在廿世紀初，港府立法規定工會與商會必須登記註冊，方可為合法組織。與其他行業一樣，紥作紙業勞資各自成立行會組織，均旨在團結行內人士，互助互利，推動行業發展、技藝切磋、聯誼交流等共同利益。

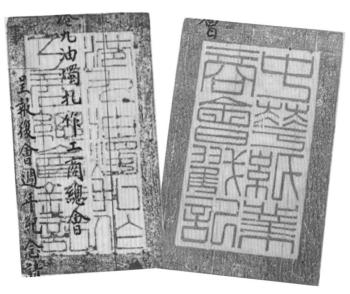

1947 年「港九油燭扎作工商總會鈐記」及「中華紙業商會戳記」。（政府檔案館）

香港非物質文化遺產系列：紥作技藝

1　詳見本書第八章第二節及本書附錄。

# 第一節　港九油燭紙業扎作職工會

## （一）從工商總會到職工會

港九油燭紙業扎作職工會（以下簡稱職工會或扎作工會）前身是港九油燭扎作工商總會（以下簡稱工商總會）。[2] 1946 年，劉柱等致函華民政務司備案，隨函附有簡單章程、臨時職員和會員名單。章程述該會「以研究藝術而求進益，聯絡感情，交換智識，互助失業，介紹職工為宗旨」，會址在西營盤東邊街 38 號二樓，列出會員 63 名。[3] 時任總會臨時理財主任何瑞庭指出：「該會於 1936 年左右成立，因會員稀少，經費不敷，會務遂行停頓，現時恢復故來備案，會員東西家均有，約二百餘人 …… 工人約二百四十人，商人約一百人」。[4] 由此可見，工商總會是勞資合組之社團，承繼自戰前工商總會傳統。政府檔案顯示工商總會的英譯並不一致，曾出現 H.K. and Kowloon Joss Candle and Paperwork Manufacturers Association 和 Hong Kong and Kowloon Joss Candle and Fancy Paper Work Masters and Workers General Union 等英文名稱。[5] 這反映了兩點，其一是政府對油燭的理解，視之為祭祀儀式使用的蠟燭，有別於西洋蠟燭；其二是工商總會正式註冊的名稱還未有定案。

---

2　本章談紮作業行會，因官方名稱均為「……扎作工商總會」、「……扎作職工會」，故行文上若明確指稱該組織（或簡稱），均用「扎」而非「紮」，以示尊重。

3　〈港九油燭扎作工商總會章程、臨時職員和會員名單〉，1946 年 4 月 4 日。〈羅文錦及羅文惠律師樓致華民政務司函（1）〉附錄。香港政府檔案處，檔案編號 HKRS837-1-244。

4　〈劉子平至李副司〉，1946 年 4 月 8 日，香港政府檔案處，檔案編號 HKRS837-1-244。

5　"From S.C.A. to C.O/H.K.: Society Anniversary Ceremony (9)"，1947 年 6 月 25 日；"Precis."，1948 年 9 月 27 日。俱見香港政府檔案處，檔案編號 HKRS837-1-244。

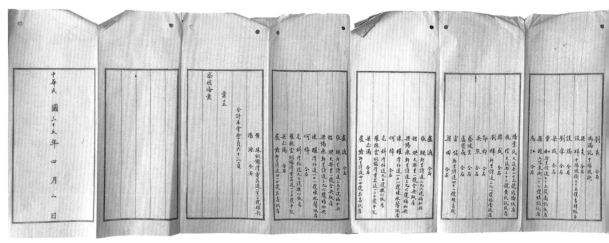

1946 年港九油燭扎作工商總會職員、會員名單及章程原稿函件。（歷史檔案館）

## 港九油燭扎作工商總會第一屆職員名單[6]

| 職別 | 姓名 | 住址 | 紮作店名稱 |
| --- | --- | --- | --- |
| 臨時正主席 | 劉　柱 | 軒鯉詩道三百九十八號 | 福隆 |
| 臨時副主席 | 李蔭棠 | 深水埗柏士街十號 | 兩益 |
| 臨時正理財 | 何瑞廷[7] | 中環角麟街十四號 | 金玉樓 |
| 臨時副理財 | 黃炳桂 | 中環士丹頓街三十九號 | 黃秋記 |
| 書記 | 劉　勳 | 中環角麟街十四號 | 金玉樓 |
| 交際 | 黃　沛 | 中環角麟街十四號 | 金玉樓 |
| | 陳永祺 | 上環東街二十七號 | 祺記 |
| 調查員 | 莫　華 | 上環東街二十七號 | 祺記 |
| | 馮　文 | 銅鑼灣電器道二百貳十五號 | 平記 |
| 組織員 | 劉德榮 | 旺角山東街二十四號 | 錦昌隆 |
| | 鍾衍芬 | 軒鯉詩道二百○二號 | 福昌 |
| | 羅　新 | 軒鯉詩道三百九十八號 | 福隆號 |
| | 譚源滿 | 中環角麟街十四號 | 金玉樓 |
| | 何　樹 | 旺角廣東道九百七十七號 | 錦鉅隆 |
| | 何　容 | 旺角廣東道九百七十七號 | 錦鉅隆 |
| | 譚沛廷 | 上環東邊街三十八號 | 貞祥油燭店 |
| | 劉　昌 | 旺角山東街二十四號 | 錦昌隆 |

6　〈港九油燭扎作工商總會章程、臨時職員和會員名單〉，1946 年 4 月 4 日，
　　香港政府檔案處，檔案編號 HKRS837-1-244。

7　何瑞廷即何瑞庭。舊報及後來的檔案資料均寫作「何瑞庭」。

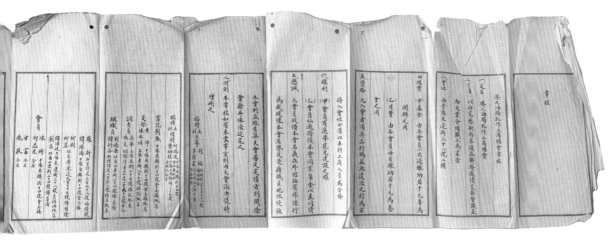

## 港九油燭扎作工商總會第一屆會員名單[8]

| 紮作店名稱 | 會員名稱 | | | |
|---|---|---|---|---|
| 金玉樓 | 陳 彬 | 何志光 | 方 富 | 龐 敬 |
| | 李壽炳 | 林澄宇 | 黎 初 | 梁 成 |
| 黃章記 | 廖林生 | 謝紹林 | 關海成 | |
| 黃秋記 | 楊桂財 | 毛 綿 | 朱 清 | 劉 良 |
| 馮滿記 | 馮 滿 | 梁 炎 | | |
| 吉祥 | 談 祥 | 談 滿 | 劉 厚 | 梁 流 |
| 南記 | 曾 和 | | | |
| 祺記 | 梁 源 | 馬 江 | | |
| 經綸 | 潘景民 | | | |
| 黃北記 | 龐 信 | 韓 盛 | | |
| 福隆 | 劉 輝 | 郭 均 | 吳 熊 | 蔡健生 |
| | 盧寶森 | | | |
| 明昌棧 | 雷 侶 | 梁 田 | 盧 通 | |
| 福和興 | 張 聯 | 梁錫泉 | | |
| 合興 | 招 洪 | | | |
| 陳永馨 | 陳 耀 | 何 焯 | | |
| 敬心 | 危 科 | | | |
| 平記 | 羅棟雲 | 梁志滿 | | |
| 忠昌 | 盧 銓 | | | |
| 雄興 | 黃 珠 | 潘 源 | | |

8　〈港九油燭扎作工商總會章程、臨時職員和會員名單〉，1946 年 4 月 4 日，
　　香港政府檔案處，檔案編號 HKRS837-1-244。

扎作工會職業社團註冊執照。（歷史檔案館）

　　1946 年 9 月 27 日，工商總會致函政府要求延期一個月申請註冊，需要「再開同人大會，商討改組事宜，或為『工會』，抑『商會』，然後再呈請註冊」。[9] 1948 年，香港政府頒布「職業社團及職業糾紛條例」，規定所有行會需註冊為正式團體以方便管理。1949 年 2 月 22 日，工會正式登記註冊為職業社團，申請表上填寫的名稱是「港九油燭藝術扎作職工總會」（Hong Kong & Kowloon Candle and Artistic Paper-work Workers General Union），成立於 1948 年 10 月 19 日，會員 500 名。[10] 申請註冊期間，時任工會副理事長湯志麟面見負責社團註冊的政府官員，提到條例頒布後，工商總會分裂，東主加入中華紙業商會（以下簡稱紙業商會），而工人則自組工會，約有八至九成原屬工商總會的工友加入，會員當中包括製作紙花的女工。[11] 另外，原本申請的社團名稱為「總會」，後工會接納政府要求刪去「總」（General）字，[12]

9　〈為懇請准予展期一月申請註冊事〉，1948 年 9 月 27 日及 "Precis"，1948 年 9 月 27 日。香港政府檔案處，檔案編號 HKRS837-1-244。

10　〈職業社團註冊申請書〉，香港政府檔案處，檔案編號 HKRS1364-2-43。

11　"Mr. Tong Chi Lun, Vice-chairman, seen 19/2/49"。香港政府檔案處，檔案編號 HKRS1364-2-44。

12　"Vice-chairman, seen 21/2/49"。香港政府檔案處，檔案編號 HKRS1364-2-44。按：今見當年申請書上仍然留有劃去「總」字痕跡。

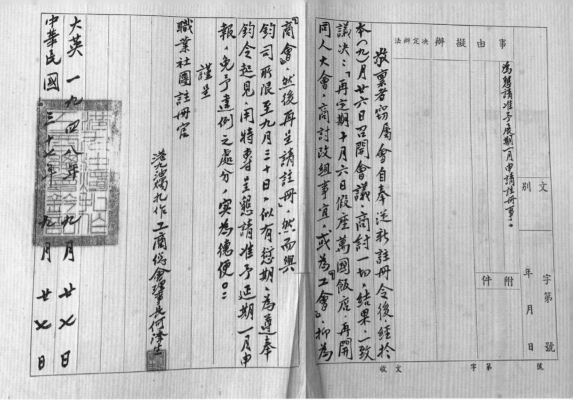

1948 年工商總會就屬工會抑商會問題致函當局申請延期註冊。（歷史檔案館）

故該會「職業社團註冊執照」上的正式名稱是「港九油燭藝術扎作職工會」。

按歷年職工會登記局統計年報，扎作工會一直歸類為僱員工會，登記編號是 170。[13] 1949 年 3 月 22 日，扎作工會假仁人酒家舉行成立典禮，並邀得殯儀大王蕭錫明任榮譽會長。時年 29 歲金玉樓的何瑞庭任理事長。日後自立門戶，時年 32 歲在吉祥任職的梁有錦，擔任監事長。[14] 何瑞庭當時就算不是「店東」，也應視為金玉樓的「太子爺」或「司理」。[15] 雖然扎作工會屬於僱員工會，但據政府檔案，1956 年扎作工會主席（理事長）及副主席均是東主；1957 年主席及副主席分別註明是「金玉樓扎作東主」及「生和隆扎作東主」，財務主任為「符德記東主」；1958

. . . . . . . . . . . . . . . . . . . . .

13　*Annual Departmental Report of the Registrar of Trade Unions for the Financial Year 1955 56* (Hong Kong: W.F.C. Jenner Government Printer at the Government Press, 1956), p. 20.

14　〈扎作職工會，開幕紀盛〉，《華僑日報》，1949 年 3 月 23 日。另見〈職業社團註冊申請書：表式甲附件一列報事項〉，香港政府檔案處，檔案編號 HKRS1364-2-43。按：時任副理事長的湯志麟為黃章記職員。

15　據黃輝回憶，何瑞庭是不懂紮作的，他是經營者而非紮作師傅。黃輝訪問，2021 年 9 月 10 日。而各種有關梁有錦的訪問，都提到他來香港時原想學電工，不過最後投靠金玉樓的舅父，從而入行。從年齡上看，梁的舅父應是何瑞庭的父親，梁與何是表兄弟關係。

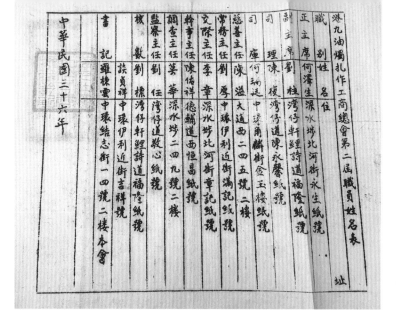

1947 年港九油燭扎作工商總會第二屆職員名單。（歷史檔案館）

年則有兩位東主任理事。[16] 政府內部討論文件也提到扎作工會內有僱主會員，甚至統計出 1955 年理事會內有一半職員為東主。[17]

扎作工會名義上是一個僱員工會，按道理同一行業的資方應加入紙業商會。然而，至 1960 年代初扎作工會的職員名單仍出現東主名字。這種註冊為僱員工會，實際卻同時包含勞資雙方的組織存在根本問題[18]，到底工會是為僱主抑或僱員謀福利呢？雖然扎作工會會章沒有提及僱主職責，但若勞資雙方出現糾紛，工會應該代表何方？1960 年底，紮作工人發起改善薪酬待遇行動，在勞資談判過程中，正好把這個問題徹底暴露出來。

出現上述情況，當然與職業社團條例頒布後工商總會的分裂有關。1948 年條例頒布後，有店東便離開原工商總會，加入紙業商會；另有店東多年之後才轉投紙業商會；亦有店東可能基於對前工商總會的感情，繼續留任要職參與扎作工會會務，並且始終沒有加入紙業商會，金玉樓何瑞庭便是一例。更有東主吃「兩家茶禮」，同時是紙業商會及扎作工會會員，甚至同時擔任兩會職員。1961 年勞資談判事件後，店東會員須解除會籍，扎作工會遂名正言順成為僱員工會。有趣的是，30 年後紮作行業漸趨式微，

16　見該年的〈常年報告書〉，香港政府檔案處，檔案編號 HKRS1364-2-43。按：
　　1956 及 1957 理事長是何瑞庭。

17　"M6"，1955 年 4 月 19 日。香港政府檔案處，檔案編號 HKRS1364-2-44。

18　職工會登記條例中有三類工會，除「僱員工會」及「僱主工會」，還有「僱
　　員僱主混合工會」。

工會亦失去原有功能，工會在自行解散前數屆理事再有東主擔任職員。或許是年老工會會員或職員轉為開小店做小本零售生意（例如黃章），又或因工會會員遞減，有東主加入可多加捐助，故無任歡迎。政府方面也了解情況，夕陽工會也只求維持現狀，故沒有加以干預。[19]

至於扎作工會與紙業商會兩者的關係則頗為複雜。從東家的角度，除了單一經營批發及零售紙品的會員商號外，業內還有專營紮作而兼售其他紙品的商號，也有專營紙品（主要是紙錢）而兼售部分紮作的商號。另外，從扎作工會歷屆職員報稱的職業中，除了包括在工會名稱中的油燭工人及紮作工人外，最常見的是紙業售貨員，行內稱為「行街」。50 至 60 年代也有會員報稱職業是切紙工。「行街」與切紙工都與紙業商會會員商號有直接勞資關係。

1960 年，扎作工會擁有 400 名會員，欲與資方談判改善待遇。當時報章不時報道行內工人苦況及介紹其工作性質，其中一篇報道稱工會會員「以紮作藝術為傳統工作，兼各種紙製品，像生模型等兼文具紙張售賣作業範圍廣大，為紙業商從屬職工之一部」[20]，明顯是要求紙業商人坐上談判桌。勞資談判雖然困難重重，最終也達到一定共識。1961 年，港九油燭藝術扎作職工會易名為港九油燭紙業扎作職工會（Hong Kong & Kowloon Candle, Paper and Paper-work Workers Union）。這次改名與勞資談判有莫大關係，而且是出於政府建議，目的是為工會「正名」，承認紙業工人與爆竹工人有資格為工會會員，以後可透過工會向資方爭取合理權益。是次易名表面上為了把紙業與爆竹工人帶入工會，實則政府內部注意到原本工會會員的職業並非單一，事實上油燭及紮作工人很多時同時兼任紙業與爆竹工人，[21] 行業本身就包含多個工種。1961 年勞資糾紛得以解決正是有賴同情紮作工人的紙業

19　"Inspection Report"，2002 年 8 月 12 日。香港政府檔案處，檔案編號 HKRS1364-2-43。

20　〈油燭紮作職工要求改善待遇〉，《華僑日報》，1960 年 10 月 31 日。

21　"M9"，1961 年 3 月 28 日。香港政府檔案處，檔案編號 HKRS1364-2-44。

黃章名片。（歷史檔案館）

商會會員商號，其中以黃北記紙號最為重要。1946 年，工商總會會員名單已有黃北記的代表。與此同時，黃北記東主黃北桂也是紙業商會理事會成員。[22] 自商會成立以來黃北桂便長期參與管理會務，與于匯昌、譚國光及劉文翔並稱紙業商會「四首腦」。[23] 據所見資料，1952 年第七屆至 1965 年第 18 屆，黃均是商會理事，其中四屆任理事長、四屆副理事長及三屆榮譽會長，可見地位超然。[24] 直到二十世紀 80 年代，黃北記都有派出代表選入商會理監事會。另一邊廂，於 1969 年和 1970 年在扎作工會連續擔任兩屆副理事長，1971 至 1993 年間擔任了 16 屆理事長的黃章，正是黃北記紙業售貨員。由此可見，黃北記既在紙業商會中具元老級地位，其資深員工又在扎作工會長期獲選為理事長，黃北記店東與扎作工會就算未能說是關係密切，也不會是敵對關係。1961年的勞資糾紛，紙業商會不願代表資方，最後改由有份經營紮作業務的紙號設立商號小組參與談判，該小組組長正是黃北桂。[25] 有關這場勞資糾紛之來龍去脈，請見本書附錄。

22　〈中華紙業商會〉，《華僑日報》，1947 年 11 月 5 日；〈中華紙業商會舉行聯歡大會〉，《華僑日報》，1952 年 5 月 10 日。

23　〈中華紙業商會慶祝商人節四首腦合照〉，《華僑日報》，1962 年 11 月 2 日。

24　〈中華紙業商會舉行聯歡大會〉，《華僑日報》，1952 年 5 月 10 日；〈中華紙業商會理監昨日就職〉，《華僑日報》，1953 年 5 月 10 日；〈中華紙業商會昨理監事就職〉，《華僑日報》，1954 年 5 月 10 日；〈中華紙業商會複選〉，《華僑日報》，1955 年 4 月 26 日；〈中華紙業商會新員複選完竣〉，《大公報》，1956 年 4 月 25 日；〈中華紙業商會新員昨天選出〉，《大公報》，1957 年 4 月 20 日；〈中華紙業商會劉文翔當選理長〉，《華僑日報》，1958 年 4 月 22 日；〈中華紙業商會十四屆新員產生〉，《華僑日報》，1959 年 4 月 26 日；〈中華紙業商會劉文翔蟬聯理事長〉，《華僑日報》，1960 年 4 月 14 日；〈中華紙業商會選出新員，中國酒業商會籌備會慶〉，《華僑日報》，1961 年 4 月 13 日；〈中華紙業商會選出新員〉，《華僑日報》，1963 年 4 月 17 日；〈中華紙業商會選出下屆首腦〉，《華僑日報》，1965 年 4 月 20 日。

25　〈紮作商號五十餘家昨日座談斡旋工潮，成立七人小組將函勞資方接觸〉，《華僑日報》，1961 年 1 月 7 日。

## 扎作工會名稱之演變

| 年份 | 中文名稱 | 英文名稱 |
|---|---|---|
| 1946 | 港九油燭扎作工商總會 | Hong Kong & Kowloon Candle and Paper Works Manufacturers Association |
| 1948 | 港九油燭藝術扎作職工總會 | Hong Kong & Kowloon Candle and Artistic Paper-work Workers General Union |
| 1949 | 港九油燭藝術扎作職工會 | Hong Kong & Kowloon Candle and Artistic Paper-work Workers Union |
| 1961 | 港九油燭紙業扎作職工會 | Hong Kong & Kowloon Candle, Paper and Paper-work Workers Union |

## （二）組織架構

　　1946 年，工商總會會章列出的臨時職員架構共 17 人，擔任八個職銜，分別是臨時正副主席各一名、臨時正副理財各一名、書記一名、交際二名、調查員二名以及組織員八名。[26] 工商總會分裂後於 1949 年另組註冊的「港九油燭藝術扎作職工總會」，當時申請表列出職員共 11 名。[27] 註冊後據條例要求舉行同人大會，選出理監事共 17 人，分別有名譽會長一名、正副理事長各一名、總務一名、正副財務各一名、福利三名、監事長兩名、書記一名以及交際、調查、稽核、組織等職位。[28] 往後職員人數和職銜屢有改動。據所見，1958 年以降每年工會常年報告書記錄，職員組成人數及職銜已固定下來。選出的理事會職員共 11 人，另外一人為核數，分任 12 個職銜，分別為正副理事長各一名、正副會務主任各一

---

26　〈港九油燭扎作工商總會章程、臨時職員和會員名單〉，1946 年 4 月 4 日，香港政府檔案處，檔案編號 HKRS837-1-244。

27　〈職業社團註冊申請書〉，香港政府檔案處，檔案編號 HKRS1364-2-43。按：11 人職銜分別為理事長、副理事長、總務主任、財務主任、福利主任、監事長、稽核主任、組織主任、主任幹事、交際主任以及調查主任。

28　〈社團消息：扎作工會定期成立〉，《華僑日報》，1949 年 3 月 18 日；〈扎作職工會開幕紀盛〉，《華僑日報》，1949 年 3 月 23 日。

名、財務主任一名、正副福利主任各一名、正副交際主任各一名、正副調查主任各一名，核數員一名。[29]

　　1975 年職工會修訂會章，理事會為最高領導機關，於周年會員大會以不記名方式選出 11 名理事會成員。理事會負責「執行周年會員大會式非常會員大會之決策」、「處理會務」和「制訂工作計劃」。選出理事會後，十天內互選出職員名單，任期一年。會章第 11 條列出職員之職務如下：

1. 理事長統理會務，召開並主持周年會員大會、非常會員大會及理事會會議。
2. 副理事長襄理會務，如遇理事長請假或因事不能負責工作時，即代行理事長職務，直至回任……。
3. 會務主任掌理印信，執行議案，處理日常會務……。
4. 財務主任保管現金款項、福利及投資文件，負責經費預算，收支帳目結算。
5. 福利主任辦理會員有關疾病、意外、死亡、殘廢、患難、失業、工潮等之救濟及救濟工作。
6. 交際主任負責對外、對內一切交際事宜。
7. 調查主任負責調查有關會員疾病、患難、意外、殘廢、死亡、失業、工潮糾紛及會內發生一切事情。[30]

　　早年工會會員眾多，會務繁重，收取的會費足夠聘任書記（及雜役）。據政府內部交流文件，二十世紀 50 年代工會已有受薪書記（paid clerk）協助會務。[31] 據財務報表顯示，截至 1998 年度都有申報僱員薪金（或薪金津貼）。[32] 聘任書記除了處理日常

．．．．．．．．．．．．．．．．．．．．．．．．．．．．．．．．．．．．．

29　1958 至 2007 年各屆職工會理事名單報表，見香港政府檔案處，檔案編號 HKRS837-1-244、HKRS1364-2-43、HKRS1364-2-45 及 HKRS1364-2-46。按：核數員在政府常年報告書中一直存在，當是委任而非經選舉產生。故會章規定選出的職員是 11 名。見 1961 年修訂會章的職工會會員證，香港政府檔案處，檔案編號 HKRS1364-2-46。

30　1975 年修訂會章，載《港九油燭紙業扎作職工會會員證》，2000 年 8 月 1 日。

31　"Treasurer, auditor and paid clerk seen …"，1954 年 6 月 16 日。香港政府檔案處，檔案編號 HKRS1364-2-44。

32　〈經常費〉（1997-1998），香港政府檔案處，檔案編號 HKRS1364-2-48。僱員薪金年度支出為 9600 元。

港九油燭紙業紮作職工會招牌。（現存放於雄獅樓）

港九油燭紙業扎作職工會會員證。
（許嘉雄提供）

## 港九油燭紙業扎作職工會章程

### 第一章 名稱及會址

第一條：本會定名為港九油燭紙業扎作職工會。會址設在香港上環水坑口街二十六號二樓。根據工作需要，得在本港適當地區設立其他辦事處。

### 第二章 宗旨

第二條：本會宗旨：

①爭取及維護工人權益，採取適當方法，處理勞資糾紛，調整勞資關係；

②關心工人疾苦，舉辦福利，減除工人痛苦；

③舉辦學習、文娛、體育及康樂活動，團結及教育工人，提高工人覺悟，熱愛祖國；

④出版畫報列物及設立圖書室；

⑤贊助或參加以發展工人運動及以工人利益為目的之合法團體和各種活動。

### 第三章 會員之資格

第三條：本會為油燭、臘燭、紙業、紙製品業、藝術扎作、祭祀用品扎作、炮竹業等從事本業工人組織而成。凡在港九新界各地從事本業者，年滿十六歲之男女均可依章填寫下列手續申請參加為會員。

①由申請人填具入會志願書，附本人最近之正面相片二張，並有合格會員二人介紹；

②經理事會審查批准後，依章繳納入會一員

事務、會員福利、年度大會、聯誼飲宴等活動外，更需要協助理事會處理與政府相關的申報文件（如常年報告書、財務報表、會章修訂申請、匯報人事及會址變更，以及各樣因違反職工會條例而需解釋的文書工作）。

註冊後的扎作工會理事會，自 1949 年第一屆至 1978 年第 30 屆均是一年一選。1979 年開始兩年一選。隨着紮作業日趨式微，會員年紀老邁，又乏年輕入行者，2008 年 10 月 9 日工會以「由於時勢演變影響，致本會會務不能維持」為由，[33] 向勞工處職工會登記局申請取消登記，同年 11 月 11 日「自行請求撤銷登記」生效，[34] 維持了近 60 年共 45 屆的扎作工會，正式湮沒於歷史洪流中。

## （三）會員資格

1946 年工商總會會章第四條提及工會經費，一為各會員繳納費用專為開辦工會之基金，二為會員每月繳納月費為「養會」之用。[35] 之後歷年工會一直以收納會員月費，作為日常運作之經費。1949 年註冊後，會員入會費為 20 元，月費 2 元，仙遊撫卹金 250 元。若有會員逝世，每人付帛金一元。[36] 1975 年修訂會章，會費繼續分為入會基金及常年月費。前者須「一次過繳交十元，另證書費二元」。後者則「每名按月繳納六元」。此外，如有會員仙逝，每一名會員須繳納帛金八元。每年清明節，每一名會員須額外繳交一元作祭掃先友費。[37]

33 〈申請取消職工會／職工會聯會的登記〉，2008 年 10 月 9 日，香港政府檔案處，檔案編號 HKRS1364-2-44。

34 *Annual Departmental Report of the Registrar of Trade Unions for the Financial Year 2008*，p.94.

35 〈港九油燭扎作工商總會章程、臨時職員和會員名單〉，1946 年 4 月 4 日，香港政府檔案處，檔案編號 HKRS837-1-244。

36 "Abstracts from rules"，1949 年 2 月 22 日，香港政府檔案處，檔案編號 HKRS1364-2-44。

37 1975 年修訂會章，載《港九油燭紙業扎作職工會會員證》，2000 年 8 月 1 日。

香港非物質文化遺產系列：紮作技藝

## （四）會址變遷

工商總會 1946 年申報地址是西營盤東邊街 38 號二樓，[38] 翌年搬往結志街 14 號二樓。[39] 1961 年勞資糾紛解決後，紮作工人收入增加，生活獲得改善，而這次成功爭取加薪事件背後，職工會擔當重要角色，使工會聲望日隆。1961 年 11 月 6 日，職工會舉辦華光師傅誕聯歡宴，席間有會員倡議購置會址。同月 14 日召開理事會議，成立購會計劃小組，負責策劃及籌募相關事宜。[40] 購置會所茲事體大，不能倉促行事，須從長計議。不過，時任理事長嚴拯對購置會所頗有保留。他與職工會登記局職員面談時指出，此事由部分會員發起，理事會之前未有就購置會所事宜展開討論，故會盡快開會商討。[41]

1963 年，職工會理事終於決定發動籌購會所，並於 5 月 14 日召開聯席會議，討論籌購會所方案。為此，職工會成立籌購會所委員會，成員包括關海成、曹儒、岑大明、吳國城、廖新、黃普和江堅等九人。為了鼓勵同仁捐款籌購新會所，委員會擬以捐款多寡來釐定會員等級：

> 凡捐助二百元或以上者為榮譽會員，捐助一百五十元或以上者為熱心會員，捐助一百元或以上者為贊助會員，捐助六十元或以上者為基本會員凡捐款者均可分六期繳款。[42]

---

38　〈港九油燭扎作工商總會章程、臨時職員和會員名單〉，1946 年 4 月 4 日，香港政府檔案處，檔案編號 HKRS837-1-244。

39　"From S.C.A. to C.O/H.K.: Society Anniversary Ceremony (9)"，1947 年 6 月 25 日。另 1947 年的毛筆書信末也有用墨水筆寫上「結志街 14 號」，疑是政府官員寫上。見〈呈報復會周年紀念請派員指導由 (8)〉，1947 年 6 月 25 日。俱見於香港政府檔案處，檔案編號 HKRS837-1-244。

40　〈紙業扎作職工會準備發動購會址〉，《華僑日報》，1961 年 11 月 12 日。

41　"Interview Notes (55)"，1961 年 11 月 14 日，香港政府檔案處，檔案編號 HKRS837-1-244。

42　〈油燭紙業紮作工會籌購會所，成立九人小組負責進行〉，《華僑日報》，1963 年 5 月 19 日；〈紙業工會發動籌購會所〉，《華僑日報》，1963 年 6 月 11 日。

職工會籌購會所期間，於 1965 年 12 月 3 日接獲政府通知會址所屬樓宇被列為危樓，限令同月 16 日之前遷離，遂遷移會址至九龍寧波街 21 號八樓一座。[43] 直到 1969 年 7 月，職工會會址暫設於閣麟街 48 號二樓。[44] 天寶樓夏中建指出，紥作工人收入不高，籌購會所絕非易事，後來有「政黨」背景的財團出資支持，加上會員集腋成裘，終於購入上環水坑口街 26 號二樓會址。為何選址上環區呢？夏師傅坦然，當時紙紥大字號均設於此區，如金玉樓、黃秋記、吉祥和鄭權記。[45] 1970 年 9 月 27 日，水坑口街新會址正式開幕，[46] 房價為港幣 107,185.85 元。[47] 翌年職工會在會址成立「服務部」，以非牟利原則銷售日用品，為工友服務。[48] 2008 年職工會解散，[49] 未幾會址亦變賣，賣出款項由會員均分。[50]

· · · · · · · · · · · · · · · · · · · · · · · · ·

43　〈理事長岑大明致勞工署署長函 (69)〉，1965 年 12 月 14 日，香港政府檔案處，檔案編號 HKRS837-1-244；〈油燭紥作工會明日喬遷新址〉，《華僑日報》，1965 年 12 月 14 日。

44　"Memo (75)"，1969 年 7 月 3 日，香港政府檔案處，檔案編號 HKRS837-1-244。

45　天寶樓夏中建訪問，2021 年 9 月 10 日。

46　"Memo (78)"，1970 年 10 月 6 日；〈紥作工會致勞工處遷址通知〉，1970 年 10 月 2 日。見香港政府檔案處，檔案編號 HKRS837-1-244。〈燭紙扎作職工會新會所昨天開幕〉，《大公報》，1970 年 9 月 28 日。

47　〈港九油燭紙業扎作職工會帳表：（丙）資產負債表 (46)〉，1985 年 2 月 28 日，香港政府檔案處，檔案編號 HKRS1364-2-46。按歷年資產負債表，一九七三年才列水坑口街會址為會產，之前是租借會址。見香港政府檔案處，檔案編號 HKRS1364-2-44。

48　〈理事長黃章致勞工署署長函 (191)〉，1971 年 11 月 22 日，香港政府檔案處，檔案編號 HKRS1364-2-45。服務部（Service Department）1971 年設立，1976 年關閉。見 "Memo (82)"，1970 年 11 月 25 日及 "Memo (87)"，1976 年 6 月 7，香港政府檔案處，檔案編號 HKRS837-1-244。按：1975 年年底理事會以人手不足為由決定取消服務部，1976 年 3 月正式撤銷。見〈服務部收支表〉，1976 年 2 月 29 日，香港政府檔案處，檔案編號 HKRS1364-2-44。

49　*Annual Departmental Report of the Registrar of Trade Unions for the Financial Year 2008*, p.94.

50　雄獅樓許嘉雄訪問，2021 年 6 月 30 日。另外據檔案，2008 年 8 月 26 日理事會決定解散工會，但因會員年老，無法出席年度大會就解散作出表決。理事長遂以家訪方式收集當時共 49 位會員意見，簽署回條一致決定解散工會，平分會產，並由理事會執行。會址以 240 萬賣出，每人分得 48291.3 元。見 "M7"，2008 年 10 月 31 日，香港政府檔案處，檔案編號 HKRS1364-2-43。

## （五）福利

### 殯葬服務

二次大戰後，香港福利制度並未完善，工會角色尤其重要。按 1955 年修訂的章程，理事會設立福利組，負責工會之福利事業，涵蓋範圍廣泛，分甲乙兩項：

（甲）疾病、意外、殘廢、患難、失業、工潮等之救濟；
（乙）會員衛生、健康、娛樂、體育及職業等之介紹。[51]

紮作行業工時長，待遇一般，薪金僅供糊口，成家置業更不容易。報章報道行內多為單身人士（「寡佬」），[52] 那麼如何處理工友死後殯葬成為工會不可或缺的福利工作。按 1946 年工商總會章程第六條「權利」乙項「會員仙遊得領本會同業帛金，以表同情」。[53] 由此可見，工會創立初期便將會員死後喪葬之事和家屬救濟納入章程，這是行會常見的福利事業。查 1955 年修訂章程稿本第 24 條乙「福利金」下的四項，末二項均為其他救濟及課捐一般原則，而首兩項則具體交代會員仙遊福利金之運用：

一、每遇會員一名仙遊者，各會員須繳納帛金一元。每年在清明時節祭掃先友，每會員繳納祭掃金一元。上列二項如會員有參加祭掃者，祭掃金得免繳納。有盈餘款項則撥作福利金之用。

二、會員入會滿三個月後不幸仙遊者，由賻金項下給以殯葬費二百元。如會員因病入醫院調治，每天給以戒口餸銀一元，但享受三個月為限。[54]

. . . . . . . . . . . . . . . . . . . . . . . . . . . . . . . . . . . .

51  〈港九油燭藝術扎作職工會章程（A）〉，1955 年 5 月修訂，香港政府檔案處，檔案編號 HKRS837-1-244。
52  〈紮作工友淡月來臨生活頗苦〉，《華僑日報》，1961 年 10 月 13 日。
53  〈港九油燭扎作工商總會章程、臨時職員和會員名單〉，1946 年 4 月 4 日，香港政府檔案處，檔案編號 HKRS837-1-244。
54  〈港九油燭藝術扎作職工會章程（A）〉，1955 年 5 月修訂，香港政府檔案處，檔案編號 HKRS837-1-244。

1984 年至 1992 年財務帳表乙「福利費」項，有失業、喪葬、醫藥、祭掃、華光師誕和蛇宴的支出，席卷宴會項目的支出數額為最大，其次便是喪葬和祭掃支出。[55] 1962 年，理事長梁漢榮向職工會尋求意見，希望為會員親屬及朋友成立獨立的「死亡恩恤組織」（Death Benefit Organization）。[56] 1965 年，職工會建議提高會員仙遊之帛金，由 300 元增至 500 元，會員大表贊同。[57] 計劃落實後，每一仙遊的帛金由原每會員一元增至二元，[58] 1985 年增至五元，[59] 1991 年增至每人八元。[60] 直至職工會停辦會務前，工會會章沿用 1975 年 6 月 24 日提交給職工會登記局的版本，工會資助殯葬費 1,500 元，會員入院留醫補助膳食費每天一元，每次入院留醫最高補助金額為 30 元。[61] 職工會所提供之殯葬費和膳食費明顯追不上通漲，但現在貧窮無依者有慈善團體和政府代為處理，由此工會的角色和功能已變得次要。

## 識字班

早在二十世紀 50 年代中期，職工會開始資助四所識字班，扶助會員子弟教育。第一所識字班是在結志街 14 號二樓會址上課；第二所在紅磡大沽街二號四樓，共有 70 名學生，分上下午班；第三所在堅尼地城厚和街，共有 60 名學生，分上下午班；第四所在深水埗南昌街，共有 80 名學生，分上下午班。每月識字班會捐助 30 元作為工會福利金。上述第二至第四所學校均在 1956 年開辦，學費一樣，職工會子弟收取每月三元學費，其他學

55 1984 至 1992 年各屆職工會財務帳表，見香港政府檔案處，檔案編號 HKRS1364-2-46。

56 "M11 (13)"，1962 年 4 月 6 日，香港政府檔案處，檔案編號 HKRS837-1-244。

57 〈油燭紙業紮作工會昨開會員大會選出下屆職員〉，《華僑日報》，1965 年 3 月 9 日。

58 〈油燭紙業紮作工會增加帛金舉辦診所〉，《華僑日報》，1965 年 11 月 9 日。

59 〈港九油燭紙業扎作職工會帳表：（乙）福利費〉，1985-1986 年度，香港政府檔案處，檔案編號 HKRS1364-2-46。

60 〈港九油燭紙業扎作職工會帳表：（乙）福利費〉，1991-1992 年度，香港政府檔案處，檔案編號 HKRS1364-2-46。

61 1975 年修訂會章，載《港九油燭紙業扎作職工會會員證》，2000 年 8 月 1 日。原本工會資助的殯葬費 1000 元，後才加至 1500 元。從許嘉雄藏《港九油燭紙業扎作職工會會員證》第六章第 18 條，可見手寫的修訂。

生則收取四至五元學費。[62] 後因政府的設校條例，職工會從教署指示，各識字班要中途結束，於 1962 年 7 月 25 日停辦。[63]

## 醫療服務

1964 年 7 月，職工會籌建診療所，為工會子弟服務。[64] 職工會診療所最初設於旺角砵蘭街 372 號，之後搬往深水埗汝州街。1971 年診療所再由汝州街 218 號四樓遷往大南街 280 號 A 地下。[65] 據 1965 年報章報道，工會會員憑會員證，會友及家屬僅收醫藥費二元，特別針藥則需自費。[66] 從職工會歷年填寫遞交給政府的賬表顯示，自 1982 至 1983 年年度起職工會開始以長安診所（或長安診療所）的名稱申報，之前的報表都只泛稱「港九油燭紙業扎作職工會診療所」。[67] 診療所財務屬自負盈虧，資產與收支獨立申報。據報表顯示，診療所一直營運至 2005 年。

## 旅行

每當淡季，職工會多會籌辦旅行，為會員及其家屬增添戶外聯誼活動。[68] 旅行活動動輒百多至三百多人參與，單是餐飲與交

. . . . . . . . . . . . . . . . . . . . . . . . . . . . . . . . . . . . . . . . . . . .

62 "M2 (3)"，1958 年 4 月 30 日，香港政府檔案處，檔案編號 HKRS837-1-244。

63 "Memo (59)"，1963 年 6 月 25 日，香港政府檔案處，檔案編號 HKRS837-1-244。〈職工會致職業社團註冊官函〉，1963 年 6 月 13 日，香港政府檔案處，檔案編號 HKRS1364-2-44。另見〈扎作工會籌設學校，十五屆理事昨天選出〉，《大公報》，1963 年 5 月 4 日。

64 〈紙業扎作工會診所申請註冊〉，《華僑日報》，1964 年 7 月 29 日。

65 診所曾多次搬遷：1964 年 7 月在砵蘭街 372 號夾層；1965 年 5 月在汝州街 218 號四樓 C 座；1971 年 8 月在大南街 280 號 A 地下。疑砵蘭街 372 號才是診所最早的地址。見 "Memo (65)"，1964 年 7 月 10 日；"Memo (67)"，1965 年 5 月 7 日；"Memo (81)"，1971 年 8 月 31 日。香港政府檔案處，檔案編號 HKRS837-1-244。

66 〈油燭紙業扎作工會增加帛金舉辦診所〉，《華僑日報》，1965 年 11 月 9 日。

67 〈港九油燭紙業扎作職工會長安診所收支表〉，1982-1983 年度；〈港九油燭紙業扎作職工會長安診所損益計算表〉，1991-1992 年度。香港政府檔案處，檔案編號 HKRS1364-2-46。上注所引《華僑日報》1965 年 11 月 9 日報道，指工會診療所位於北河街祥安大廈四樓，名稱是祥安診所。報道與所見官方資料不符，未知是當時傳媒報道錯誤，抑或診所之後曾經易名。

68 〈扎作職工明天遊新界〉，《大公報》，1972 年 12 月 31 日。

1951 年扎作工會職員合照。（相片由梁金華提供）

通安排已不容易。旅行活動需要會員購買餐券及交通券，部分開
銷由工會補貼。且看 1963 年報章的相關報道：

> 港九油燭紙紮製作職工會，於昨（四）日達二百餘人，
> 上午十時十五分，由尖沙咀火車站乘車出發，抵達沙田
> 西林寺，即展開各項遊戲競賽⋯⋯。昨日午晚餐均在
> 西林寺設席，全場供應汽水一大支，雖非百味珍饈，但
> 有園林之勝⋯⋯。在西林寺舉行各項遊戲競賽中，乒
> 乓球賽方面，經過一番熱烈的搏殺後，工友盧榮林以
> 技高純熟，奪得冠軍寶座，亞軍為許耀林，季軍為梁培
> 生。竹戰比賽，在更番淘汰式爭取積分下，工友李強以
> 「老雀」佔先，榮獲冠軍，黃普與譚年，分獲亞季軍。[69]

69　〈紙業紮作工會旅行沙田紀盛〉，《華僑日報》，1963 年 6 月 5 日。

旅遊地點多選擇在新界或離島，如新界沙田和大嶼山梅窩等。這些地區均是 60 至 70 年代的熱門旅遊勝地，因交通不便，需乘搭長途交通工具，平日一般市民很少前往，故對於在市區工作的會員頗具吸引力。[70]

## 聚餐活動

每年職工會除了恆常在會員大會、周年大會[71]及「先師紀念日」有聚餐活動外，過去更不時舉辦蛇宴，會員暢飲歡聚，大快朵頤。二十世紀 70 年代也曾舉辦元旦聚餐、國慶節歡宴及五一酒會。聚餐活動多以售賣席券、工友捐助及工會補貼的方式運作。[72] 隨着行業式微，工會經費不足，後來只能維持每年的光師寶誕聚餐聯誼，不復以往職工會會務興旺時期那般熱鬧。

70　報章對工會旅行活動的其他報道，見《華僑日報》，1962 年 6 月 22 日；1964 年 5 月 22 日；1967 年 4 月 21 日。

71　會員大會與周年大會分開進行，前者進行年度理事會選舉，後者慶祝會慶兼舉行新理事就職禮。

72　見各年度相關活動財務報表或「福利金賬」，香港政府檔案處，檔案編號 HKRS1364-2-44。

## 第二節　中華紙業商會

### （一）扎作工會與紙業商會

1949 年中華紙業商會在職工會登記局註冊，屬於「僱主工會」類別，直到 2009 年商會「自行請求撤銷登記」，改組為有限公司，沿用「中華紙業商會」名稱，繼續是「東家」組織。據職工會登記局《年度報告》顯示，無論是扎作工會還是紙業商會，最初註冊時均歸入「批發零售業類」。1982 至 1983 年年度始，「港九油燭紙業扎作職工會」轉屬「製造業：紙及紙品製造業，印刷及出版」類，於 1995 年再轉為「化學品及化學生產，石油及煤產品製造業、橡膠及塑膠製造業」類。紙業商會歸類則沒有變化。如此看來，扎作工會歸類的改變某程度反映業務上與紙業商會逐漸分道揚鑣，扎作工會的業務視為製造業，紙業商會的業務則屬於批發零售業。

### （二）組織架構及會址變遷

1946 年中華紙業商會成立。[73] 1949 年向政府登記註冊為職業社團。[74] 據 1948 年經會員大會通過，並於 1957 年「修正」的「中華紙業商會章程」規定，商會由理事會及監事會組成，前者設理事 23 人，候補理事二人，後者設監事二人，候補監事二人，理監事俱由會員大會直接選出。理事會內各職則由獲選理事互選產生，分別設理事長一人、副理事長二人；會務組、財務組、核數組、組織組、交際組、公益組，各設主任一人、副主任二人；慈善組正副主任各一人。監事會內各職同樣由獲選監事互選，設監事長一人，副監事長二人；審查組及調查組正副主任各一人。理

73 〈中華紙業商會同人大會〉，《華僑日報》，1948 年 5 月 11 日。報道指商會「於五月九日舉行第二周年紀念，暨選舉第三屆職員同人大會」。

74 1957 年修訂的「中華紙業商會章程」稱商會於 1948 年註冊，載《中華紙業商會會刊》（香港：中華紙業商會會刊編輯委員會，1958），頁 62，但現在留下的註冊執照則註明是 1949 年 2 月 7 日。

1946年元旦中華紙業商會發起人攝影紀念照。（相片由中華紙業商會提供）

中華紙業商會職業社團註冊執照。
（中華紙業商會提供）

50 年代中華紙業商會旺角會址。1958 年《中華紙業商會會刊》。
（香港大學圖書館特藏部）

事會及監事會成員「每年改選一次，連選得連任之」。如有需要，
另設名譽會長及當年顧問一至三人，以曾任理監事長為限。[75]

　　基本上，理監事會任期均為兩年，每兩年會員大會舉行一次
選舉。按 1957 年章程，這時期商會的組織架構及理監事人數雖
有改動，但變化不大。例如從 1969 年第 20 屆至 1983 年第 27 屆
理事會保持 23 人，不過候補理事則增至四人。另外，部分組別
名稱有所修訂，相信是配合職工會登記局的統一要求，如撤去交
際組、公益組及慈善組，補上職能相約的康樂組、聯絡組及福利
組。此外有兩名理事不歸入組別，而核數組則獨立於理事會，仍
維持核數員二人。這段時期沒有名譽會長，不過第 22 及 23 屆則
有名譽顧問一人，為大昌行蕭幹懷。[76] 單看組織架構，紙業商會
比扎作工會更具規模，組織更為完善，而且商會章程訂明理事會
可聘請職員辦理會務，實際上商會一直有僱用全職授薪職員，至
今不變。[77] 相較之下，扎作工會晚期已無力聘任授薪員工。

· · · · · · · · · · · · · · · · · · · · · · · · · · · · · · · · ·

75　「中華紙業商會章程」，載《中華紙業商會會刊》，頁 63。按：1957 年第 12
　　屆職員表中除了理監事外，還有兩位名譽會長，以及 11 位分區幹事，見《中
　　華紙業商會會刊》，頁 61。

76　1969 年第 20 屆至 1983 年第 27 屆理事會名單，見香港政府檔案處，檔案編
　　號 HKRS1364-2-37。

77　現在商會全職職員為雷詠薇小姐，她的父親及祖父均長時間獲選為商會理
　　事。祖父雷耀初更是商會發起人之一。據雷小姐言，商會在職工會登記局註
　　冊期間一直有一位全職職員。中華紙業商會秘書雷詠薇訪問，2022 年 5 月
　　25 日。

中華紙業商會位於德輔道西德仁大廈現址。

## （三）會址

1945 年，紙業商會籌備成立，呈報當局的會址為旺角彌敦道 734 號三樓。[78] 1969 年，商會在香港德輔道西 132-136 號德仁大廈五樓購置會所，與此同時更購置物業出租，支持會務。物業包括長旺道 11 號五樓及告士打道 160 號海外信託銀行大廈八樓 C 室。前者早已放售，後者至今繼續出租。至於德輔道西會址，於二十世紀 80 年代曾分拆出租。[79] 今天商會會址仍在德仁大廈五樓。近年重新裝修，除了商會辦公室外，部分地方繼續作出租之用。出租物業的收益是會費以外支持會務運作的重要收入來源。

## （四）商會宗旨及會員資格

1957 年紙業商會章程第二章第四至七條列出商會的宗旨及事務。第七條列出六項，有關營運商務包括：指導會員關於出入口貿易、法例與稅務保障，以及向政府職業社團註冊官諮詢、交代勞資協定及簽約責任等；有關會務及公益福利包括：「興辦醫事、衛生、會計、簿記、各國方言等康樂教育事項」，以及投資物業、政府公債、股票，作為商會經常費之用，另協助同業抵押放款等。商會的宗旨則以第四至六條為要，故第七條第一項便是

<hr />

78　「中華紙業商會章程」，載《中華紙業商會會刊》，頁 62。
79　〈租金收入明細表〉，1973-1976，1983，見香港政府檔案處，檔案編號 HKRS1364-2-37。

辦理「四至六條所揭示之事項」，現臚列會章第四至六條如下：

> 第四條：華資經營紙業，土染色紙，及其紙製加工品，
> 　　　　如紙花、炮竹、祭神佛用品，凡屬紙製類，無
> 　　　　論屬於製造商，發行商，門沽商，任何一種，
> 　　　　或多種，均為本會同業商號。
> 第五條：推行本行同業所經營及其兼營商品之產銷，報
> 　　　　價，信譽，藉以聯絡感情，增進公共利益。
> 第六條：調協會員與會員間，會員與工人間，本會與商
> 　　　　業有關之各社團間，一切關係，採取公正原
> 　　　　則，解決各方面互生之糾紛。[80]

紙業商會作為「東家」的行業組織，其宗旨自然是增進商
號間「公共利益」，調解有礙營商的各種「糾紛」（第五及第六
條）。隨着時代變遷，雖然中華紙業商會轉變為中華紙業商會有
限公司，新的《組織章程大綱與細則》仍與商會會章基本相同。[81]
值得注意是，會章第四條提到成為「本會同業商號」的條件，即
商會會員的資格。驟看條件範圍頗寬，但細看其實只包括華資紙
業，並只限土染色紙。事實上，會員商號多有兼營洋紙。[82] 第四
條另外提到的「紙製加工品」，看似廣泛，但舉出的例子是「紙
花、炮竹、祭神佛用品」，業務範圍明顯與傳統中國宗教習俗儀
式有密切關係。

更有趣的是，現存 1958 年《中華紙業商會會刊》（以下簡稱
《會刊》），當中有八篇由當屆理監事的署名文章，[83] 內容由紙的發

---

80　「中華紙業商會章程」，載《中華紙業商會會刊》，頁 62。

81　《中華紙業商會有限公司組織章程大綱與細則》（2009），頁 1-2，8。

82　可從《中華紙業商會會刊》中會員商號刊登的廣告內容獲此印象。按：其
　　實洋紙業已於 1949 年在政府登記註冊，名為「香港華南洋紙商會」（South-
　　China Paper Merchants Association, Hong Kong），相關檔案見香港政府檔案處，
　　檔案編號 HKRS590-8-3002，涵蓋年分是 1949 年 6 月 3 日至 2000 年 10 月 4
　　日。

83　不計會務概況的報告，全刊收有 18 篇文章。除了八篇與造紙相關的文章
　　外，三篇是遊記，四篇是會務發展建言，餘下三篇短文是資料室提供的考
　　據文字。按：我們所見《中華紙業商會會刊》今藏香港大學圖書館特藏
　　部，暫未見商會之後有再出《會刊》，今天的中華紙業商會有限公司亦沒存
　　此刊物。

 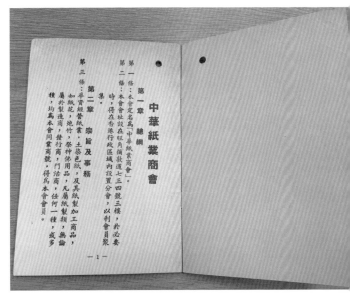

1967 年中華紙業商會章程。（歷史檔案館）

明談到中國歷代造紙術，範圍除橫跨各朝代外，也談到高麗紙的製作、中國造紙原料的介紹，以及近代手製紙到機製紙的發展。另外《會刊》所收三篇遊記，有兩篇是參觀考察香港的造紙廠及手抄製紙廠。從這些文章的內容，讀者自然把製紙商或造紙廠視為紙業商會當然會員，「香港造紙廠」也在《會刊》刊登廣告，但查《會刊》「會員商號」及「同業商號」列表，均未見任何製紙商或造紙廠。[84] 至於紙業商會會員及同業商號的行業性質與業務範圍，下文再行討論。

## （五）會費與福利

　　會員會費及各項捐贈費用方面，以 1958 年為例，普通會員入會費是十元，月費三元；一次過繳交會費 500 元可成為永久會員，享有免繳月費優惠。若有商號代表逝世，會員各交一元花圈費，由商會送交家屬。商會另設特別科捐，用以支持會員福利事業及社會公益活動等費用。[85]

---

84　香港造紙廠廣告見《中華紙業商會會刊》，頁 50。《會刊》中廣告雖然主要是同業商號廣告，但也偶有與同業商號業務沒有關係的廣告刊登，如陳聯興罐頭魚露廠（頁 45）及祥記運輸行（頁 28）。令人驚訝的是，祥記運輸行（祥記車）名列會員商號之一（頁 67），這或許是因為運輸業（特別是該車行）與會員商號有密切業務關係，不然就太莫名其妙了。

85　「中華紙業商會章程」，載《中華紙業商會會刊》，頁 62，64。

## （六）聯誼活動

　　無論工會或商會的會務都會組織各類型活動，當中最重要的莫過於會員大會（同人大會）。此外聯誼活動也是每年不可或缺，如節慶聚餐及旅遊項目等。1957 年紙業商會章程提及的經費用途，其中一項便是「支給本會紀念，選舉，神誕，禡祭，慶典費，及港九社團慶典賀儀費用」。[86] 翻查檔案資料「宴會及旅行收支表」，二十世紀 70 年代商會每年籌辦的聯誼慶祝活動，主要圍繞春節聯歡、會慶（暨者英敬老大會）、十一國慶及旅行等。1976 至 1979 年商會加插了秋季蛇宴聚餐。旅行活動則多在夏季舉行。[87] 活動經費基本上來自會員售賣席券方式籌集，而當屆理監事及部分會員也會出資捐助。章程提及「神誕，禡祭」等傳統民間信仰活動，按二十世紀 70 年代以後的資料，商會未見有舉辦相關活動的紀錄。至於 50 至 60 年代有否舉行傳統祭祀活動則有待考證。50 至 60 年代初，商會曾舉辦屬於中華民國節日 11 月 1 日商人節，[88] 往後沒有再舉辦。二十世紀 60 年代末，商會開始自組十一國慶籌備委員會，舉辦宴會慶祝中華人民共和國國慶，後來更成為每年指定祝慶宴會之一，並曾登報「敬禮」；[89] 商會也曾在會慶放影「五一國際勞動節」彩色電影。[90] 特別在 60 年代中後期，商會政治立場有明顯轉變。[91]

- - - - - - - - - - - - - - - - - - - - - - - - - - - -

86　同上，頁 64。

87　1976 年更舉辦了兩次旅行，分別於春季及秋季。見香港政府檔案處，檔案編號 HKRS1364-2-37。

88　〈中華紙業商會，籌備祝商人節〉，《華僑日報》，1951 年 9 月 22 日；〈港九各大商團，熱烈慶祝商人節〉，《華僑日報》，1953 年 10 月 26 日；〈中華紙業商會定明天祝商人節〉，《華僑日報》，1963 年 10 月 27 日。

89　職工會登記局檔案收有 1971 年紙業商會與同業聯合刊登慶祝十一國慶的多篇廣告剪報，見香港政府檔案處，檔案編號 HKRS1364-2-37。可見殖民政府對親左派團體的「關注」。

90　〈中華紙業商會，今晚慶祝會慶〉，《大公報》，1974 年 5 月 7 日。

91　從 1946 年元旦，「中華紙業商會發起人攝影紀念」照是在「蔣總裁肖像」下拍攝，60 年代初仍慶祝商人節，至 1967 年自組十一國慶籌委會（〈各行業紛組籌委會，準備國慶盛大聯歡〉，《大公報》，1967 年 9 月 1 日），商會政治歸屬開始左傾。1968 年會慶中，「與會者為一年來反英抗暴鬥爭取得的重大勝利而歡呼……。〔理事長稱〕祖國無產階級文化大革命形勢更是大好，這對我港九愛國同胞及反英抗暴鬥爭是極大鼓舞……」（〈中華紙業商會，昨夕歡祝會慶〉，《大公報》，1968 年 5 月 10 日）。1971 年十一國慶歡宴，當屆理事長梁植強「暢談國內外大好形勢，……表示要解放台灣省，堅決反對『兩個中國』或『一中一台』或類似荒謬主張，堅決反對所謂『台灣獨立』。……我們應該為解放台灣的偉大事業作出自己的貢獻」（〈潮屬工商界等單位，昨天熱烈慶祝國慶〉，《大公報》，1971 年 9 月 28 日）。

香港非物質文化遺產系列：紮作技藝

## （七）行業性質與業務範圍

　　《會刊》「會務概況」一節羅列當時的會員商號及同業商號名錄[92]，《會刊》內亦刊登了 50 多個商號廣告。[93] 這些對我們了解紙業商會會員及同業商號行業性質與業務範圍，以及商會與紥作業界的關係有莫大幫助。若以《會刊》中列出的商號名錄，比較同年《香港年鑑》工商名錄「婚喪類」內「香燭紙料業」列出的商號名錄，就能說明當中的複雜關係。如前文所述，會章第四條已告訴我們商會會員及同業商號的營業範圍，是與傳統民間信仰習俗及祭祀儀式有關。《會刊》收錄的部分文章也有相關提示，如三篇「資料室」提供的考據短文，其中兩篇題目分別是〈祀神用紙起源考〉及〈爆竹與爆仗考〉。[94] 又如記錄商會同人於 1957 年澳門旅行的〈澳門遊記〉，提到考察及參觀丁財貴及梁大成兩間香廠、謙源爆竹廠及毅成製紙廠。[95] 再看《會刊》內會員及同業商號刊登廣告的內容，當中提及批發及零售商品種類繁多，但大多不離以下幾類：炮竹、各江紙把、洋紙、文房用品（簿冊、課本等）、名香（神香、息香、蚊香等）、油燭禮燭、紙錢與衣紙以及紥作。雖然營業範圍包括了紥作，但 50 多個廣告中屬於紥作的商號只有三家。[96] 相對而言，較多提及的營業範圍則要數紙錢與衣紙（18 家以上），例如位於德輔道西的景泰隆行，既是會員商號，其代表梁植強也是商會當屆理事（核數副主任），及後連任多屆理事長。其廣告如下：

> 壽金寶、大江寶、二江寶、溪錢、紙把、各種神權品
> （批發）[97]

92　載《中華紙業商會會刊》，頁 66-78。

93　見「廣告索引」，《中華紙業商會會刊》，頁 2。

94　另一篇是〈紙鳶與風箏考〉。三篇短考分別載《中華紙業商會會刊》，頁 55，78。

95　林深，〈澳門遊記〉，載《中華紙業商會會刊》，頁 41。

96　分別是材源、康永馨香莊及廣昌書局紙業文具，見《中華紙業商會會刊》，頁 47，49，51。

97　見《中華紙業商會會刊》，頁 12。

合榮染紙廠廣告。1958 年《中華紙業商會會刊》。（香港大學圖書館特藏部）

　　首四項均是紙錢類。紙把，即一疊疊的土紙原材料，可供其他紙號購買加工製作紙錢和衣紙，或作為紮作材料。可以大膽說，紙業商會的商號會員大多經營紙錢等紙製類祭祀品為主。就算今天中華紙業商會有限公司，本屆（第 46 屆，2021-2023）職員所屬寶號，紙錢仍是批發及零售商品當中的主要類別。[98] 畢竟時代不同，雖然紙製祭祀品一直是商會商號的營業範圍，但經營模式已經有很大差別。今天無論紙號屬於批發商還是零售商，它們的貨品基本上來自內地，而二十世紀 50 年代的紙號，除了代理內地紙製品的品牌，還會購買原材料進行加工。[99] 例如同是會員商號又是當屆監事（陳華章，審查主任）的合榮染紙廠從事紙張加工批發，種類繁多，十之八九均與祭祀活動有關：

> 各江色紙，花紅年紅，金福山黃，洋藍硃銀，月雙正硃，彩綠光烏，紅錢企錢，光金光銀，綾紙花紙，縐金光銅，洒金觀衣，洒金龍衣，門神帖式，江門衣紙，四開符疏，各款筒符，加色綾衣，賀年吉封，男女衣，中袖衣。[100]

98　中華紙業商會正理事長杜千送先生訪問，2022 年 5 月 25 日。

99　雷詠薇小姐回憶其祖父成立的興昌，有多台大型切紙機，工人裁切土紙再進行加工，製作紙錢批發給零售商號。到其父親接手興昌，就加開店面零售及代理業務。中華紙業商會秘書雷詠薇小姐訪問，2022 年 5 月 25 日。

100　見《中華紙業商會會刊》，頁 36。

黃北記紙號廣告。1958 年《中華紙業商會會刊》。（香港大學圖書館特藏部）

　　商會會員商號刊登的廣告，提及銷售與批發的產品，除炮竹及祭祀用紙製品外，也包括香燭類酬神拜祭用品。不少商號同時銷售「華洋紙章」、「中西文房用具」和「唐洋簿冊」，反映了香港華洋雜處的文化特色，例如當屆理事長黃北桂的黃北記紙號，其廣告涵蓋以上提到的各項業務：

> 本號統辦各江紙料、神佛用品、省佛醮料、神衣符疏、自造大江二江元寶、金銀錫紙、壽金溪錢、煙紙捲條、油蠟機燭、龍鳳禮燭、海國名香、各款染色紙、華洋紙章紙把、家用數簿、西式帳冊、學校課本、文房用品，式式具備，零沽批發，價格相宜，如蒙惠顧，無任歡迎。[101]

　　本屆正理事長杜千送先生指出，一直以來本港商號的貨源主要來自內地。以前商會預先取得內地供應商「大貨」，再統籌「分貨」給會員商號。現在商會已失去此功能，因為各商號可自由聯繫供應商，不用依賴商會。[102] 如此說來，中華紙業商會成立初期曾擔當類似總代理角色。據老一輩的商會會員回憶，當時若非商會會員很難取貨，就算獲分貨也會較會員商號昂貴。[103] 這種來貨分銷模式

101　同上，頁 19。
102　中華紙業商會正理事長杜千送先生訪問，2022 年 6 月 16 日。
103　同上。

早在 1949 年前已經實行。早期取得大貨負責分銷的是東聯公司，繼後有華聯公司，之後是中華紙業商會。商會從中獲利甚豐，財務充裕，致使早年已購得數個物業，支撐營運，維持至今。[104]

## （八）紮作業與紙業的同異

　　早期有關紮作業及紙業的報道，最常見便是爆竹與火災。1967 年香港禁放爆竹前，爆竹是節日慶典、店舖開張和新居入伙等喜慶活動必備之物。爆竹是將火藥用紙捲起，自然與紙業有關。無論紙紮舖還是一般紙號都會售賣爆竹。顧客購買紙紮品之餘，也順理成章購買相關用品，如爆竹、油燭等。由於舊式樓房（多以木製樓梯連接上下層，又多是非三合土建築）一旦起火便不可收拾，而各紙號所售的紙紮成品及紙料又是惹火之物，再加上爆竹這類危險品，火災風險之高可想而知。例如著名紮作店黃秋記便曾多次發生火災，甚至有人命傷亡。[105] 當局有見紙紮店及紙號經常發生嚴重火警，工務局在二十世紀 30 至 40 年代嘗試訂立危險品儲存條例。[106] 中華紙業商會當時便是代表業界與政府談判，甚至建議政府撥地興建危險品倉庫。[107] 祝融光顧是業界一大威脅，扎作工會奉華光為行業神明便是此理。紙業商會則勸導業界購買燕梳（保險），以減低風險。[108] 1967 年後，港府禁止燃放煙花爆竹，無疑對業界造成一大打擊。紙業商會曾致函政府進行交涉。[109] 禁煙花爆竹與社會政治局勢有關，但這政策同時降低紙紮店發生火災的風險。

· · · · · · · · · · · · · · · · · · · · · · · · · · · · · · · · · · · · · · · · ·

104　同上。

105　〈紙紮店黃秋記又告火警〉，《天光報》，1934 年 4 月 27 日；〈士丹頓街昨晨大火，黃秋記紙紮店被焚燒〉，《華僑日報》，1949 年 2 月 15 日。

106　條例生效後，黃秋記亦曾因違反貯放爆竹煙花的牌照限額而被政府判罰，見〈商店存危險品，不得超逾限額，黃秋記違例被判罰〉，《香港工商日報》，1947 年 3 月 13 日。

107　〈中華紙業商會，求撥地自建危險倉〉，《華僑日報》，1949 年 2 月 25 日。

108　《會刊》有兩則關於美和洋行火險的介紹及鳴謝（廣告），提到曾有商號購買該行火險，不幸遇上火災，很快獲照額賠償，減少損失。

109　〈維護正常營業與同胞傳統習慣，七四三家商號促撤爆竹禁令，中華紙業商會已兩函輔政司交涉〉，《大公報》，1968 年 9 月 22 日。火險廣告見《中華紙業商會會刊》，頁 59，76。

現存香港有不少紙紮舖兼售文具用品，每問及店家何時開始兼售，大多是知其然而不知其所以然，或只謂可多賺一點錢而已。傳統以來，紮作工藝與中國民間宗教息息相關，但售賣貨品過於「獨沽一味」，難以維持生計。有部分紙紮舖考慮到祭祀活動也有旺淡季，為增加收入來源，最簡單方法就是售賣同屬紙類相關產品。因此，香港這個文化薈萃之地，有傳統紙紮舖也售賣聖誕卡和聖誕裝飾。[110] 是故，梁有錦的二兒子可能熟悉批發渠道，承此優勢在生和隆附近營運文具店。[111] 又如黃北記紙號也開設姊妹店明發文具紙行。[112]

1951 年《香港年鑑》「工商名錄」刊登的「金玉樓藝術扎作」廣告：

> 各江紙把，文房數部，像生紙花，綢衣公仔，冥鏹事業，價格克己。[113]

當年香港紮作店龍頭金玉樓，同樣有售賣文房用品與冥鏹。1958 年農曆元旦出版的《中華紙業商會會刊》，列出會員商號 204 家，同業商號 310 家。同年一月出版《香港年鑑》第十一回，於工商名錄「香燭紙料業」類列出商號 183 家。[114] 比較之下，我們發現《會刊》收錄的其中 140 家，也見於《香港年鑑》名錄，佔《年鑑》列出店家總數 76.5%。可以肯定的是，《會刊》和《年鑑》列出的商號並沒有完全涵蓋業界所有商號，但是《年鑑》的分類，將紮作、香燭與紙料視為同一範疇行業，所收錄商號與紙業商會《會刊》列出商號明顯高度重疊，難怪紙業商會的名錄中既有香莊，也有紙號，當中也不乏專營紮作的店舖。

110 〈紮作工友工作繁忙，身兼紮作售貨兩職〉，《華僑日報》，1964 年 12 月 27 日；〈紮作工友工作清閒，不少散工另尋生活〉，《華僑日報》，1963 年 10 月 8 日。

111 生和隆梁金華訪問，2021 年 1 月 7 日。

112 歷任多屆扎作工會理事長的黃章是黃北記的紙業銷售員，其 80 年代的名片上同時印上兩間寶號的名字。黃章名片見香港政府檔案處，檔案編號 HKRS837-1-244。另見本書頁 90。

113 見《香港年鑑》，第四回下卷（香港：華僑日報出版部，1951），頁 271。

114 見《香港年鑑》，第十一回（香港：華僑日報出版部，1958），頁 249-252。

| 刊物 | 商號數目 | | |
|---|---|---|---|
| 1958 年《中華紙業商會會刊》 | 會員商號 | 同業商號 | 總數 |
| | 204 | 310 | 514 |
| 1958 年《香港年鑑》 | —— | —— | 183 |
| 《會刊》與《年鑑》共同收錄的商號 | 78 | 62 | 140 |

　　無論是紮作業，還是以批發銷售紙錢衣紙為主的紙業，兩者的業務範圍都與神誕節慶、佛道醮儀、祭祀喪葬、拜祖敬神、生死大事等等民間宗教儀式習俗有緊密關係。[115] 紙業商會的商號雖然以批發零售為主，但也會承接紮作生意。大部分紮作師傅都是散工，收入以日薪計，若有紙號承接的訂單包括龍獅或佛船這類較為複雜的紮作，便會聘任紮作師傅當臨時工。就算資深的紮作師傅自己開店，店中聘用的其他紮作師傅也是「打散」為主，合作愉快的話頂多只是「長散」，這似乎是業界慣例。畢竟做生意是另一學問，不是每位紮作師傅都懂得做或願意做。可以說，專營紮作的店號如金玉樓或生和隆，其業務是偏向製造業範疇的；而商會會員商號如黃北記等，則較多屬於批發零售業。前者會為後者提供紙紮成品售賣，後者會為前者提供紙紮材料以供製作，而兩者都會聘用紮作師傅完成訂單，在銷售品上也有重疊之處。

　　隨着行業日漸專門化，加上 60 年代初勞資糾紛，扎作工會店東會員接納政府建議離開工會，部分加入了紙業商會，生和隆梁有錦便是一例。從檔案資料顯示，早於 1946 及 1949 年梁有錦已是扎作工會職員。[116] 按《會刊》載，生和隆不屬於會員商號，而是同業商號。事實上，《會刊》收錄多間行內歷史悠久的紮作店，既有專營龍獅花燈的明紗紮作，也有主打喪葬儀式的祭祀紮作，如金玉樓、黃秋記、黃章記、莫榮記、鄭權記和萬安等。不過這些店號都歸類為同業商號。所謂同業商號，意即未加入成為

115　生和隆的梁金華回憶，兒時父親常叫他去黃北記紙號買紮作用材料。生和隆梁金華訪問，2021 年 7 月 23 日。

116　同上。據梁金華說，其父後來應該加入了紙業商會，因為家裏不時收到商會函件，店內保留了 2012 年由當時理事長鄭明亮簽發的中華紙業商會有限公司會員證書。

會員的寶號，是紙業商會爭取的對象。《會刊》分列會員與同業兩個商號名錄，可能反映後者沒有加入商會，部分原因是營業方式與前者有所不同，更重要的可能是部分同業商號因歷史等各種因由，早已是扎作工會會員（金玉樓、黃秋記、黃章記便是）。當然有商號同時加入扎作工會和紙業商會，不過相信屬少數。以灣仔敬心紙號的劉（永）任為例，他於 1957 至 1959 年當選為紙業商會第 12 至 14 屆監事，[117] 同期間於 1958 至 1961 年，他也是扎作工會第 10 屆及第 11 屆理事。[118] 由此可見兩會關係複雜。

## 小結

一般而言，香港的紮作業行會勞方代表是「港九油燭紙業扎作職工會」，而代表資方的則是「中華紙業商會」。然而兩者關係非一開始便是僱員與僱主組織，當中複雜情況涉及諸多因素，包括行業性質、經營範圍、歷史淵源及人事關係等。[119] 隨着香港紮作業式微，港九油燭紙業扎作職工會會務不振，2008 年職工會最終解散。反觀商會 2008 年取消職工會登記後轉為有限公司繼續營運，業務維持至今。

---

117　見《中華紙業商會會刊》，頁 61；〈中華紙業商會新員就職盛況〉，《華僑日報》，1958 年 5 月 10 日；〈中華紙業商會十四屆理監產生〉，《華僑日報》，1959 年 4 月 11 日。

118　扎作工會理事名錄，見香港政府檔案處，檔案編號 HKRS837-1-244。

119　若希望進一步了解兩個組織，可參閱本書附錄，當能更認識兩者錯綜複雜的關係。

1959 年上環廳羅街紮作店師傅為花燈寫字。（歷史檔案館）

中篇

技藝篇

# 第四章
# 紮作技藝與實踐

　　香港紮作品種類繁多，每一樣紮作品屬於什麼類別？具體如何製作？需要用什麼材料及工具？行外人士往往不明究竟。在舊時代，紮作行業競爭激烈，紮作技藝是一種營生技能，就算在同一店舖工作，師傅也不輕易授徒。初入行者不拜師學藝，就算能模仿基本技巧，也難以掌握箇中竅門。香港年輕一代的紮作師傅一邊模仿前人做法，一邊努力鑽研實踐，自學成才，而且積極參與推廣非物質文化遺產，開班教學，讓一般大眾也能認識基本紮作技藝，體驗親手紮作一件作品的樂趣。相比以前，今天紮作技藝不再算是什麼不得了的商業秘密，年輕師傅都願意分享製作心得。這一章我們會先從紮作品的分類說起，再從製作方法的程序概述紮作技藝的基本原則，以及所需的工具及材料，最後介紹兩種「失傳技藝」作結。

用兔毛裝飾獅角工序。

# 第一節　紮作品的分類

　　紮作分類有各種說法，梁金華從行業史的角度，將香港紮作分為「美術紮作」與「紙紮」兩大類別。[1] 前者又稱「明紗紮作」，以紅事為主，包括如花燈、花炮、獅頭、龍頭、麒麟等喜慶場合用紮作；後者又稱「火燒嘢」，以白事為主，包括如金銀橋、招魂幡、佛船和各種紙祭品等喪葬與祭祀用紮作。[2] 兩者其中一個最大分別是「紙紮」類紮作品用後便會馬上火化，而賀誕用的美術紮作則會保留。從前，這兩類紮作各有專屬紮作師傅負責，各有各做。後來難以單靠一類紮作維持生計，行內逐漸沒再分工。

　　從紮作店寶號名稱，也可以推敲行業變化。翻查《香港年鑑》中「香燭紙料業」的商業分類，當中店舖大多稱為「XX 紙號」、「XX 紙行」、「XX 紙莊」，或「XX 記」、「XX 樓」、「XX 棧」。二十世紀 60 年代以降，一些紮作店號開始命名為「藝術扎作」、[3]「扎作專家」、[4] 甚或「廣告扎作」。[5] 今天寶華寶號全名為「寶華扎作」，但從早年照片可見，寶華舊址門牌是寫上「寶華扎作專家」，而名片則印有「寶華藝術扎作專家」。查《香港年鑑》，生和隆登記店名稱號也改動了數次。

| 年份 | 店名 | 地址 |
| --- | --- | --- |
| 1961-1964 | 生和隆紙料扎作 | 第一街 87 號 |
| 1965-1967 | 生和隆美術扎作 | 第一街 123 號 |
| 1968-1969 | 生和隆美術扎作 | 西邊街 24 號 |
| 1980-1992 | 生和隆美術扎作公司 | 西邊街 24 號 |

. . . . . . . . . . . . . . . . . . . . . . . .

1　生和隆梁金華訪問，2021 年 7 月 23 日。

2　除了有白事「火燒嘢」，也有紅事「火燒嘢」，如節慶醮儀中的祭祀紙紮，包括大士王等。福興隆豪記余英豪訪問，2023 年 3 月 16 日。

3　如《香港年鑑》1959 年至 1964 年記載曾先後在廣源西街及干諾道西開店的「禎祥藝術扎作」，經理為何國培。按：第二次世界大戰後扎作工會名稱也有「藝術」二字，1961 年改名以「紙業」代替「藝術」一詞。

4　如《香港年鑑》1964 年至 1969 年記載在大道西的「多寶扎作專家」。

5　查《香港年鑑》1970 年至 1979 年，在大道東開店的永順隆，便數易店名如下：「永順隆廣告扎作」（1970）、「永順隆大眾扎作」（1971-1974）、「永順隆紙料扎作」（1975）及「永順隆」（1976-1979）。

1960 年代寶華扎作店鋪照。左一是關多，右二是歐陽偉乾。（相片由歐陽秉志提供）

　　某程度上，店號名稱反映自身定位及營業方向。店號無論加上「美術」抑或「藝術」，明顯是為了提升行業地位的軟性推廣手法，嘗試擺脫一般人眼中「紙紮佬」的形象，讓業務跳出固有以祭祀為主軸的框框，把紮作技藝視作一種工藝，讓紮作品可供鑑賞，而非只具實用功能。1963 年寶華在三藩市登廣告，寶號名稱是「寶華藝術公司」（Po Wah Artmaking of Paper Co.）。生和隆名片的英文名稱是 Sang Wo Lung Advertising Model Works。政府職工會登記局則以 paper work 命名這一行業，相對地簡單。生和隆寶號名稱從「紙料」轉為「美術」，寶華則自稱是一間「藝術公司」，正好說明紮作品面向的客戶範圍擴大，亦不再局限於傳統祭祀紙料紮作。生和隆的英文店名則間接說明業務已擴展至廣告模型製作了。

　　同一時期，寶華紮作名片也反映其業務已脫離傳統紮作行業的範疇：

　　本號精選，金龍獅子，巡遊會景，活動廣告，美麗燈飾，
　　舞台道具，敬神用品，各種鼓類，承辦出口，歡迎採購。

表面看來，「活動廣告」、「美麗燈飾」和「舞台道具」似乎不屬於傳統紮作範圍。不過，以前每逢中秋節，一些傳統餅家為了吸

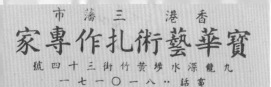

香港深水埗黃竹街三十四號
寶華藝術扎作專家

承辦各種出口紮舞 敬神用品 舞台道具 美麗燈飾 活動廣告 巡遊會景 金龍獅子 本號精造

寶華藝術扎作專家名片。（歐陽秉志提供）

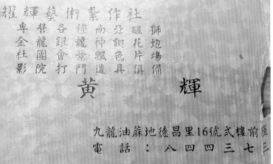

耀輝藝術紮作社名片。（黃輝提供）

1949 年黃飛鴻傳特刊。《圖說香港電影史：1920-1970》。

引街坊注目、推銷月餅，會找紮作店在門前搭建牌樓，於當眼處安裝「吊公」，這其實也就是一種「活動廣告」。紮作師傅憑藉靈巧雙手製作立體模型，作廣告宣傳之用。好處是可重複使用、方便擺放，用後容易處置，也因其輕巧，可減省運輸成本。「美麗燈飾」則明顯是廣告宣傳的配套。意想不到的是，連電影道具的製作也出自紮作師傅之手。三代均從事紮作業的黃輝師傅，其父除紮作獅頭外，也為電影行業製作道具。他本人在 70 年代創辦的「耀輝藝術紮作社」，名片上也有「道具」一項：

> 專營各種南北醒獅，金龍銀龍神誕花炮，社團會景飄色
> 片場，影院打鬥道具俱備。

當年華達公司拍攝《黃飛鴻之鐵公雞鬥蜈蚣》，便禮聘旺角花園街莫榮記訂造一條十數丈長的布製蜈蚣。早前莫榮記為配合《黃飛鴻傳》拍攝，也替該公司製作獅頭。[6] 二十世紀 50 年代以降香港紮作業興旺，產品範疇廣及電影廣告，也吸引相關行業人士轉投紮作業。例如擅長紮作「獸口」的陳旺師傅，他本身是澳門人，曾從事電影宣傳廣告模型製作，後來輾轉來港轉行做紮作。

6 〈華達公司製十餘丈蜈蚣〉，《華僑日報》，1956 年 5 月 19 日。

1950 年代生和隆名片。（梁金華提供）

　　上圖一張二十世紀 50 年代生和隆美術扎作名片說明當時紮作店的業務範疇，有會場設計、門面裝飾、美術廣告、活動人物、金龍獅子、明紗紮作、煙花炮竹和婚喪用品。

　　（1）會場設計：即今日之場地佈置。從前富貴人家喜歡在家中舉辦喜慶活動。生和隆曾承辦結婚場地佈置，如門前掛上大紅燈籠，屋內佈置橫額和喜聯等。

　　（2）門面裝飾：以前店舖會在戶外搭建牌樓並佈置傳統裝飾，吸引顧客注目。後來紮作店活用紮作技藝於其他節慶的門面宣傳，包括西方節日。生和隆先後三年在聖誕節為雪廠街成報大廈，佈置聖誕老人立體廣告宣傳牌。[7] 隨着顧客要求愈來愈高，宣傳牌還要配套燈飾來凸出效果及增加氣氛。

7　師傅用發泡膠製作聖誕老人頭部，用羊毛仿製鬍鬚，鬍鬚要製作得好難度甚高。生和隆梁金華訪問，2021 年 1 月 7 日。

（3）美術廣告：無論是商業性質的廣告宣傳，還是非牟利機構的推廣活動，也會用上模仿實物的紮作。紮作師傅配合客戶要求，製作各種各樣宣傳產品。1965 年和 1966 年生和隆曾獲東華三院委託製作宣傳花車，參與慈善遊藝大會。

（4）活動人物：主要指以抽紗公仔配上各種機械設計造出的小型場景，行內稱為「吊公」，坊間稱為「公仔箱」。場景中活動人物又稱為「教生公仔」。1950 至 1960 年代「吊公」除了用作商業廣告，如中秋前夕餅店會在門外放置「吊公」來吸引顧客購買月餅，也會在醮會與盂蘭勝會中用作裝飾。

（5）金龍獅子：傳統節慶活動常用的瑞獸紮作，如金龍、獅子、麒麟和貔貅。

（6）明紗紮作：意指用綢紗做的紮作品，如紗龍和花燈，特點是可以透光。

（7）煙花炮竹：與紮作業關係密切，從前是賀誕「恩物」，部分大型紮作店兼營煙花炮竹，以增加利潤。

（8）婚喪用品：除了結婚常用的喜慶用品外，還兼營一般喪事紮作，如金童玉女、大屋和佛船等。部分富裕人家更會邀請紮作店包辦喪禮場地佈置。

據 50 年代生和隆名片所列業務，我們看到紮作品類型因市場需求時有變化。時至今天，紮作分類各有說法，莫衷一是。林國輝把紮作品分為「節慶紮作」、「裝飾紮作」和「喪葬紮作」三種，算是較穩妥及綜合性分類。[8] 近有論者把現代紮作分類擴展為

---

8　香港歷史博物館民俗組：〈從紙紮用品看香港民俗文化〉，《明報月刊》卷 45 期 7（2010 年 7 月），頁 81-83。另見林國輝：〈紙紮工藝在香港：歷史、傳承與創新〉，《美術家》，頁 76。

四類，從「節慶紮作」中再分出「龍獅藝紮」，某程度上反映了一般人對龍獅紮作的重視與深刻印象。[9]

　　過去紮作分類大多從使用場合及功能的角度切入，業界則按自身的業務範圍自行界定。若考慮到紮作品具體如何被使用，其實我們可從另一層次，大致把紮作品分為動態和靜態兩種。顧名思義，前者所指是可動或需要舞動的紮作，後者則是供人觀賞或用作儀式祭祀的紮作。宏觀各類型紮作品，瑞獸紮作屬於動態紮作，對技藝和材料要求較高，既要有美觀外形，又需堅固耐用[10]，而且要配合舞動者要求，故屬高價紮作品。花燈及花炮屬靜態紮作，以觀賞價值為優先考慮。[11] 至於一般「火燒嘢」，包括喪葬紙紮及祭祀儀式用紮作，因為用後便會火化，無需耐用，材料愈簡單愈容易處理。我們也可將之歸入靜態紮作類別。[12]

9　林浩琛：〈紮作技藝〉，載《發現香港：非物質文化遺產在香港》（香港：中華書局（香港）有限公司，2019），頁 194。文中把紮作類型分為「節慶紮作」、「裝飾紮作」、「喪葬紮作」，以及「龍獅藝紮」。

10　梁有錦曾說：讓一位四歲小孩坐在獅頭上，看獅頭能否承受重量，獅頭沒有受損便算合格。生和隆梁金華訪問，2021 年 1 月 7 日。

11　花炮是神明「座駕」，有特定儀式功能，會參與巡遊，也有「衝炮」環節；參與巡遊的花燈，如頭牌燈與魚燈，也會移動，甚至有一定幅度的舞動。但較諸舞動瑞獸，花炮與花燈相對來說仍可算是靜態紮作，而且兩者於裝飾一環較顯著，故視之為靜態裝飾紮作。

12　大士王也要出巡，同樣要堅固隱陣，但相比舞動瑞獸的動作，仍是小巫見大巫，故視之為靜態非裝飾紮作。

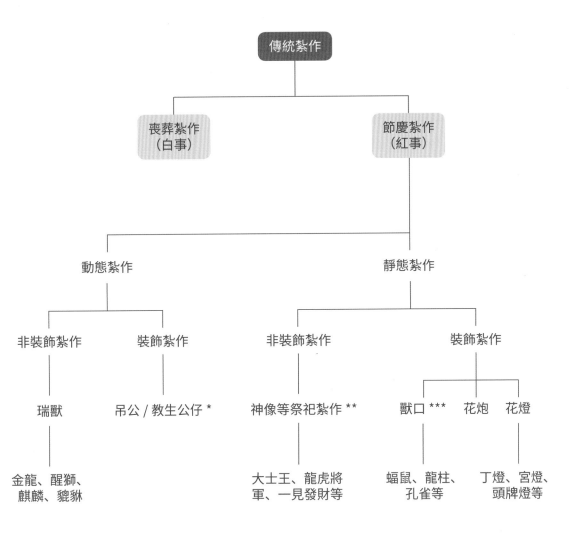

* 吊公中的「教（較）生公仔」，其實就是裝上機關的抽紗公仔。抽紗公仔是花炮與部分花燈常用的裝飾品。

** 神像等祭祀紮作主要是指節慶醮儀所用的「火燒嘢」，除神像外，還有功曹馬、黑白無常、玉皇、附薦靈位、判官鬼卒、寶亭寶珠和幡杆燈籠等紙紮品；潮州盂蘭勝會還包括神袍等。

*** 此處獸口指舞動瑞獸外的動物型態紙紮，常見於花炮、花牌及單寶的裝飾中。除了運用竹篾，紮作師傅亦多以鐵線配合屈折出獸口外形。二十世紀 60 至 80 年代，動物型態的紮作也偶會作廣告宣傳用途。

# 第二節　製作方法、材料及工具

## （一）製作方法

　　製作一件紮作品，主要有四個步驟，分別是紮、撲、寫、裝。竹篾是整個紮作品的骨架。「紮」之前，先要「削篾」，又稱開料。所削竹篾之粗細，則按師傅的手法和紮作品的結構而定。如麒麟頭的每一個部分，竹篾粗細皆不同。麒麟頭底圈所用竹篾較細，便於彎曲，而作為支架部分的竹篾則較粗。紮作常用竹篾的種類有茅竹、南篾、黃竹篾和大粒青等，它們各有特色，紮作師傅會因應紮作品的特性，使用不同種類的竹篾。以雄獅樓獅頭紮作為例，除了獅頭底圈用大茅竹之外，其他骨架基本採用黃竹篾。其實，以前最好用是大粒青，大粒青比較闊身，一支竹篾平均劈開三至四支；黃竹篾則窄身一些，頂多只可以「一開二」，可惜的是，今天大粒青的質素太參差，只好選用黃竹篾。[13]

　　（1）紮：按紮作品形狀，用竹篾紮成骨架，並以紗紙條和漿糊固定。值得注意的是，兩條竹篾用紗紙條紮在一起，接着黏一點漿糊在紗紙條末端，紗紙條須放在底下的竹篾，打交叉綑綁，紗紙條收尾之處應在竹篾上面，這樣紮出來便不易移位，相當堅固。[14]

　　（2）撲：剪裁紗紙至合適尺寸，用漿糊塗抹紗紙，再將紗紙撲在骨架上。紗紙與紗紙之間的「疊口」（相疊覆蓋處）愈少，代表師傅手工愈好，紮作品的重量會愈輕。不過若「疊口」過

13　雄獅樓許嘉雄訪問，2021 年 6 月 1 日。
14　雄獅樓許嘉雄訪問，2021 年 6 月 1 日。

少，就無法拉緊紗紙，很容易出現「爆口」情況。[15] 現時機製紗紙好「薄身」，塗上漿糊後很難拿起來，有師傅會索性用兩張紗紙，拿起來更方便。[16] 表面處理除了撲料外，還有「捫料」。「捫」與「撲」的最大分別是前者只在紗紙或布料邊沿沾上漿糊，後者則每片都全幅塗滿，一層一層撲上竹篾。捫紙或捫布工序，各種紮作都會用上，例如花燈製作，師傅會在一幅絹布周邊沾上漿糊，「捫」在大小相若的竹篾框架，因為只「捫」一層，無須全幅塗滿漿糊，以便透光。[17]

（3）寫：即繪畫圖案及花紋，行內又稱為「寫色」、「出色」。「寫色」前先在撲好的紗紙塗上一層底色。有經驗的師傅大多不用「打稿」，直接在上完底色的紗紙上繪畫。[18] 花紋圖案主要取材自寓意吉祥的東西，如金錢、葫蘆等。有的紮作品如獅頭紮作還會塗上一層光油，使紮作品的外觀更為光亮。

（4）裝：將不同紮作構件組合和配置各類裝飾。以裝上獅頭獅角上的兔毛為例，許嘉雄說，用萬能膠把一段一段的兔毛螺旋式貼上獅角。首要理順兔毛，貼起來會較容易。另外每段兔毛連接時要預留較多重疊部分，以便看不到兩段兔毛的接駁口。同時，兔毛要貼在顯露獅角內構竹篾的上方，這樣兔毛便能遮掩了底下的竹篾，較為美觀。[19]

15　紮作師傅處理疊口位置非常小心，特別是轉彎位置。冒卓祺獨門手法是將彎位紗紙剪成條狀，效果會更為平順。

16　雄獅樓許嘉雄訪問，2021 年 6 月 1 日。

17　「捫」，粵音讀 mun1。生和隆染金華訪問，2023 年 3 月 30 日。

18　打稿意謂先用鉛筆畫出圖案。

19　雄獅樓許嘉雄訪問，2021 年 6 月 1 日。

紮撲寫裝

許嘉雄師傅

## 竹篾類：

黃竹篾：較幼，節較少。

南篾：較粗身，但節較多而密。適宜做殯儀或者花燈

黃竹篾：可以一開二來用。

## 紗紙：

「刀安頭印」

以前用的是「刀安頭印」，是手造紙，但已經停產了。現在用的是機紗紙，少了粗糙感，但韌性強。

捲好再剪

便有一大束幼身紗紙隨時可用。

## 開篾：

小心翼翼地在竹篾中間切開。

刀

竹篾

## 漿糊：

主要用麵粉，少少糯米粉，比例大概是三比一，少許白凡以及適量的水。

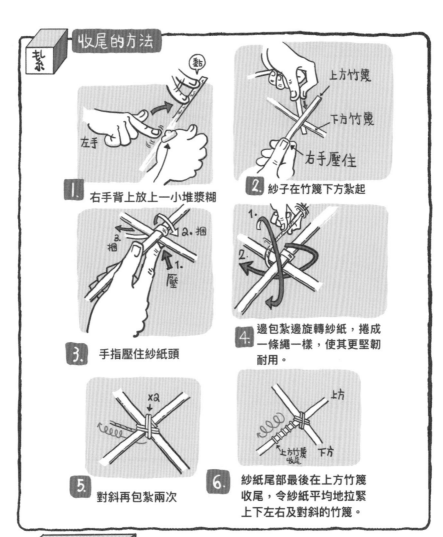

## 紮 收尾的方法

**1.** 右手背上放上一小堆漿糊
左手

**2.** 紗子在竹篾下方紮起
上方竹篾
下方竹篾
右手壓住

**3.** 手指壓住紗紙頭
2.揹 3.揹 1.壓

**4.** 邊包紮邊旋轉紗紙，捲成一條繩一樣，使其更堅韌耐用。

**5.** 對斜再包紮兩次
x2

**6.** 紗紙尾部最後在上方竹篾收尾，令紗紙平均地拉緊上下左右及對斜的竹篾。
上方
上方竹篾收尾 下方

---

## 邊緣的紮法：

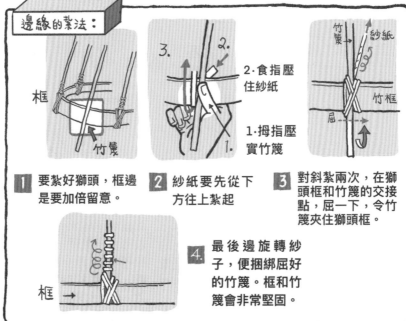

框 竹篾

3. 2.食指壓住紗紙
1.拇指壓實竹篾

竹篾 紗紙 竹框 屈

**1** 要紮好獅頭，框邊是要加倍留意。

**2** 紗紙要先從下方往上紮起

**3** 對斜紮兩次，在獅頭框和竹篾的交接點，屈一下，令竹篾夾住獅頭框。

**4** 最後邊旋轉紗子，便捆綁屈好的竹篾。框和竹篾會非常堅固。
框

第四章 紮作技藝與實踐

129

## 包頭包尾

**1.** 準備包紮兩條竹篾

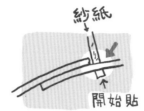

**2.** 在頭開始貼紗紙

**3.** 紗紙扁平地捆綁竹篾頭

**4.** 中間位置，要一邊包紮一邊旋轉紗子，令其更堅韌。

**5.** 頭尾被紗紙完美地覆蓋。

**1** 把紗紙剪成竹篾格子般大小，再逐張用漿糊貼上竹篾上。

**2** 把絹布以同樣方法，用漿糊貼上。

**3** 再在絹布下全面貼上一層紗紙

**4** 以往物資缺乏的時候，有些師傅會以報紙、破布來代替。

**5** 紮作中的「撲」，重點在於漿糊不能太濃或太稀，太稀會不夠隱，紙會軟化和不夠硬淨，亦容易發霉，太濃的話會令紙太重，變脆和爆裂。

寫

1. 現在多用日本廣告彩，因為多顏色，容易化開，但是畫好之後要另外上光油才可以防水。

2. 用較長的勾線筆，可沾多一點顏料，耐畫一點。

3. 以往有師傅用磁油上色，並且用松節油稀釋。化開時難度很高，同時也容易失敗和變脆。

4. 先用筆沾上少量清水，滴入廣告彩樽內，調至濃度適中後待用，今次是用橙色和白色示範。

5. 許師傅會從獅嘴邊開始上色，他認為不起稿直接上色較好，更加生動。

6. 先用橙色畫一半高度的嘴唇

7. 再用白色畫另一半嘴唇

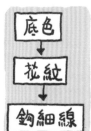

8. 再用沾了清水的闊頭水彩筆在兩個顏色中間把邊緣油模糊

9. 上色後再混入閃粉的光油，是許師父做獅頭的一大特色。

10. 一般要完成獅頭上色要16至17個小時。

裝

骨

3. 先弄順兔仔毛,切成整齊的一條條。

1. 黏紙以外的物料,以往有師傅會用工業用桃膠或白膠漿,今日較多用萬能膠。

2. 以獅角為例子,會貼上兔仔毛,先在骨架上方一點塗上萬能膠。

黏

6. 貼上另一條時,要重複一小部份。

4. 切去兔毛的頭尾,並看清兔毛紋理和方向

5. 把兔毛黏上螺旋形的骨上

7. 貼在骨架上方一點點,兔毛完全遮蓋骨架,令整體更圓滑。

獅耳

硬毛

獅眼

軟毛

8. 獅頭的不同位置用不同的毛,有軟有硬有長有短。

---

獅頸圍:

一.傳統被
(香港/大金山)

二.馬拉被
(馬來西亞)

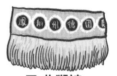

三.北獅被
(南獅頭+北獅被)

---

耳:

有些內地師傅直接地在竹篾上用鐵線捆上獅耳,因時常郁動,很容易弄壞。

鐵線

竹篾

許師傅堅持用鐵線先做一個小圈

包尾    包頭

再把紗紙以包頭包尾方法紮好,令獅頭時常郁動的地方非常耐用。紮作堅固耐用兼美觀閃爍成為許師父成功的最主要原因。

眼:

某些內地師傅,做的獅眼眉,是個別分開用鐵線捆在竹篾上,非常容易壓扁。

許師傅會把眼眉用整條鐵線造型,並且紮在竹篾上,不易被壓扁,也特別耐用堅固。

香港非物質文化遺產系列:紮作技藝

竹篾。（生和隆）

## （二）材料及工具

　　漿糊、竹篾和紗紙合稱「紮作三寶」。每一位紮作師傅，都有調製自家漿糊的獨門秘方，成分比例各自傳承。隨着科技進步，紮作師傅順應潮流，嘗試運用新材料與技術，藉以提升生產效率及減低營運成本。例如紮作師傅紮竹囊時，除了採用竹篾外，亦會運用鐵線處理外形較多彎曲的位置，因為鐵線比竹篾更容易屈折出複雜形狀。[20] 至於顏料和工具方面，過去師傅會到五金舖購買礦物，如紅丹、黃丹和藍丹，自行調製常用的顏色。[21]現在市面顏料種類繁多，為節省調色時間，大都改用廣告彩或現成顏料。漿糊未必能貼穩這些物料製成的構件。在這情況下，熱熔槍及釘槍這些半自動工具便大派用場。

第四章　紮作技藝與實踐

- - - - - - - - - - - - - - - - - - - - - - - - - - - -

20　梁金華指出，內地製作戶外宮燈，會以鐵架作為下部支架，這的確比傳統以竹製的宮燈底架更為堅固和抵風。

21　有時為了調配滿意的顏色，需配搭其他物料，如白色便要混合鋅粉。

| 材料 | 說明 |
|------|------|
| 竹料 | ▪ 常用的有茅竹、楠篾、黃竹篾和大粒青。<br><br>▪ 竹有直裝和屈裝之分，師傅會視乎用途選用。紮獅頭要用直裝，篾身有「肉」，比較直，整理之後可以紮作幼細作品。殯葬紙紮通常用屈裝篾青，今屈裝只有黃竹篾一種。<br><br>▪ 茅竹又稱大碌竹，用作支撐整個紮作品，如花炮背後的骨架。<br><br>▪ 楠篾是由茶桿竹開出的篾，來自廣西。紮作師傅比較喜愛楠竹，原因有二，第一是竹的節位較少，第二是不易折斷，紮出來的效果最佳。 |
| 紗紙 | ▪ 今選購自內地紗紙，成本較便宜。從前美國對中國內地實施禁運，香港紮作店的出口貨一律不准用內地紗紙，通常報稱使用日本紗紙，後者費用較高。<br><br>▪ 紗紙分為兩大類，第一類是機製紗紙，第二類是手製紗紙。前者是用機器製作的紗紙，質料較為堅韌和薄身，不容易折斷。此外，機製紗紙混入了纖維，比較難搓成條，師傅發力不準會「彈手」。紙質亦比較滑身，不夠磨擦力，綁在竹篾上有可能會鬆開，加上不太黏漿糊，放得久了紗紙位會「返生」，甚至乎有的收口位會彈出來。<br><br>▪ 反之手製紗紙容易折斷，頗為考驗紮作師傅的技藝，適合紮作精巧的紮作品。 |
| 鐵線 | ▪ 在鐵線未普及時，所有造型都只能靠竹篾。現在較複雜與多彎曲位置的地方，或多郁動及易碰撞的位置，多以鐵線為之。[22] 雖然鐵線既堅固又易屈折，但較竹篾重身，所以瑞獸紮作品不宜用過多鐵線，否則舞動起來便很困難。 |
| 顏料 | ▪ 以前上色用顏料選擇較少，一般會在五金舖購買礦物（如硃砂）自行調製。也有師傅選用磁油作顏料，磁油要用松節水或天拿水開色，太稀會啞色，太濃會起痕，而且容易黏住畫筆。加上用磁油寫色後的位置易脆，時常出現「爆口」情況。<br><br>▪ 現在各類顏料普及，很多師傅都使用廣告彩及水彩寫色，一來顏色選擇多，二來「化色」也相對容易處理。寫色完成後部分紮作品要塗上一層光油作保護。 |

22　許嘉雄紮獅頭嘴部會特意在竹篾上搭上一條鐵線，然後用紗紙紮緊，使紮作品更為耐用。

切成條狀用來紮竹囊的紗紙。（福興隆豪記）

手造紗紙，市面甚為罕見。（福興隆豪記）

切成條狀用來紮竹囊的紗紙。（福興隆豪記）

現在寫色大都用廣告彩。顏色種類多，方便快捷。（雄獅樓）

舊色粉，開水後成為顏料，現在已不再使用。（寶華）

| 基本工具 | 說明 |
|---|---|
| 刀具 | 剖刀，削竹篾用。 |
| 剪刀 | 各類剪刀，主要作剪紙用。 |
| 鉗子 | 用作剪開電線和竹篾。 |
| 尺 | ▪ 紙紮品比例若要恰當，各部分均需精準地量度尺寸。本地資深紮作師傅大多採用唐尺，反觀內地師傅已轉用了以英吋、公分為刻度的量度工具。現在要尋找一把唐尺絕不容易，有的師傅只好使用「子孫尺」。 |
| 毛筆 | ▪ 用作寫字和寫色。不宜選擇粗毛筆，因為粗毛筆畫出來花紋不夠細緻。[23]<br>▪ 有師傅選用勾線筆，認為其毛身夠長，能夠一下子蘸上多些顏料，一筆過畫，不用多次「翻筆」。 |
| 漿糊 | ▪ 因需大量使用，大部分師傅都會自行調製，一來可減省成本，二來可調製適合自己的黏度。漿糊是用生粉加水煮成，兩者比例則按師傅喜好而定，為了防蟲有些師傅會混入硼砂。 |
| 熱熔膠槍 | ▪ 現代接着工具，能快速凝固，較漿糊更為牢固，同時適合用於光滑表面的裝飾上。特別是組裝大型及戶外紮作時使用。 |
| 釘槍 | ▪ 功能同熱熔膠槍。 |
| 釘書機 | ▪ 功能同熱熔膠槍。 |

師傅自製漿糊。（福興隆豪記）

---

23　其中一種香港獅頭花紋叫刀仔花，長而幼，像一把小關刀，如用粗毛筆就畫不好了。

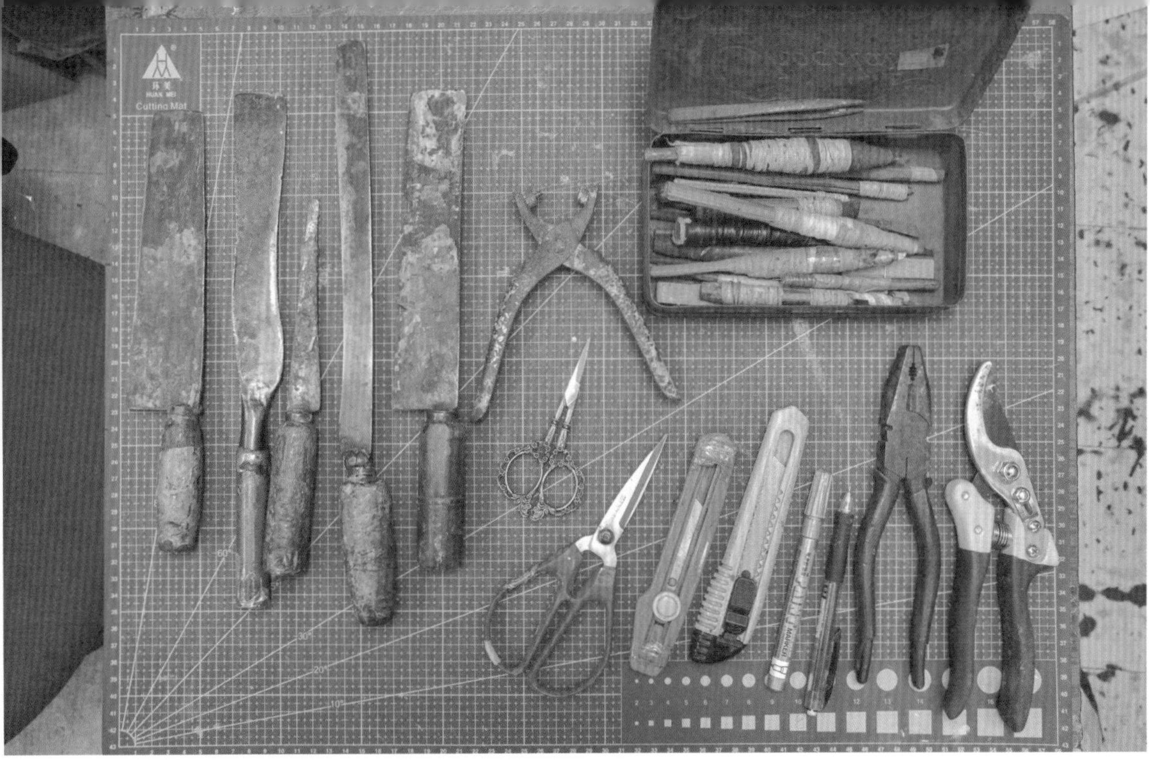

寶華扎作藏的新舊工具。右下為歐陽秉志常用工具，包括剪刀、㓥刀（美工刀）、鉗、剪鉗等。其他則是老師傅留下的工具，左邊為各種削蔑用剖刀。右上為刀刃形狀不同的各種鑿刀。

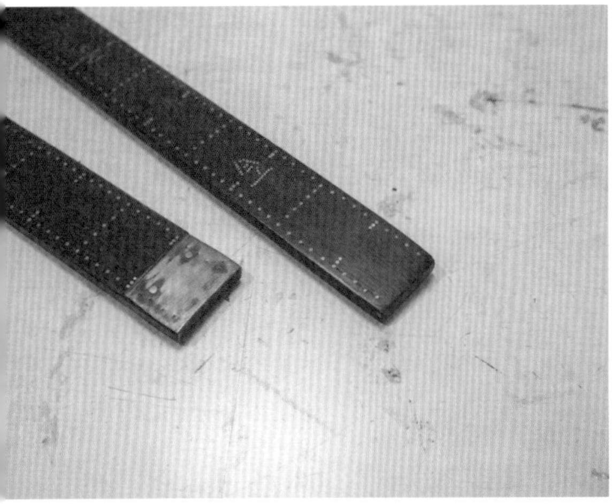

各種唐尺。（福興隆豪記）

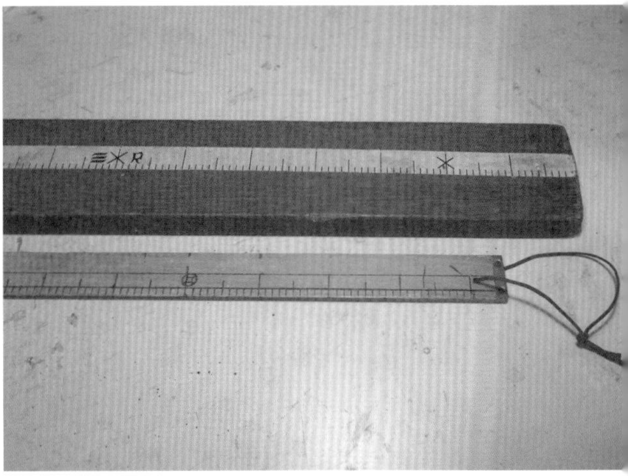

各種唐尺。（福興隆豪記）

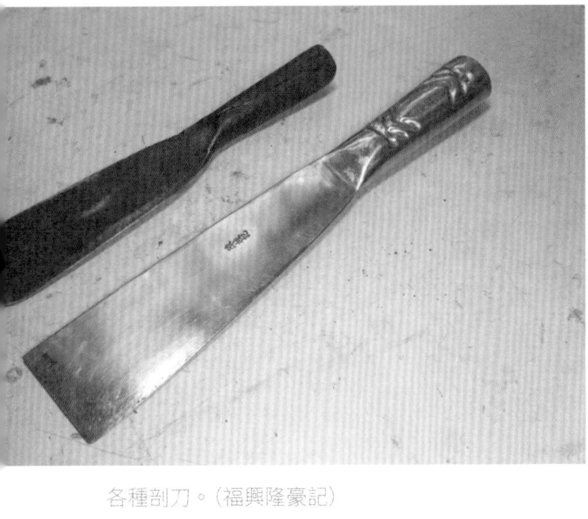

各種剖刀。（福興隆豪記）

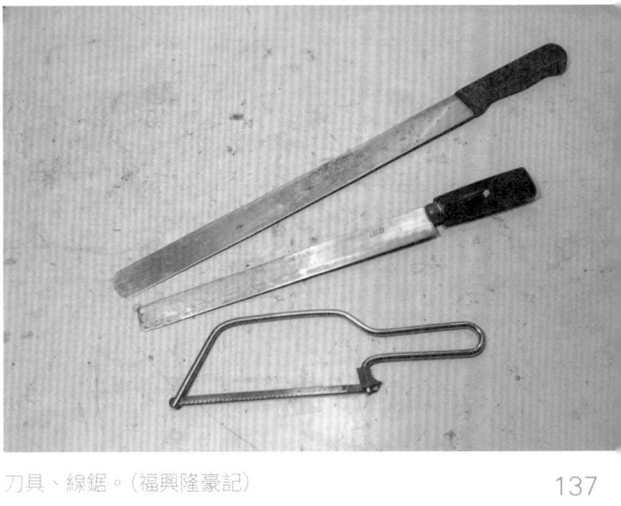

刀具、線鋸。（福興隆豪記）

# 第三節　失傳技藝

隨着社會進步，科技日新月異，對源遠流長的傳統紮作技藝也帶來不少衝擊。紮作師傅為了縮短製作時間，加大產量，提升質素，在製作上也跟隨時代步伐，善用新技術和新材料。就材料而言，最顯著例子是顏料，即以廣告彩代替以礦物自製顏料或市面上現成的顏料粉末。就技術來說，紮作品表面的花紋圖案，以前需花大量時間及人手製作。現在打印技術普及，師傅只需用列印機打印出來便可，快捷方便，大大節省製作時間和所需人手。然而，科技進步簡化部分紮作技藝工序，與此同時，傳統繁複的紮作技藝就逐漸消失於歷史洪流中，傳統「鍟料」製作方法便屬於此例。[24]

## （一）鏨鍟料

傳統「鍟料」是一種紮作裝飾配件。師傅以銀色反光色紙（又稱為「銀鍟紙」）裁出需要的圖案，並在表面上鏨出「通花」，造成各種鏤空花紋效果，之後再畫上顏色便大功告成。行內稱呼鍟料製作為「鏨嘢」[25]，程序分為「開鍟料」及「畫鍟料」。

鍟料用途廣泛，紅白二事紙紮均會用上鍟料。鍟料有度身訂造的，也有各種常用款式。同款鍟料在單一紮作品上往往需要多對，以至十數對；通常一款作品會用上多款鍟料。例如下一章介紹的八角頭牌燈「裝」有 14 款鍟料，各款二至四對不等。若要製作大量同形制的紮作品，需要準備的同款鍟料就更多。至於具廣泛用途的鍟料花紋，更需大量預製，以作備用。

....................................................................

24　又如經常坐鎮在醮會和盂蘭的大士王，要做出其裙襬立體豐富的視覺效果，傳統做法一般會用色紙摺成大量三角形的組件配飾，之後用人手一個一個地貼上去，技藝難度不高，但頗為費時。是故，有些紮作師傅採用現成一整幅的塑膠組件，直接貼在大士王裙襬外層，造出吸塑式浮雕圖案效果，色彩也很豐富。

25　鏨，粵音讀 zaam6。

壽字條。上為寫色鋄料，下為印刷鋄料。（余英豪提供）

以前師傅要自製鋄料，今天則有內地廠商專門製作常用款式，供紮作店訂購，例如一般常用圖案如團月、草尾、壽字條、六耳條和梅條等。事實上，今天電腦打印技術進步，鋄料可直接打印出來，不過就沒有傳統的鏤空花紋。至於傳統「通花」鋄料則透過模具壓製，但仍需人手上色。為了方便客戶訂貨，前者通稱為印刷鋄料，後者則名為寫色鋄料或手工鋄料。寫色鋄料所需製作功夫比印刷鋄料多，近年愈來愈少廠商願意製作，坊間真是買少見少。[26]

既然鋄料少有單件製作，在電腦打印技術普及前，紮作師傅就需要自製工具，方能省時省力及有效率地大批製作同款鋄料。80 年代夏中建在旺角創立天寶樓扎作，特意禮聘嚴拯幫手，嚴拯是行內知名鋄料製作專家。夏師傅說，現在店內仍保留了嚴拯用來「鏨嘢」的大蠟板。[27]

26　福興隆豪記余英豪訪問，2023 年 3 月 20 日。
27　天寶樓夏中建訪問，2021 年 9 月 10 日。

左起為梁有錦、嚴拯及何志光。嚴拯分別是扎作工會 1960 年第 12 屆副會務主任，1961 年第 13 屆及 1968 年第 20 屆理事長。何志光是金玉樓何瑞庭親戚，晚年在天寶樓工作，曾是扎作工會 1959 年第 11 屆副會務主任及 1961 年第 13 屆會務主任，1960 年第 12 屆財務主任。照片攝於 1984 年。（相片由梁金華提供）

　　傳統鍚料製法，紮作師傅除了要設計好所需圖案藍本，也要自製相關工具，包括蠟板、鑿刀，以及紙釘。

| 工具 | 用途 |
|------|------|
| 紙釘 | 固定鍚料設計藍本與其下鍚紙，確保鍚紙在鑿孔及鏤空圖案花紋期間不會移位。 |
| 鑿刀 | 鑿孔或製作通花花紋時需要用上各種大小及型狀的鑿刀及鑿刀，即類似今天市面上各種用途的美工刀及刻刀。 |
| 蠟板 | 鍚料的鑿孔、鏤空等切割步驟均在蠟板上進行。蠟板的功能類似今天文具店銷售的 cutting mat（界板墊／切割桌墊），目的是不傷刀刃，免得鑿刀因經常觸碰硬物導致損壞，又可節省時間避免經常打磨刀鋒。 |

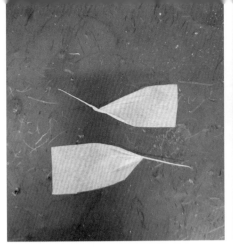

紙釘。

生和隆藏的舊蠟板。

鑿刀與釘上紙釘的藍本。

工具齊備，便可一次過大量製作同款銻料。銻料製法的基本步驟大致如下：

(1) 裁製圖案藍本紙版。

(2) 將藍本紙版疊在一定數量的銀銻紙上，再釘上適量紙釘固定。

(3) 將釘好的藍本紙版及銻紙放在蠟板上，以合適的鑿刀沿藍本邊沿裁出圖案外形，再沿藍本中通花花紋邊沿下刀，將銻紙的通花花紋全部鏤空。這階段也會鑿孔，用來分開圖案不同區域，方便之後畫線及上不同顏色。

(4) 鑿好後拆出紙釘，便出現一張張外形及通花花紋相同的銻料，「開銻料」程序便告完成。一般普通厚度的銀銻紙，每次可疊上 50 張一次過處理。

(5) 鑿好的銻料要以人手逐張上色，或按需要加工美化（如上粉線後再上色），「畫銻料」程序才告完成。

(6) 最後便可將造好的銻料貼在紮作品上。

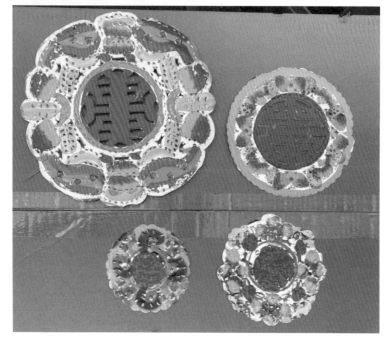

各種圖月。傳統製錦料，表面遍佈鑿孔。這些鑿孔其實是標記，分開將要畫線或不同顏色區域，方便之後上色。（余英豪提供）

梁金華示範製作蠟板。

梁金華示範開錦料。

## （二）瀨粉線

「瀨粉線」是在已製作好的銻料或布料上進一步加工美化的技藝，以突顯花紋的立體輪廓。「瀨」是動詞[28]，指師傅擠出「粉線」順勢貼附在設計圖案上的動作。「瀨粉線」原意是模仿圍繞在傳統玉石飾物的銀線或金線。紮作師傅以假亂真，把「瀨」上「粉線」的銻料做得像現實的金銀玉器飾物一樣，裝上後能突出紮作品的「貴氣」。銻料不一定會「瀨粉線」，但若加上「粉線」，整個製作工序時間倍增。

所謂「瀨粉線」，是指在處理好的銻料或其他平面（如絹布）上搭建一層凸出的線條，以營造立體層次感。其實各種紮作品都可加上浮雕或立體線條，只是所用材料與技法有別。小型作品如銻料上的凸出線條，多會採用牛皮膠做材料；中型作品用其他物料代替，如以往獅頭背後、鰓及眼簾等位置會用粗幼不同的「童軍繩」造出凸線；大型作品就藉紮作技巧以竹篾等材料來處理需要的凸線位。後兩者雖不屬「瀨粉線」技藝，但欲達致的效果類近。[29]

梁金華指出，二次大戰前「瀨粉線」已普及，但今天已沒有師傅願意花時間做這工序，而且懂得此技藝者也不多，故這種技藝同樣幾近失傳。梁師傅說 70 年代在生和隆仍會看到老師傅施展這種技藝。上一輩精於「瀨粉線」技藝的師傅，便包括曾在生和隆工作，也是黃輝的伯父黃（浩）培。[30]

「瀨粉線」所需材料及工具包括牛皮膠、加熱器具，以及擠出牛皮膠的工具。牛皮膠即「粉線」，是用作搭建立體線條主要的材料。紮作師傅首先需要將牛皮膠隔水加熱至合用稀釋度，再

28　「瀨」，行內粵音讀作 laan3。與很多行內用語一樣，「瀨」也很可能是帶有地方口音的粵語，故沒有確定寫法。另外，瀨粉線技藝與廣東人愛吃的瀨粉可能也不無關係，後者是通過擠壓米粉團把一條條爽滑的粉條「瀨出來」，故名為瀨粉。見〈都說恩平瀨粉美味，你知道是怎麼製作的嗎？〉，《澎湃新聞》，2019 年 7 月 30 日。

29　生和隆梁金華訪問，2023 年 3 月 30 日。「瀨粉線」除了用於紮作銻料，以前製作神像的師傅也會用「瀨粉線」勾勒出神像衣服的立體紋路。

30　生和隆梁金華訪問，2022 年 3 月 30 日。

瀨粉線。

為粉線上色。

以針筒抽取溶化了的牛皮膠。

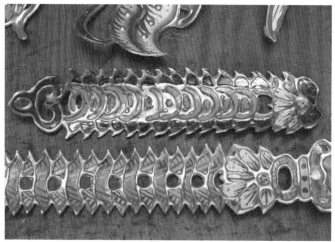

完成瀨粉線工序的花柱。

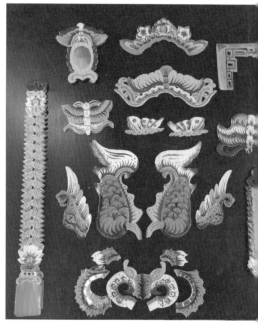

已上色但未瀨粉線的錫料。

用工具將液態牛皮膠擠出，「瀨」（落）在銻料圖案的線條上，乾涸後塗上色彩便告完成。製作步驟看似簡單，但實際上師傅必須時刻留意牛皮膠的狀況。牛皮膠必須加熱，方能保持稀釋度，一旦乾固硬化便不能再用。傳統上用作擠出牛皮膠的工具，也是師傅自行研製。擠出工具類似今天製作蛋糕會用上的忌廉擠花袋（奶油擠花器），或裝修師傅擠出防水膠或玻璃膠時所用的工具。以前師傅會把稀釋度適中的液態牛皮膠倒入附有硬紙皮或金屬製咀口的牛腸（後來也有說用塑膠袋），以牛腸作為管道，透過類似今天奶油擠花嘴（裱花嘴）的自製圓錐形咀口，擠出適量牛皮膠落在設計好的銻料花紋上。

梁金華特別為這次研究項目製作的頭牌燈，便嘗試復刻傳統技藝，每一個紮作程序都盡量用老方法去處理，其中便包括「鑿銻料」與「瀨粉線」。不過他這次擠「瀨粉線」的工具，不再使用牛腸，而是改為採用針筒，主要原因是頭牌燈銻料花紋圖案較幼細，針筒比較合用。傳統以來，一般會用上「瀨粉線」的紮作及圖案都較大，故用牛腸擠出牛皮膠便不成問題。

## 小結

我們拜訪過不少紮作師傅，老、中、青三代均有，他們談紮作品分類，大致說法不是把紮作分為用於紅事還是白事，就是界定為屬於「美術紮作」還是「火燒嘢」。紮作店則以營運角度來介紹貨品，便利客戶訂購紮作品為首要任務，從各大紮作店舖名片內容可見一斑。嚴格來說紮作店名片列出的項目只屬業務範圍，不是分類。過去大家着重關注每一種類紮作品的功能性，反而忽略了同一功能的紮作品，也會因其使用形式之不同，紮作技藝和材料會有差異。是故，本章特別提出紮作品有動態和靜態之別，拋磚引玉，以供讀者討論。隨着時代演進，紮作師傅也活用時下流行科技，以便提升工作效能和質素。在這情況下，部分傳統紮作技藝因工序繁複，難逃失傳的危機。梁金華經多番考證和實驗，也配合需求應用現今物料，終於能重現「開銻料」和「瀨粉線」此兩項近乎失傳的紮作技藝。

# 第五章
# 實作案例

　　本章各節從歷史、形制和工序三方面記錄了九項香港常見紮作品的技藝。限於篇幅，本文未能盡錄市面上每一種紮作及其所需技藝，但基本上涵蓋紅、白二事紮作品。如前一節所云，師傅因應紮作品功能，所採用技藝和材料有所不同，即使同一類的紮作品亦復如是。舉例說，宮燈屬於觀賞燈，丁燈則屬於儀式燈，兩者無論材料和技法上都有差異。更進一步來說，具有同一種儀式功能的紮作品，也因本身的傳統承傳和群體認同，樣式和材料亦有區別，丁燈和大士王便是此例。同樣地，獅頭有南北之分，麒麟也可分為客家、海陸豐和東莞三種傳統，而本章則以香港較為流行的南獅和客家麒麟作個案研究，嘗試結合各家之說，讓讀者較全面認識動態紮作的技藝。花炮是香港頗有代表性的賀誕紮作品，所以值得特闢一節解構其紮作技藝。抽紗公仔在非遺清單中屬獨立項目，但與紮作技藝關係密切。製作抽紗公仔的師傅多來自潮汕地區，由於手藝出色，抽紗公仔後來往往成為廣府大型紮作品的裝飾，體現了技藝在地化的情況。

　　以下介紹的九種紮作品，首三種均為普羅大眾熟悉的花燈或／燈籠。燈籠用途廣泛，除了日常照明外，燈籠在中國傳統節日和祭祀活動中都擔演重要角色。簡單來說，燈籠分成兩大種類，一種有實用功能，如照明、祭祀和軍事等用途，另一種供人觀賞。花燈紮作是一門歷史悠久的民間手藝。在沒有機器的年代，花燈完全出自紮作師傅人手製作，物料就地取材，運用竹篾等簡單材料，配以經驗和技術，就能製作出外形美觀的花燈。燈籠的質料因應不同用途而有所分別，祭祀用的紙紮燈籠，如元宵節丁燈和盂蘭節幡杆燈籠，完成儀式便會火化。反之宮燈和走馬燈等觀賞燈，擺放時間較長，則採用較為耐用物料，如布和綢布

等。[1] 中秋燈籠則是孩童應時的玩具，以形狀及顏色艷麗取勝，傳統花燈的造型有楊桃、金魚、馬及兔等。現代供玩樂的中秋燈籠則各式各樣均有，如火箭、飛機、太空船、卡通人物等。

現在我們從花燈開始，向大家逐一簡述香港常見的紮作品及其紮作技藝。

用紗紙條紮起的竹簧。

1　觀賞燈題材主要取材民間傳說同故事，都帶有吉祥喻意，如狀元及第與天姬送子等。

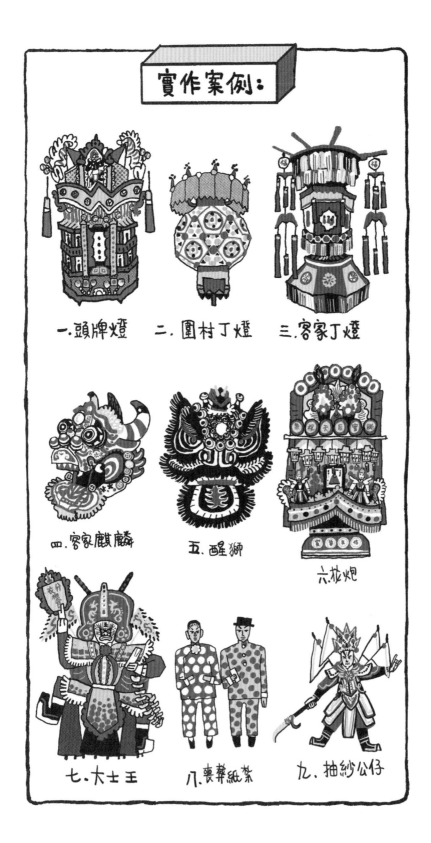

實作案例：

一. 頭牌燈　　二. 圍村丁燈　　三. 客家丁燈

四. 客家麒麟　　五. 醒獅　　六. 花炮

七. 大士王　　八. 喪葬紙紮　　九. 抽紗公仔

## （1）頭牌燈

### 背景：隊伍之首

在傳統節慶巡遊或武館出獅表演活動中，常會看到一對頭牌燈排列在隊伍最前方，引領隊伍前進。這對頭牌燈會寫上隊伍寶號，是出場「單位」的招牌。二次大戰前，頭牌燈十分流行，但是因為手工繁複，費用昂貴，現在大多以顧繡的頭牌旗取代。頭牌燈的形制亦日趨簡化，觀乎大坑舞火龍的頭牌燈便可見一斑。生和隆仍存有數幀頭牌燈舊照片，其中一張是二十世紀 50 年代末生和隆店舖照，相中梁有錦背後的其中一件紮作品便是頭牌燈。[2] 據生和隆統計，該店承辦頭牌燈的數量不多，而且是出口外地。二十世紀 60 年代，梁金華曾目睹其父製作來自海外委造的頭牌燈，那時香港頭牌燈已難得一見。頭牌燈的製作需時，比走馬燈更為複雜，材料和製作方法更加講究。

頭牌燈造工精細，通常需由四至五位師傅分工合作完成。今次我們邀請梁金華製作一對頭牌燈的其中一盞，他單人匹馬，從設計到紮作，歷時半年「復刻」這盞頭牌燈。梁師傅坦然過去從未製作過頭牌燈，全憑數十年前兩次目睹頭牌燈製作過程，並以生和隆製作的檀香山精武體育會頭牌燈舊照片作參考藍本，嘗試還原二十世紀 50 至 60 年代頭牌燈的紮作工序。除燈頂的四大金剛，整個製作過程梁師傅獨力完成。梁師傅對作品非常滿意，至少製作上是「零失誤」，沒曾需要重製部件。蓋因他考慮周詳，每個構件都有設計圖，製作前反覆嘗試及修正各種做法，各款配件都多造一兩件作後備，一來以備不時之需，二來也可選取造得最佳的構件。由於準備得宜，各部分裝勘位置恰到好處。

1960 年代生和隆製壇香山精武體育會頭牌燈。 　　非物質文化遺產辦事處頭牌燈。2023 年梁金華作品。

## 形制：結構與特色

　　頭牌燈採用「正八角出廓」形制，燈的主要結構是正八角，外置出廓，使外觀更為凸出和耐看。整盞頭牌燈高 55 吋、闊 32 吋[3]，分三層，頂層稱寶蓋，主體為八角燈，下層是燈底。寶蓋為石榴花形狀，四角放置六吋半的四大金剛抽紗公仔。四大金剛為風、調、雨、順四將，分列東南西北，手上各持法器，其高度不能越過寶蓋頂部，以免喧賓奪主。八角燈上層為「灰線」[4]，主體佈置的亭台樓閣及深斗，各有四面，並以梅花間竹方式排列。亭台樓閣分兩層，每層配有顧繡裝飾。深斗俗稱「燒豬盤」，其中兩面分別寫上兩首蘇東坡詩句：

> 人似秋鴻來有信，事如春夢了無痕。
> 雲散月明誰點綴？天容海色本澄清。

...............................................................

3　燈高 1.5 米、闊 1 米。
4　「灰線」又稱「魁線」，其實是「花線」的地方口音。生和隆梁金華訪問，2023 年 3 月 30 日。有關「灰線」的介紹，見下文花炮製作一節。

另外兩面則寫上客戶頭牌：非物質文化遺產辦事處。下層燈底細分為四層，層層收窄，第一層是八角出廓；第二、三層轉為正八角；第四層是圓形。燈底下設有裝置，可以套入一枝方形木棍。此裝置乃便於巡遊期間以肩托燈前行，休息時則可安放於轎槓中。[5]

此頭牌燈無論在紮作技術、材料和形制上，均秉承傳統做法，特別證諸於配飾製作方面。現今科技進步，任何裝飾花紋都能以機器大量複製，但會失卻傳統的韻味。因此，梁師傅堅持使用傳統手法製作，花了兩個多月開「銻料」作配飾，並用「瀨粉線」增加其立體層次感。當然銻料不一定落「粉線」，需視乎顧客的要求和財力，然而加了「粉線」無疑令花燈更貼近數十年前的形制。又如鰲魚由頭、耳、翼及身四塊銻料組合而成，另配搭兔毛，具有「出毛鋒」之意。[6] 傳統以來，紮作寶號都會寫在紮作品上，作為品牌標誌及廣告宣傳。梁師傅則採用較為「低調」的方式，他從圓形壽字銻料取得靈感，在灰線貼上圓形銻料，表面看似金錢，實際鑿上「生」、「和」、「隆」三字。

## 製作：材料與工序

頭牌燈的燈架主要用直裝南篾，部分內部結構則採用了黃竹篾；寶蓋頂部、灰線和鰲魚配飾使用鐵線。燈的外層鋪上不同質地的布料，分別是絲、綢和緞。其中緞的質料最為堅韌，所以在寶蓋和燈底上使用，更能加固頭牌燈的結構。顏料方面，整盞燈基本上使用了手掃漆。

---

5　此頭牌燈平日收納在一個特製木箱內，其內部足有 5 呎高。

6　「出毛鋒」是一種「收邊」技巧，像寫畫時的化色（顏色化開），可豐富造型氣勢及層次感，有錦上添花作用，龍獅紮作都會用上「出毛鋒」技藝。明紗紮作「出毛鋒」多用兔毛，「火燒嘢」則用各種顏色皺紙。生和隆梁金華訪問，2023 年 3 月 28 日。

頭牌燈燈架。                                      捫布料工序。

### 步驟一：設計頭牌燈

繪畫頭牌燈的設計圖，構思頭牌燈每部分結構，思考各部分如何拆件組合。

### 步驟二：紮燈架

首先紮燈的主體，分別是正八角燈架（30 吋）、灰線和出廓，然後組合起來；接着紮深斗和亭台樓閣；最後再紮寶蓋和燈底，並嘗試把三部分裝嵌起來，觀察燈架是否需要修改。

### 步驟三：製作銻料

梁師傅花了兩個多月時間製作銻料，也是頭牌燈紮作最複雜的工序。設計花紋需要起草稿，還要考慮配色，然後製作初稿。接着重新製作一塊蠟板，銻料放置在蠟板上。銻料第一層是設計稿，下鋪四至五張咭紙，[7] 用紗紙釘定位，並用特製的鑿刀開料。跟着便為銻料上色，加上「粉線」，再為「粉線」塗上金漆，加鐵枝鞏固。

· · · · · · · · · · · · · · · · · · · · · · · · · · · · · ·

7　一般開銻料用的銀銻紙較簿，這次梁師傅用的是 250 克厚的硬卡紙，每次最多「鑿」六張。

## 銻料種類及數量

| 種類 | 配飾名稱 | 數量 |
|---|---|---|
| 花柱 | 蝠鼠吊金錢蓮花柱 | 4 組 |
| | 大如意蓮花柱 | 4 組 |
| 穹頂 | 花穹 | 4 個 |
| | 蝠鼠穹 | 4 個 |
| 蝴蝶 | 大蝴蝶 | 4 隻 |
| | 中蝴蝶 | 4 隻 |
| | 小蝴蝶（對朝） | 4 對 |
| 立體鰲魚 | 鰲魚加出毛鋒 | 4 隻 |
| 紮作寶號 | 生和隆字樣金錢 | ／ |
| 蝠鼠 | 平面通花蝠鼠 | 4 隻 |
| 水牌（名牌） | 雙面水牌 | 4 個 |
| 亭台穹門飾紋 | 蟠龍 | 8 個 |
| 亭台欄河飾紋 | 海棠花 | 8 個 |
| 深斗四邊飾紋 | 如意雲 | 4 個 |

### 步驟四：裝嵌

為了耐用及方便，頭牌燈上安裝了 12 呎長發光二極管（LED）燈帶，圍繞燈內部的四條支柱。接着裝嵌亭台樓閣和深斗，然後再安裝寶蓋和燈底。

### 步驟五：捫料

裝嵌後，在燈架撲上絲、綢與緞等布料。頭牌燈結構複雜，不同部分的外層材料各有不同。自製的漿糊不足以捫實布料，需要運用白膠漿。頭牌燈多用綢料，因為綢沾水後會收縮，控制得宜就能抓緊竹篾，不易見到皺紋。

### 步驟六：裝上銻料和外層裝飾

安裝已上色的銻料和外層裝飾，跟着於寶蓋上佈置四大金剛，然後是鰲魚，最後裝上 112 條震線（即震動及閃爍的線）。

### 步驟七：安裝轎槓。

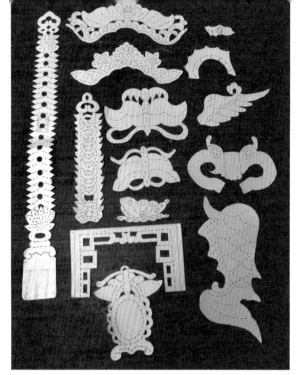

錦料紙模。

錦料製作完成。

## 頭牌燈外層用料

| 構件 | | 顏色 | 布料 |
|------|------|------|------|
| 寶蓋 | | 綠色 | 絲 |
| | | 橙色 | 綢 |
| | | 黃色暗花 | 緞 |
| 八角出廓 | 灰線（花線） | 白色 | 綢 |
| | | 藍色 | 綢 |
| | 亭台樓閣 | 綠色 | 絲 |
| | | 紅色暗花 | 鍛 |
| | | 黃色 | 綢 |
| | | 啡色 | 綢 |
| | | 橙色 | 綢 |
| | 深斗 | 白色 | 綢 |
| | | 紅色 | 綢 |
| | | 橙色 | 綢 |
| 燈底 | 第一層 | 紅色 | 緞 |
| | 第二層 | 黃色暗花 | 緞 |
| | 第三層 | 黃色暗花 | 緞 |
| | 第四層 | 桃紅色 | 緞 |

## 外層裝飾種類及數量

| 位置 | 種類 | | 質料 | 數量 |
|------|------|------|------|------|
| 寶蓋 | 四大金剛（抽紗公仔） | | 綢、彩紙等 | 4 個 |
| | 花穹配蝠鼠吊金錢蓮花柱 | | 銻料 | 4 個 |
| | 鰲魚 | | 銻料 | 4 隻 |
| 灰線及周邊 | 生和隆字樣金錢 | | 金銻紙 | ／ |
| | 鋅鏡 | | ― | ／ |
| | 斗拱 | | 綠色螢光紙 | ／ |
| | 橙色長排絮 | | ― | 1 條 |
| | 水牌配線球 | 雙面水牌 | 銻料 | 4 個 |
| | | 線球（吊穗／絮縷） | ― | 12 球 |
| 亭台樓閣 | 牡丹加出毛鋒 | | 顧繡、兔毛 | 8 朵 |
| 深斗 | 蝠鼠穹配大如意蓮花柱 | | 銻料 | 4 個 |
| 燈底 | 紅色短排絮 | | ― | 1 條 |
| | 鋅鏡 | | ― | ／ |
| | 蝠鼠 | | 金銻卡紙 | 4 隻 |
| 全燈 | 震線絨球 | 絨球（生絲絨球） | ― | 128 個 |
| | | 銀色珠串震線 | 膠珠 | 92 條 |

　　此頭牌燈的部分材料與配飾是多年前生和隆的存貨，如鋅鏡、山形邊（扁）、「線球」（絮頭），以及裝貼在亭台樓閣內的「牡丹」刺繡，均已超過 20 年歷史，如今銷售這類材料與配飾的店舖大多不復存在。寶蓋上的抽紗公仔由蔡達耀師傅製作，部分材料也是他的個人珍藏，例如四大金剛頭飾震線在坊間已難以找到。此外，從前頭牌燈使用燈泡，紮作師傅安裝光源時要注意內部的竹篾有否橫梗在透光的地方，透光位置應該盡量留空，避免光影凸出內構竹篾，影響外觀。紮作師傅有需要時會拆去妨礙光源的竹篾，但同時不影響紮作品的結構。以前花燈內部會預留位置放置蠟燭，為排走熱氣，燈頂部分也要預留足夠空間。

## （2）圍村丁燈

### 背景：傳統與儀式

《新安縣志》載：「元宵，張燈作樂。凡先年生男者，以是晚慶燈。」[8] 現今香港部分宗族仍保留點燈儀式。關於「點燈」起源，已無法考證。本港各地舉行點燈日子不同，活動為期長短不一，由各宗族自行決定。點燈儀式分為三個部分，包括開燈、點燈和完燈。燈者，取諧音「丁」也。「點燈」有「添丁」意思。「點燈是村中或族中的成員，告訴祖先或神靈，村中或族中過去一年新出生的男孩的儀式。男孩通過點燈儀式，成為村中或族中的一個新成員」。[9] 舉凡過去一年各房家庭有新生男丁，必會舉行這個儀式，其一可得到神明和祖先庇蔭；其二是確認其身份和地位，以便日後享有宗族賦予的權利，同時負責供奉神明和祭祀祖先的義務。

錦田元宵點燈儀式。

8 　劉智鵬、劉蜀永編：《新安縣志 —— 香港史料選》（香港：和平圖書有限公司，2007），頁 105。

9 　廖迪生、張兆和、蔡志祥合編：《香港歷史、文化與社會（一）教與學篇》（香港：香港科技大學華南研究中心，2001），頁 81。

預先紮好的「大八角」丁燈。2022 年廖萬石堂。

## 形制：結構與特色

近年，冒卓祺經常為新界鄉村紮作丁燈，包括上水廖氏和廈村鄧氏。丁燈形制沒有硬性規定，冒師傅參考東莞及新界鄉村傳統加以改良。他認為「傳統丁燈較扁和矮，新的丁燈改良了些少。為了更美觀，將丁燈的直徑拉高了五至六寸，外觀顯得更圓潤」。冒師傅製作的丁燈大致可分為三個部件：中間為燈的主體、燈的上部分及燈的下部分。上部分除繫上裝飾縐紙彩帶外，也是掛燈上樑（上燈）的受力處。中間主體部分稱為「大八角」。[10]圓形丁燈象徵團圓之意。「大八角」可視為燈罩，內裏可以擺放油燈。[11]至於燈的下部會掛上吉祥物，如銅錢、煎堆、芋頭（又稱作「富仔」〔芋仔〕），寓意富貴榮華、多子多孫；或芹菜和蔥等，寓意男丁既勤力又聰明。由於丁燈組裝後高約五英尺半，體積巨大，而祠堂這類中式傳統建築的入口較窄，無法進入。冒師傅會預先紮好燈的主體「大八角」，再在祠堂內完成燈的上、下部件，然後整體組裝。[12]

- - - - - - - - - - - - - - - - - - - - - - - - - - - - - - - - - - - - - -

10　八角只是約數，實際並不是八角形。這是為了使燈的主體紮成後形狀更接近圓形，於是通過竹篾紮出多個五邊形並組合起來，組合的五邊形愈多便會愈接近圓形，即是角愈多愈能做出圓的形態。

11　現在為免發生火警，已改用電燈。

12　冒師傅需自備工具材料帶進祠堂，例如在廈村鄧氏宗祠友恭堂及上水鄉廖萬石堂前的空地，繼續完成丁燈紮作。

四根大竹貫穿主體大八角。2022 年廖萬石堂。　　　　　貼上吉祥圖案及顏色紙花。2022 年廖萬石堂。

## 製作：工序與材料

　　丁燈的紮作程序不算複雜。冒師傅以嫻熟手法破竹，將竹篾彎曲，用鐵絲固定竹架上每一個受力支點。其他接駁部位用紗紙紙條紮穩。冒師傅在祠堂前空地，用四根大竹子上下貫穿已紮好的主體大八角，作為上下部件的連接支點；之後把破好的長竹篾拗成大圓圈，再用兩根竹子以十字形放在大圓圈中間作固定，繼而繫上那貫穿大八角上部的四根竹子。下半部則用較細的竹篾接駁貫穿大八角下部的四根大竹，構成長方體。燈的骨架結構遂告完成。丁燈骨架所用的竹子因功能不同而粗細有別，種類也不同，頗為講究。受力主幹部分如橫擔、企柱是用「茶乾竹」（又稱「沙梨竹」或「黃幹竹」），其特點是圓條、硬身；軟身的竹稱為「楠竹捏」（「楠竹」又等同「茅竹」），較細小；至於更為軟身的竹料則稱為「粒青」，用於丁燈的中心位置。

　　骨架紮好，跟着便是撲紙工序。大八角表面會用漿糊撲上白色紗紙，再在其上貼上各種吉祥圖案。如象徵富貴的牡丹花、添丁發財圖、麻姑進酒圖、捷報連元圖、寓意多子多福的貴人圖及「加官晉爵」、「引兒板桂」等祝福語。另外貫穿大八角上下部分的四根竹子紮成的長方體也需撲上色紙。如此便完成了丁燈的紮撲程序。

2021 年厦村鄧氏宗祠丁燈。冒卓祺作品。

　　至於裝飾方面，除了在大八角表面貼上顏色紙花外，最主要便是在上部分的大圓圈掛上各種顏色及不同長度的縐紙垂飾。丁燈整體以紅、黃、綠三種喜慶色彩為主。撲貼的吉祥圖案多採用已印好的成品，故沒有寫畫工序。

## （3）客家丁燈

### 背景：傳統與儀式

客家村落也保留農曆新年點燈儀式。無論是點燈儀式還是丁燈形制，客家村與圍村的做法都有明顯差異，不過雙方都是在元宵前後點燈慶賀，這似乎是廣東地區傳統。沙田小瀝源村是客家雜姓村，該村的做法是一丁一燈。[13] 元宵當日，小瀝源村會舉行「點燈」儀式。其中一個重要環節就是攜燈到村中「大王爺」及「伯公」社壇拜祭。[14] 燈頭（新丁父親）敲鑼告知村民，女性家族成員則準備三牲和香燭等祭品。燈頭將預早掛於祠堂內的丁燈取下，攜燈前往拜祭大王爺、伯公，並遊村一周，再回到祠堂進行「掛燈點燈」儀式。中午時分，村中舉行盆菜宴，款待鄉親。[15] 至於「化燈」日期，有的客家村會在祠堂內高掛三年，之後於正月二十日將燈攜往村口伯公處拜祭及火化。[16]

已故小瀝源村水伯（吳水勝）是客家丁燈紮作大王，他的作品曾獲廣泛報道。[17] 近幾年，該村丁燈由水伯徒弟楊九負責紮作。早於 30 年前，楊九從旁觀摩水伯紮燈，漸漸半自學、半模仿地紮作起來的。客家人一丁一燈，若該年多男丁出生，水伯工作量也很大。故 1994 年開始，楊九及其弟楊強便開始協助紮燈。[18] 無論是花燈、花帶或麒麟，都是小瀝源村民自行負責。楊氏兄弟指出，水伯在村中地位崇高，村中事無大小的節慶活動都有請教其意見。水伯的客家丁燈遠近馳名，不獨小瀝源村，水伯也會為周邊村落紮作丁燈，如排頭村、石鼓壟、大藍寮村等。香港文化博物館曾展出他造的丁燈。現在非物質文化遺產辦事處在三棟屋的展覽，則擺放楊九所紮的丁燈。

13　2016 年，蔡氏紮了四盞丁燈，代表有 4 個男丁出世。黃競聰：〈2016 年沙田小瀝源村點燈儀式田野考察筆記〉，未刊稿。

14　〈沙田小瀝源村點燈〉，香港非物質文化遺產資料庫 https://www.hkichdb.gov.hk/. 讀取日期：2022 年 5 月 30 日。

15　由於古時新生兒夭折率高，有些村落點燈按俗例男丁出生超過百日方可參與是年點燈活動。

16　燈內掛着的「九塊銅錢」、「客家農曆」和「燈頭」則取下來歸還給丁燈所屬的新丁一家。黃競聰：〈2016 年沙田小瀝源村點燈儀式田野考察筆記〉。

17　〈四個男人的浪漫，元宵綵燈密密紮〉，*Apple Daily*，2016 年 2 月 19 日。

18　小瀝源村楊九、楊強訪問，2021 年 2 月 25 日。

沙田小瀝源村點燈儀式。（相片由非遺辦提供）

## 形制：結構與特色

　　圍村丁燈外形比較圓潤，高約四尺的客家丁燈則形態修長。水伯及楊九稱所製丁燈的結構為「五層八角」[19]，分為四個部分。由上而下分別是「涼帽頂」、「燈鼓」、「蓮花托」和「八角燈座」。[20] 丁燈頂部設計是模仿客家婦女「涼帽」。客家婦女一向以勤奮見稱，懷胎期間及產後（背着新生兒）都會繼續下田工作。她們有戴「涼帽」習俗，作遮陽及防中暑之用。「涼帽」又稱「涼笠」或「斗笠」。[21]「燈鼓」是丁燈中心部分，內裏安裝燈泡及插座，光源同樣以電燈代替傳統油燈。「蓮花托」是「燈鼓」與「燈座」的連接部件，增加丁燈整體高度及修長視覺效果。至於「八角燈座」，是水伯的客家丁燈特色之一，其他師傅大都採用四邊形底座。其實，除了底部燈座，整盞燈四個部分都以八角形為基礎，即每部分的外圍均由八個平面拼湊而成，紮成八角，取諧音「發」的吉兆意頭。[22]

　　客家丁燈完成後，由男丁家人取回，與圍村做法一樣，家人於花燈頂部掛上各種吉祥物品，如兩棵生菜、兩條蒜仔、兩棵蔥仔、兩棵芹菜、兩隻芋頭、九塊銅錢、一對大桔。[23] 這些物品對應其客家話諧音，如「銅錢」寓意「錢袋」，「一代『錢』一代」，

19　小瀝源村楊九、楊強訪問，2021 年 2 月 25 日。

20　「丁燈解構圖」，三棟屋非物質文化遺產辦事處展覽。

21　葉德平、邱逸：《古樹發奇香 —— 消失中的香港客家文化》（香港：中華書局（香港）有限公司，2016），頁 165。

22　〈四個男人的浪漫，元宵綵燈密密紮〉，*Apple Daily*，2016 年 2 月 19 日。

23　葉德平、邱逸：《古樹發奇香 —— 消失中的香港客家文化》，頁 179。「串銅錢一項，小瀝源村裏只剩下兩、三個師傅懂得怎做。」

放置在祠堂的客家丁燈。（相片由非遺辦提供）　　製作中的客家丁燈。（相片由非遺辦提供）

有「延續後代」之意；「生菜」即「生財」；「蒜仔」即代表「精打細算」。[24]

　　客家丁燈另一特色是繫上色彩悅目的幼長花帶，稱「燈帶」或「帶仔」。編織花帶是傳統客家婦女的手藝，同樣已列入香港首份非物質文化遺產清單。花帶用途廣泛，象徵意義豐富，非獨用於丁燈裝飾而已。花帶是客家人傳統佩飾，可以作為涼帽帶、胸腰飾、背帶、圍裙帶等不同功用。[25] 以涼帽帶為例，為了遮陽，沿帽邊垂着的布簾（「笠披」）遮蓋了臉龐，別人不易辨認是何人。繫在涼帽的花帶，則按各村傳統習俗所採用的紋路及顏色，有分辨來自何村、已婚或未婚等身分標記的作用。[26] 傳統以來，客家婦女若擅長編織花帶，往往被視為勤勞能幹的好媳婦，花帶自然成為嫁妝之一。再者，花帶又稱為「帶仔」，有「帶個仔來」（帶來孩子）及「帶大個仔」（養大孩子）的意思。故丁燈繫上新丁家族女性所編織的花帶，寄託長輩們對小孩快高長大、一生平安的祝福。燈帶會在丁燈頂部交錯綁上，餘下部分則垂在丁燈兩側。[27]

　　花帶編織有繁有簡，有上下各五線、七線或九線的織法，線愈多代表愈能編織複雜圖案。圖案有雙面或單面之分。[28] 小瀝源

24　同上，頁 179。

25　同上，頁 165-171。

26　同上，頁 166。

27　同上，頁 179。

28　同上，頁 165，171-172。

楊九在鄉公所紮作丁燈骨架。（相片由非遺辦提供）

村楊氏兄弟坦言，編織花帶比紮作丁燈的工序更繁複。[29]

## 製作：工序與材料

客家丁燈比較方正，像宮燈。至於難度方面，具基礎紮作技巧加上勤於練習，應可應付。水伯曾說「聰明的一日就學懂了」，故重點在於是否有心和願意傳承。[30] 一盞丁燈的紮作需時四天，若該年新丁多，添丁戶就需提前數月訂造。

工序上，先紮好底部「八角燈座」，然後再一層一層往上紮。最重要是骨架各部分尺寸要量度準確，各支點要紮實綁好。水伯說較花時間及心思的地方不是骨架，而是剪裁及貼上花紙。弄好骨架後便要花「兩天剪花紙，有分梅條、六耳條、八仙窗等設計，須剪得錯落有致，有的呈鋸齒狀」。[31] 花紙剪裁及製作好後，便與銻紙花、花蝶及其他燈紙裝飾逐一裝上花燈。燈鼓則貼上「中三元燈紙」，即「引兒板桂」或「麻姑進酒」等吉祥圖案。[32] 這樣客家丁燈便大致完成。

水伯曾表示紮燈最難的工序是「粘」，相信是指撲及裝兩個步驟。「強調手要不粘漿糊，否則非常難處理」[33]，如雙手粘有漿糊，提取圖案及裝飾表面時容易沾染其他位置，丁燈便難以保持整潔美觀。

29　小瀝源村楊九、楊強訪問，2021 年 2 月 25 日。
30　葉德平、邱逸：《古樹發奇香——消失中的香港客家文化》，頁 185。
31　〈四個男人的浪漫，元宵綵燈密密紮〉，*Apple Daily*，2016 年 2 月 19 日。
32　「丁燈燈紙裝飾、構件及製作工具」，三棟屋非物質文化遺產辦事處展覽。
33　葉德平、邱逸：《古樹發奇香——消失中的香港客家文化》，頁 178。

## （4）客家麒麟

### 背景：傳統與儀式

麒麟的名稱其實是「麒」與「麟」兩個概念的組合。古籍稱「『麒』與『麟』分別是該種瑞獸的『雄』與『雌』的稱呼」[34]，這種「雌雄同體」的說法，頗為呼應麒麟額頭上常見的「陰陽八卦圖」，以及其他混合象徵中「對立的統一」（coincidentia oppositorum）意蘊（如既是仁獸又極具煞氣），甚至認為麒麟融合了三教的調和精神。[35] 另外，也有說「麒麟與『麟』有關之説法，自明代才出現」，「麒麟集合牛、鹿、馬、魚等動物，可謂是農業社會，六畜興旺，五穀豐登的縮影」。[36] 無論如何，誠如前文所言，麒麟除了具濃厚宗教色彩外，與村落、族群的關係源遠流長，至今亦然。

舞麒麟與舞獅相似，也是「一頭一尾」二人舞動，伴隨鑼、鼓、鈸敲擊樂演出各種步法姿態，[37] 呈現麒麟「喜」、「怒」、「哀」、「樂」、「驚」、「疑」、「醒」、「醉」的神色情態。[38] 也有師傅別出心裁，設計「單人麒麟舞」，由一人操控表演，作為基礎教學課程。[39] 上水圍廖氏更自創三人舞動的「六腳」麒麟。[40]

- - - - - - - - - - - - - - - - - - - - - - - - - - - - - - - - -

34 葉德平、黃競聰：《西貢．非遺傳承計劃：西貢麒麟舞》（香港：菁藍文化，2019），頁 60-61。根據曹魏時期張揖所說：「牡曰麒，牝曰麟」。

35 見本書第六章第一節論麒麟蘊含的各種混合象徵。

36 劉繼堯、袁展聰：《武舞民間：香港客家麒麟研究》（香港：商務印書館（香港）有限公司，2019），頁 95。

37 教授舞麒麟的坑口孟公屋村成蘇玉說：「麒麟音樂，其實不單只有鑼、鼓、鈸，還有鎖吶和笛子。不過，隨着上一代師傅離去，已沒法傳承下來。」見葉德平、黃競聰：《西貢．非遺傳承計劃：西貢麒麟舞》，頁 97。鼓也有兩種，傳統上一直用德鼓，但聲音較小，故現在也同時會用較響亮的扁鼓。不過德鼓代表師公，鼓旁附着用作插香的竹筒，「表演」時要一直點香（需不停更換），以示對師公的尊重。另麒麟奏樂也有八音之說，即用上鑼、鈸、簫、嗩吶、鐺、京鑼、京鈸及二胡八種樂器。見劉繼堯、袁展聰：《武舞民間：香港客家麒麟研究》，頁 51-54。

38 葉德平、黃競聰：《西貢．非遺傳承計劃：西貢麒麟舞》，頁 73。

39 同上，頁 101-102。

40 〈六腳麒麟重現香港，香港麒麟運動聯合會，上水廖萬石堂〉視頻。香港文化傳承，2020 年 2 月 5 日。https://www.facebook.com/ICHinHK/videos/180398333180179/. 讀取日期：2021 年 7 月 30 日。

客家舞麒麟。（相片由非遺辦提供）

當然，舞動人數改變，動作、招式也需調整，「麒麟被」也要修改（六腳麒麟的麒麟被自然比一般的長）。不過，一般常見麒麟舞還是由二人舞動為主，加上三位樂師，以及輪替舞動等人手，一隊麒麟隊出演至少需八至十人不等。

　　除基本步法外，不同門派及師傅都會創作新的舞步及招式。以客家麒麟舞為例，其舞步又稱為「麒麟套」，涉及「身法、步法、手法」，即身軀與手腳的配合。[41]「麒麟套」意指各種麒麟舞動的招式套路。單從這個說法，可見麒麟舞與功夫套路一脈相承，例如江西竹林寺螳螂派「麒麟套」便一共有 16 個步法。[42]無論是何種表現麒麟神態的舞步，或有關麒麟的參拜動作與規則，總離不開以「禮」為先。幾乎所有師傅都強調舞麒麟時步法與姿勢要「低」，以凸顯麒麟的謙讓性情。基本步法如丁字步，其姿態顯得小心翼翼，生怕走路傷及地上螻蟻，反映麒麟不殺生的「仁獸」本色。[43]

41　麒麟舞的步法介紹，詳見劉繼堯、袁展聰：《武舞民間：香港客家麒麟研究》，頁 40-50；超媒體編輯組編：《香港獅藝傳奇》（香港：超媒體出版有限公司，2015），頁 99-112。

42　葉德平、黃競聰：《西貢・非遺傳承計劃：西貢麒麟舞》，頁 72-78。

43　詳見劉繼堯、袁展聰：《武舞民間：香港客家麒麟研究》，頁 34，36，48；葉德平、黃競聰：《西貢・非遺傳承計劃：西貢麒麟舞》，頁 45。

楊強為水伯紮的孝麒麟。（相片由鍾家樂提供）　楊強製作中用作婚禮的麒麟，角可拆下，方便包裹寄送。
2021 年小瀝源村。

　　麒麟是吉祥瑞獸，多數在婚嫁、新屋入伙、農曆新年和神誕
活動等慶典中舞動。在賀誕活動中，麒麟擔當重要角色，對內是
隊伍與神明的中介者。對外而言，麒麟作為隊伍與其他賀誕組織
的中介人，通過壓低麒麟頭的動作，表示向對方示好。反之，傳
統以來麒麟絕少參與喪事。[44] 但所謂「各處鄉村各處例」，近年
也有特例出現。2022 年 1 月小瀝源村水伯以 97 歲高齡仙逝，喪
禮儀式上便加入舞「孝麒麟」環節。「孝麒麟」由楊強親手紮作，
以白、藍、黑為主色，額頭及麒麟被上寫有「奠」字。[45] 楊強之
前曾紮麒麟送贈水伯祝壽，今以孝麒麟代表徒弟向師傅致敬。

海陸豐鶴佬麒麟。高誠美術扎作作品。（相片由非遺辦提供）

## 形制：結構與特色

　　麒麟舞的族群地方色彩強烈，故不同地方的紙紮麒麟也有分別。[46] 香港較常見的麒麟紮作分別有海陸豐／鶴佬麒麟、客家麒麟及東莞麒麟三種，它們無論在外形、舞動方式以至伴奏樂器都各有不同。造型方面，海陸豐麒麟的體積最大，長 20 尺，重量超過 10 斤。面色呈青綠色，頭上白角為雄性，金角為雌性，雙眼微突、口闊、面頰有龍刺、頭掛簪花。[47] 色彩方面，海陸豐麒麟一般「以綠色為主色，青面白角屬於麒麟的皇者，用於隆重場合；金色則用於一般場合」。[48] 東莞麒麟體積居次，約大於客

46 ．廣東各地區包括番禺、東莞、汕尾、惠州、深圳、中山、茂名、英德及封開的麒麟舞介紹，見于芳：《舞動的瑞麟：廣東麒麟舞》（哈爾濱：黑龍江人民出版社，2010），頁 43-128。按：各處的紙紮麒麟造型都有差別，甚至有些一市一地都會有兩種或以上不同的麒麟造型。

47 　海陸豐麒麟頭的舞動方式有別於本地與客家傳統，舞動者需抓着頸部位置上的兩根棍來舞動。

48 　香港非物質文化遺產資料庫：舞麒麟。

客家功夫文化研究會麒麟。冒卓祺作品。

家麒麟頭三分之一,常以紅色作底色,額頭多採用鰲魚造型,取獨占鰲頭之意。客家麒麟體積最小,外形包括有牛耳、鹿角、馬身、魚鱗、牛蹄、鹿尾;額頭多用陰陽八卦圖,亦有按個別訂購者要求改作所屬團體名稱;麒麟頭的背部有三小釘,代表天地人三才也。客家麒麟以白色作底色,臉上繪有金錢、玉書和牡丹花等圖案。[49] 從舞動角度來看,客家麒麟重量最輕,步法與客家功夫融合,舞起來甚為靈活,包含各種彈跳姿勢,動作亦較「幼細」(細膩),訂製客家麒麟的客戶因此對紮作師傅要求特別多。至於海陸豐麒麟,體形大又比較重,舞起來動作夠大,主要考驗表演者的力氣,步法比較「大開大合」,紮作上特定要求也不多。[50]

以客家麒麟為例,主體由麒麟頭和麒麟皮組成。麒麟頭一般二尺高,麒麟被則長約六至八尺,由黑、白、紅、黃和藍五色彩

49    此段文字輯引自葉德平、黃競聰:《西貢.非遺傳承計劃:西貢麒麟舞》,頁80。另見香港非物質文化遺產資料庫:舞麒麟。
50    祺麟店冒卓祺訪問,2022 年 5 月 4 日。

布裁製，通常除了繡有「風調雨順，國泰民安」八字，也繪有菊花和蝙蝠等吉祥圖案。[51] 由於麒麟外形是拼合各種動物的某個身體部分（如牛耳、鹿角、魚鱗等），紮作師傅需要藉立體造型及寫畫技巧來呈現這種想像的構造。另外，亦有各類「度身訂造」的麒麟，如配合舞者年紀而製作特定風格的麒麟。[52]

## 製作：工序與材料

麒麟與醒獅一樣同是瑞獸，是模仿自然界動物型態的想像產物。麒麟頭的各種弧度及彎曲處，以至五官位置，及其是否對稱、平衡、合乎比例均要注意。這亦是瑞獸及其他「獸口」紮作萬變不離其宗的大原則。相比紮一隻醒獅的價格，麒麟相對便宜，但紮作工序卻不會比較少。麒麟外形比醒獅細小，竹篾交錯所組成的格數相比較細密，用紗紙綑紮各關節點也因此需時較長。[53]

### 步驟一：紮

紮作師傅通常愛用楠笏來造麒麟頭的骨架，認為紮出來效果最佳。一般來說，麒麟頭的每一個部分，竹篾粗幼皆有不同，如為了便於彎曲，所用竹篾較幼，作為支架部分的竹篾則較粗。

首先紮麒麟頭的底圈，這是整個構造最重要部分，是「麒麟造型的地基」。[54] 然後，再在其上豎起兩支中軸作為中線。這樣紮作基本輪廓及佈置五官位置時便有一條參考線，較易取得重心與對稱。麒麟不是靜態的紙紮品，其重量直接影響舞動效果與招式發揮，所以整體重量，以至重心平衡在紮作過程中也需要周詳考慮。

51　葉德平、黃競聰：《西貢 · 非遺傳承計劃：西貢麒麟舞》，頁 79-80。

52　同上，頁 82。

53　祺麟店冒卓祺訪問，2022 年 5 月 4 日。冒師傅三種麒麟都有紮過，他個人覺得圍頭麒麟（即東莞麒麟）相對較難紮。

54　詳見劉繼堯、袁展聰：《武舞民間：香港客家麒麟研究》，頁 96；唐謂：〈麒麟獻瑞，雞年報喜〉，《香港佛教》680 期（2017），頁 9。

客家麒麟紮作。蘇馬電作品。（余英豪藏）

### 步驟二：撲

麒麟頭的基本骨架（又稱為「大身」）完成後，便進行撲紙工序。工序與其他「獸口」紮作大同小異，關鍵同樣是遇上各種弧度及彎曲處時，均務求「撲」得「圓順，不會凹凸不平」，[55] 接下來上色及寫畫工序才能更順利，效果更美觀。

### 步驟三：寫

現今麒麟頭的上色，大都依各紮作師傅習慣或客戶的個別要求進行配色，自由度很大。寫畫的花紋則有吉祥喻意的梅蘭菊竹，也有鎮煞驅邪的八卦三叉，亦有別於傳統的火燄和蝴蝶等圖案。[56] 從前寫色用的顏料是磁漆，現大多改用廣告彩，亦有採用螢光顏料來增加層次感、漸進與對比的視覺效果，所以今時今日麒麟頭的造型色彩更為奪目。[57] 最後，同樣要塗上一層光油，寫畫工序才告完成。

### 步驟四：裝

麒麟頭紮作的最後工序是裝上各種配件和裝飾，如膠片、銅片、毛和絨球等。據知以前麒麟的眼珠是由兩顆鴨蛋殼造成，做法首先掏空了鴨蛋的蛋液，然後用紗紙裹着鴨蛋殼。現在則以

55　劉繼堯、袁展聰：《武舞民間：香港客家麒麟研究》，頁 96。

56　同上，頁 97。

57　西貢麒麟堂同學會張常德訪問，2019 年 1 月 10 日。

乒乓球代替，也有改用燈泡，讓眼睛舞動時閃閃發亮。蘇馬電師傅會在麒麟的眉毛和耳朵裝上彈弓，除讓麒麟舞動時更靈動生猛外，更有保護麒麟結構的避震作用。[58]

## 「紮」與「舞」

麒麟舞動者的把手位置，安置在「大身」何處，甚至些許位置的變動，都會影響「握法」，直接影響舞動時各種招式的表現。難怪香港有很多紮麒麟師傅，同樣是舞麒麟高手，因為只有「用家」最清楚怎樣的結構最適合自己舞動。[59] 已故大埔汀角李樹福師傅所紮的麒麟除了骨架堅固外，李師傅還會針對招式動作調節手握位置，令技藝表演者舞起來得心應手。[60] 又如西貢麒麟堂張常德師傅既是舞麒麟高手，也是紮麒麟的師傅，早在 20 年前已自設工作室，名為國藝店。張師傅指出每一隻麒麟樣式和風格各有不同，外行人看各麒麟樣式似是一致，其實不然，紮作師傅會因應客人要求，製作屬於客人風格的麒麟。張師傅舉例老人家舞的麒麟外形不能粗眉大眼，要盡量做到和藹可親的表情，畢竟老人家的體力不及年輕力壯者，他們舞動起來相對較緩，外形慈祥的麒麟就更配合動作，顯得相得益彰。[61]

至於麒麟被，當以東莞麒麟最講究，除了縫上膠片模仿「麟片」外，[62] 還會繡上較複雜的刺繡圖案，包括「二龍爭珠」、「雙鳳朝陽」、「麒麟吐玉書」、「孔雀開屏」及「獅子滾球」。這五幅刺繡有五福臨門的意思。一張東莞麒麟被的造價，等同紮兩個麒麟頭的價錢，可謂矜貴。[63]

· · · · · · · · · · · · · · · ·

58　同上，頁 97-98，101。

59　冒卓祺視頻講解。〈麒麟扎作示範 3〉視頻。長春社文化古蹟資源中心，2016年 11 月 5 日。https://www.youtube.com/watch?v=wSwM_JWzV60. 讀取日期：2021 年 7 月 30 日。

60　劉繼堯、袁展聰：《武舞民間：香港客家麒麟研究》，頁 101；〈隱世麒麟王〉，2015 年 2 月 16 日。https://www.sundaykiss.com/27735/?utm_campaign=Kiss_ContentCopy&utm_source=Web-inventory&utm_medium=Content-Copy_Kiss. 讀取日期：2021 年 7 月 30 日。

61　葉德平、黃競聰：《西貢 · 非遺傳承計劃：西貢麒麟舞》，頁 81-82。

62　同上，頁 82。

63　冒卓祺視頻講解。〈【元朗】真 · 紮師傅傳授本土技藝，麒麟邊 Part 最矜貴？〉視頻。長春社文化古蹟資源中心，2020 年 4 月 19 日。https://www.youtube.com/watch?v=S4iNTVDxpRU. 讀取日期：2021 年 7 月 30 日。

## （5）醒獅

### 背景：傳統與現代變遷

香港賀誕及喜慶活動中最常見的瑞獸紮作品當推金龍、獅子及麒麟。三者的製作目的均非純粹供人欣賞外觀，而是可以讓技藝表演者舞動的紮作品。技藝表演者以各種招式呈現瑞獸的神態步履，並須完成一系列指定動作，所以瑞獸紮作更講求耐用性。金龍因製作費高，舞動者眾，故只在重大慶典才亮相；麒麟則較多見於鄉村傳統活動，地方族群色彩濃厚。相對來說，舞獅在城鄉大小慶典中最為普及，算是港人家喻戶曉的瑞獸。[64] 三者另一共通點是講求體能和耐力，如舞動者兼有功夫底子，駕馭各種套路自然相得益彰。

清末民國時期，活躍於廣東及香港的舞獅活動，大多與武館有關，舞獅也成為練習武術的輔助方法。[65] 大至神誕醮會，小至店舖開張，甚至賀壽與過年，都會看到舞獅表演助慶。為了增加娛樂性，舞獅加入「採青」環節。[66]「採青」也有多種方法，如「地青」、「高青」等。[67] 生菜寓意「生財」。舞獅頭者甚至利用「獅口」把生菜剝成小塊，並在地上堆砌成寓意吉祥的文字。[68]

所謂「文無第一、武無第二」，過去各家門派時有不和，如遇上敵對派系上陣，或當中有好鬥門生舞獅，便往往出現「鬥獅」

64　除了喜慶活動，也有在葬禮上「舞喪獅子」的儀式，不過比較少見。此儀式主要是向仙逝的武學界前輩致敬。如 2013 年，宗洪家拳的著名演員及導演劉家良以及成立筲箕灣南安坊張飛廟的鄭興，兩人的葬禮上，均有「舞喪獅子」。

65　學習功夫及武鬥免不了骨折瘀傷，所以設武館者往往也自設跌打醫館。舞獅、武館與跌打醫館三者的緊密關係，在二十世紀 60 至 70 年代黑白電影如《黃飛鴻》系列中也可察見。

66　「青」是以唐生菜等物品紮成一束，讓獅子跨過各種障礙奪取。

67　司徒嫣然：《市影匠心 —— 香港傳統行業與工藝》（香港：香港市政局，1996），頁 194。「青」是「用柏葉、柚葉、生薑、生菜及『利是』細紮成」。

68　從前傳統大型節慶活動中，有兩頭以上的獅子爭相「採青」，也可視為賀誕的餘興節目。詳見超媒體編輯組編著：〈承傳香港獅藝：不死精神，破舊立新〉，《香港獅藝傳奇》，頁 11。按：清末廣東曾流行「生菜會」的民間宗教活動。

大頭佛。（余英豪藏）

場面，借機打鬥。[69] 當局為加強監管，立例規定凡舞獅、龍、麒麟等都要提前兩周向警方申請許可證，曾犯事有「案底」者不准參加。[70] 雖然現在舞獅文化已大為改變，但政府這一政策至今仍然生效。二十世紀 90 年代初，很多學校及社區組織成立「舞獅隊」，武館師傅也走入文教系統教授舞獅。今天大眾視舞獅為「一項集武術、體育和藝術於一身的中國傳統文化」[71]，除了成為民族主義教育一環，更成為一種走向世界的康體活動，有完整系統的教學課程，也有各類國際比賽。2014 年，舞獅已列入香港首份非物質文化遺產清單，屬於「表演藝術」類別。[72]

舞獅表演除了有負責舞獅頭及舞獅尾的兩人，還需要有伴奏隊伍配合，通常是五人組合：一人打鼓、一人打鑼、三人打鑔

----

69　梁金華說，以前客戶要求為獅角裝上角鐵，甚至利刀，不過其父對此類要求一律拒絕。生和隆梁金華訪問，2021 年 1 月 7 日。許嘉雄也說，以前有人會用鐵片打成圓錐體套在獅角上，以配合張飛獅「青鼻鐵角」的外號。雄獅樓許嘉雄訪問，2022 年 3 月 30 日。過去出口的獅頭為了方便運輸，獅角是可以脫下來的，至於運抵後會否改裝就不得而知了。

70　超媒體編輯組編：〈承傳香港獅藝：不死精神，破舊立新〉，頁 9。另可參考麥勁生：《止戈為武：中華武術在香江》增訂版（香港：三聯書店（香港）有限公司，2022），第二章。

71　超媒體編輯組編：〈承傳香港獅藝：不死精神，破舊立新〉，頁 10。

72　香港非物質文化遺產資料庫：舞獅。

2023 年長洲北帝誕。許嘉雄作品。（相片由「明日記載」Facebook 專頁提供）

（鈸）。[73] 獅子的起伏動靜及各種情感姿態會隨着鼓樂節拍相呼應而舞動。從前傳統舞獅會有大頭佛一角。大頭佛屬於「師傅位」，除了做出動作引人發笑之外，也有引領獅子的功能，並擔當「天文台」角色，眼觀四面、耳聽八方，遇到突發情況或環境生變時（如在「會獅」及「鬥獅」時遇上對手獅子欲侵犯己方的「小動作」），便負責提點及協助舞獅者。[74] 若要表演順利，團體合作是不可或缺的，舞動者被獅頭獅被覆蓋，視線受阻，故此無論是大頭佛、敲擊樂隊及在旁領隊，都會有一套手勢或暗號互通。獅子的某些動作也是一種示意符號，[75] 這樣團隊間才能心領神會，互有默契地完成表演。

舞獅活動源流有南、北之分。顧名思義，北獅流行於北方，行內戲稱其形象似「北京長毛狗」，配合鼓樂，融入北方雜技，常出現滾球、上桌等摔騰跳躍動作。北獅起初主要在宮廷中表演，後漸漸流入民間，變成一種表演技藝。[76] 相對而言，南獅流行於廣東一帶，注重表演技藝者的馬步功架。源流方面有各種說法，南獅又稱為「醒獅」，有指是「藉國術中不同的功架來表現

----

73　關於舞獅配樂及各樂手的角色，詳見超媒體編輯組編著：〈承傳香港獅藝：不死精神，破舊立新〉，頁 14-17。

74　福興隆豪記余英豪訪問，2022 年 1 月 21 日。

75　如獅子簪花掛紅後豎起耳朵，鼓手便馬上打起獅鼓。詳見超媒體編輯組編著：〈承傳香港獅藝：不死精神，破舊立新〉，頁 18。

76　司徒嫣然：《市影匠心 —— 香港傳統行業與工藝》，頁 194；超媒體編輯組編著：〈舞獅源流小簡〉，《香港獅藝傳奇》，頁 20。

生和隆以前老師傅紮起的獅頭竹籠。

獅子威武的姿態」；[77] 也有謂晚清列強以「睡獅」形容積弱的中國，故稱「醒獅」有喚醒國民、富國強兵之意。南獅表演常有「採青」節目，青、清同音，「採青」即意謂把清朝「拿下」，暗含反清的革命精神。[78]

　　獅子作為瑞獸，據說有「驅邪壓勝」的作用。[79] 傳統上，醒獅自然聯繫上各種民間宗教的儀式與禁忌，例如獅頭開光、表演前拜神等。不過發展至今，這些儀式也漸漸被簡化或淡化了。

　　隨着內地改革開放，內地製造商以平價獅頭搶佔香港市場。從前，香港紮作的獅頭在本地及外銷都有價有市，屬於紮作品的上價貨。如果保養得宜，一個獅頭可以用上兩至三年。每次出獅後，獅頭、獅被都要放入木箱上鎖，實是彌足珍貴。因此，紮作獅頭的師傅很多也是武館出身，除了因為他們從小便熱愛舞獅活動，也因為當時紮獅頭算是有利可圖。[80]

77　司徒嫣然：《市影匠心 —— 香港傳統行業與工藝》，頁 194。
78　超媒體編輯組編：《香港獅藝傳奇》，頁 11，21。
79　司徒嫣然：《市影匠心 —— 香港傳統行業與工藝》，頁 194。
80　高聲、李祥焜、李香蘭等：《土製手藝》（香港：三聯書店（香港）有限公司，2016），頁 91：「……從前的部分醒獅武者都會同時學習紮作獅頭，但現今學習醒獅的人都當成是運動的一種，而未必同時對紮作感興趣。」的確，除非一開始便是紮作業者（如梁有錦），我們訪問的紮獅師傅如許嘉雄、余英豪、夏中建等，都與武館有淵源。

## 形制：結構與特色

南獅源自佛山。晚清時期佛山乃尚武之地，盛行習武與舞獅。今天香港的南獅紮作（醒獅），分有佛裝、鶴（山）裝及佛鶴裝，源頭仍當以佛裝為基本。清道光年間，佛山近鄰的鶴山邑人馮庚長創製鶴裝獅頭。相比之下，佛裝獅「頭圓，較有霸氣」、[81]「額位寬而有勢，嘴較平闊」；[82] 鶴裝獅較輕巧靈活，「頭較扁長，嘴凸出如鴨嘴狀」，[83] 故坊間又稱為「鴨嘴獅」。兩者舞法也有分別，佛裝獅表現威猛勇武，動作大；鶴裝獅則較溫文爾雅、動作細膩。其後出現的佛鶴裝，顧名思義是兩者的混合版，外貌上取鶴裝獅的大眼，其他如唇、角、嘴等則從佛裝獅，行內稱之為「大眼仔」。[84]

表面看來，南獅獅頭紮作外形一直變化不大，但流傳至今也因應時代變遷有所「微調」。余英豪師傅認為香港獅頭的主流可細分為佛山派與廣州派。兩者紮作手法一樣，但風格各有不同。余師傅覺得佛山派獅頭外觀「雙腮、明牙、震眉、額高」，整體比較飽滿，而廣州派則比較精緻、俏儷，香港獅頭多屬後者風格。早年任職金玉樓，後為寶華創辦人之一的關多師傅，他製作的獅頭即屬廣州派。香港佛山獅頭紮作最具代表性的寶號則是 90 年代初結業的羅安記。[85]

傳統獅頭樣式大多以三國時代武將命名。由於獅頭紮作外形大致相同，要分別其角色及象徵意義，便需從配色入手。最傳統的角色有劉備、關羽、張飛，後再加入趙子龍、黃忠及馬超。

81　香港非物質文化遺產資料庫：舞獅。
82　超媒體編輯組編：〈舞獅源流小簡〉，《香港獅藝傳奇》，頁 23。
83　同上。
84　同上。
85　福興隆豪記余英豪訪問，2022 年 1 月 21 日。

## 獅頭對應的武將及其配色與象徵意義 [86]

| | |
|---|---|
| **劉備獅** | 黃面彩花，白鬚白眉；性格柔和，皇者之風。 |
| **關公獅** | 紅面、黑鬚、紅球；忠勇威武，忠肝義膽。 |
| **張飛獅** | 黑白面、黑鬚、青鼻；能謀善戰，勇猛過人。 |
| **趙子龍獅** | 青面、黑鬚、青身；智勇雙全，一身是膽。 |
| **黃忠獅** | 黃班紋；勇冠三軍，備受尊重。 |
| **馬超獅** | 白面、白鬚、白身；忠孝仁義，孝獅代表。 |

許嘉雄說，以前張飛獅的配色比較普遍。張飛「能謀善戰，勇猛過人」，象徵其角色的獅子「青鼻鐵角」，代表「好打得」，為「打獅」，故張飛獅甚得武館青睞，為訂製首選。不過今天的舞獅活動已不再為武館獨享，配色方面已隨各類客戶要求及用途而改變，寫畫用色上變得更自由。[87] 傳統以來，獅頭鬚眉顏色反映舞獅者的年紀輩分。鬚眉黑為年輕力壯，鬚眉白者為前輩長者。前者遇上後者，必須先行禮致敬。海外華僑訂製獅子，鬚眉有配上黃、紅二色，說是為了配合外國人毛髮顏色，以吸引其對舞獅注目云云。[88]

## 獅頭大小與獅被

獅頭一般有分一號、二號、三號，再細分加大、加細，如一號加大、一號加細等。1979 年資深紮作師傅梁傑成接受訪問，指出一號為最大，俗稱大號，約重八磅，三號為最小，所以稱為小號。[89] 獅頭尺寸沒有絕對的標準，由紮作師傅自行定義，但各個紮作師傅彼此的尺寸不會相距太大。[90] 以雄獅樓的獅頭紮作為例，

---

86  綜合參考高聲、李祥焜、李香蘭等：《土製手藝》，頁 96-97；超媒體編輯組編：〈舞獅源流小簡〉，頁 23。

87  雄獅樓許嘉雄訪問，2022 年 3 月 30 日。張浩賢：《匠心手作》，頁 162。「不過近年來，大眾對於獅頭的顏色方面的要求已經有所不同，配色亦沒有固定規格，才會有螢光粉紅和粉藍色等的獅頭出現」。

88  超媒體編輯組編：〈舞獅源流小簡〉，頁 23。

89  〈師傅手底下，紙紮變活獅：獅頭舞出師傅功〉，《新晚報》，1979 年 7 月 19日。梁傑成與梁有錦為「師兄弟」關係，早年在金玉樓工作，之後曾在生和隆打工。生和隆梁金華訪問，2023 年 3 月 13 日。

90  雄獅樓許嘉雄訪問，2023 年 2 月 11 日。

上層左起：張飛獅、劉備獅。下層左起：關公獅、趙子龍獅。
余英豪 2019 年為澳洲大金山中華公會製作的獅子。

牛皮獅鼓，出獅必備。（福興隆豪記）

關多畫好的木製獅子眼窩。（余英豪藏）

傳統獅被。(雄獅樓)　　　　　　　　　北獅被。(雄獅樓)

一號獅頭底框直徑四呎八寸，二號直徑四呎六寸，如此類推。各號之間還可微調加大，如訂製二號加大，即較標準的二號稍大，但仍小於一號獅頭的尺寸。獅頭愈大舞動起來當然氣勢愈盛，但獅頭大小涉及重量，而重量又直接影響舞動效果，故體能稍遜者根本不能舞動大號（一號）獅頭。現在一般中學生學習舞獅，都以三號獅頭為主。

　　除了獅頭以外，還要配備獅被、制服和爪鞋方算是完整的獅隊。為了節省成本，現在獅被或制服大多由內地廠房裁製，而象徵獅爪的爪鞋則各施各法。有熱愛舞獅的年輕人在鞋面上貼上裝滿棉花的勞工手套，再自行上色。驟眼看似動物手爪，可謂創意無限。至於獅被方面，香港常見的主要有三種，分別是傳統被、北獅被和馬拉被。許嘉雄指出，傳統被的被邊多呈三角形，多釘鏡，被上的字體也很講究，字餅圍上兔毛，頗花工夫，價格也較高。北獅全身皆是毛線，被身縫上這些毛線非常麻煩，因為衣車一撞到毛線常常會斷線，所以價格昂貴，卻最受歡迎。馬拉被多呈波浪紋的型態，工夫簡單一點，黏上厚厚的三條毛，做出層次感。[91]

91　雄獅樓許嘉雄訪問，2023 年 2 月 11 日。

## 製作：工序與材料

梁傑成指出，一般商場表演用的獅頭，製作需時 10 至 15 天。在秋冬季節，紮作獅頭最為理想，因為天氣較為乾燥，顏料容易乾。[92] 所謂「慢工出細貨」，製作愈花時間與心思，成品自然愈精緻，但也要綜合考慮人力成本問題，絕對是一項商業計算。[93] 事實上，獅頭紮作涉及複雜技術，需要長時間的反覆實踐，方能做出高水平的紮作品。近年，許嘉雄開辦醒獅紮作班，教授社區人士，發現當中不少具有紮作天分。他笑稱，如果他們能紮作多過 100 隻獅頭，定能成為獅頭紮作師傅。然而，若追求傳統藝術價值的話，像余英豪對紮獅技藝那樣細緻挑剔，就要盡量遵循傳統做法，如獅頭硬毛就要自己鬢出來，不用現成品。堅持用木製眼窩，不用塑料眼窩，因為他覺得木製眼窩才能讓獅子更有靈氣。這樣不計成本製作獅頭需時可達數月至半年之久。[94]

### 步驟一：紮

許嘉雄認為一個獅頭是否美觀，最首要的是「紮」。因為紮得不好，獅頭的型態就存在缺憾，即使後面三個步驟做得多完美，也無力回天。因此紮作獅囊 / 坯形（即獅頭骨架）至關重要。由於是動態紙紮，舞獅不時會出現碰撞，所以獅囊紮得結實穩健非常重要，「關鍵在於所用的竹片是否粗幼均勻、長度適中，而且竹片與竹片之間的空位一定要準確，這樣紮成的獅頭才會結實」。[95]

---

92 〈師傅手底下，紙綢變活獅：獅頭舞出師傅功〉，《新晚報》，1979 年 7 月 19 日。另見張浩賢：《匠心手作》，頁 162。

93 二十世紀 60、70 年代，黃輝已從事獅頭紮作。當時裕華國貨一隻獅頭賣 390 元，黃師傅製作獅頭的工價則只有 200 多元。他直言，獅頭紮作必須因價就貨，畫獅頭猶如「倒墨水」，最重要夠快，多畫一筆也不願。只有這樣黃輝才能三天紮好一個獅頭，一個月完成八隻十隻出口外銷。天寶樓夏中建、黃輝訪問，2021 年 9 月 10 日。

94 雄獅樓許嘉雄訪問，2023 年 2 月 11 日。福興隆豪記余英豪訪問，2022 年 1 月 21 日。

95 〈師傅手底下，紙綢變活獅：獅頭舞出師傅功〉，《新晚報》，1979 年 7 月 19 日。

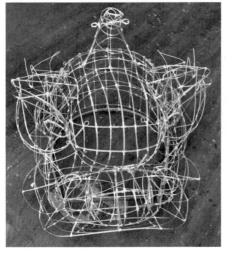

獅頭竹籠。（雄獅樓）

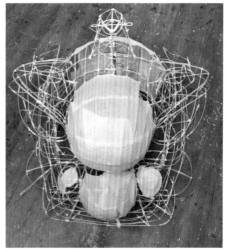

撲紙中。（雄獅樓）

獅頭白撲。（雄獅樓）

　　獅子是瑞獸，紮作起來仍需參考現實的動物形態。因為瑞獸紮作涉及的弧度彎位極多，五官比例與整體觀感也需講求均衡，所以算是難度頗高的紮作品。竹篾始終是直條狀，師傅要把竹篾屈曲紮成各種弧度，而外表看來依然是平滑自然，這樣確實不容易。許嘉雄指出，如果彎位部分想做到平順效果，最直接方法是落多一些篾，把獅頭骨架紮得更緊密，彎位看起來不會「起角」。[96] 此舉卻無形中增加獅頭重量，且須投放更多時間，從商業角度來考慮，這絕對不划算。[97]

· · · · · · · · · · · · · · · · · · · · · · · · · · · · · · · · ·

96　曾有師傅為平順效果，在撲紙後先塗上一層乳膠漆，待乾後再寫畫上色。不過許師傅嘗試後覺得在乳膠漆上上色，色彩難以附着，效果也不好，整體觀感大打折扣。雄獅樓許嘉雄訪問，2022 年 3 月 30 日。

97　為了減輕獅頭的重量，有些師傅會在獅頭某部分位置使用鋁和幼藤，接駁位轉用膠布，令獅頭更輕更靈活。詳見高聲、李祥焜、李香蘭等：《土製手藝》，頁 92。

## 步驟二：撲

獅囊紮好，即外形框架已成，接下來是撲紙。撲紙工序會影響獅頭重量，故也需各方面平衡考量。現在一般獅頭會撲上三層物料：第一層為紗紙，中間一層用布或綢，[98] 最外一層再撲上紗紙。師傅以自製漿糊掃透每層紗紙及布綢，貼撲上獅囊後要盡量拉平。

## 步驟三：寫

漿糊乾透後便是寫畫上色。上文提到傳統獅頭角色的各種配色，現今獅頭配色較自由及多元。若單從外觀而論，上色的確是錦上添花一環。老師傅認為「紮獅頭要耐心與藝術眼光，特別是（在）顏色運用上」。[99] 余英豪也視寫畫為製作獅頭最難的工序。他認為跟女性化妝一樣，不漂亮的可以變漂亮，但上妝上得不好，漂亮的也會變得不漂亮。[100] 獅頭寫功高超的甘維曾說：「顏色、圖案、花紋、線條等的應用和搭配很大程度地影響獅頭的形象。」[101]

無論是配色或花紋，都是由師傅親手逐筆繪畫。常見傳統花紋有刀仔花、穿水花等。不可忽略的是，獅頭會寫上客戶及製作寶號的名稱，這相比在平面上書寫困難得多，頗考書法功力。[102] 寫畫完成後，便塗上一層光油，既亮麗又具保護作用。

隨着時代與科技發展，上色的顏料種類及色調選擇愈來愈多，也愈來愈便宜。現在大多數師傅採用廣告彩，甚至用熒光色澤。以前物資匱乏，老師傅以紅丹、黃丹、藍丹等礦物來調色。白雲的莫華以磁漆寫獅，在業界流傳至今。當時磁漆色彩選擇多，成本又比較低。不過用磁漆上色的獅頭會比較重，上色處理也不容易。[103]

· · · · · · · · · · · · · · · · · · · · · · · · · · · · · · · · · · · · · · ·

98　中間撲上布或綢，目的是讓獅頭更堅固耐用。內地獅頭則常會用蚊帳代替。

99　〈師傅手底下，紙綢變活獅〉，《新晚報》，1979 年 7 月 19 日。

100　福興隆豪記余英豪訪問，2022 年 1 月 21 日。

101　蔡茂龍：〈中國香港傳統紮作手藝，甘維師傅專訪〉，《新武俠》，57 期（2021），頁 43。

102　蔡茂龍：〈香港中國傳統紮作手藝，甘維師傅專訪〉，頁 43。

103　獅頭最後上色位置大多是獅角，而且均用黑色。這與製作工序有關。因為師傅替獅頭上色時都是拿着角，角是最髒的位置，故上黑色便省下不少工夫。生和隆梁金華訪問，2021 年 7 月 23 日。

## 步驟四：裝

最後是裝的工序。除了裝上各類飾物及配件外，獅頭要舞得生動，情感姿態能傳達給觀眾，各種活動小機關不可或缺。裝的工序涉及配件編排，也要裝得對稱。裝置配件包括眼窩、眼珠、眼簾布、生絲球（絨毛球）、額頂鏡片、獅耳，以及用兔毛、蘿白絲等製成的眉毛及鬚鬢。活動機關主要是指借助獅頭內一根繩子，控制眼簾與嘴巴的開合和耳朵的豎立。現在獅眼大多是以透明塑膠製，內裏裝上可閃動的燈泡。裝置完成後，獅頭舞起來便更為生動，虎虎生威了。

2023 年長洲西灣天后誕。甘維作品。（相片由「程尋香港」Facebook 專頁提供）

## (6) 花炮

### 背景：傳統與儀式

#### 花炮會

傳統上花炮是由爆竹造成，燃點後可發射空中，成功爭奪者可換取所代表的炮山。後來，搶炮期間屢出現打鬥事件，政府雷厲風行取締，遂改為抽籤形式進行。「花炮」名稱轉為指掛滿喻意吉祥「聖物」的炮山。花炮會是搶花炮活動主角之一，屬於周期性賀誕組織，由志同道合的信眾組成。大部分花炮會只會在誕期前後運作，通常只參與單一神誕的慶祝活動。花炮會的名字很多元化，常見者多以「堂」為名，並配以吉祥如意和良好祝願的名字。亦有以自己居住的村落、家鄉的名字而命名。[104] 花炮會的成員主要由善信、支持者和技藝表演者組成，他們的身份界線模糊，可以兼具多重角色。他們的參與雖然多屬義務性質，在花炮會卻是不可或缺的人物。花炮會也是一個互助組織，會員周轉不靈可向花炮會借款以解燃眉之急，只需於翌年誕期前連本帶利歸還便可。向神明借款，想必不敢拖欠賴賬也。[105]

花炮會需收取會費維持年度賀誕活動。一般花炮會會員收費由百多元至數百元不等。經費單靠會員費不足達致收支平衡，大部分收入來自舉辦晚宴，透過競投福品增加花炮會的收入。競投前福品一律供奉在神壇，受神靈「加持」，投得福品的善信獲神靈保佑。席間主持人營造氣氛，鼓勵出價競投福品。每一個花炮會競投活動，競爭最激烈的福品各有不同。隨時代演變競投品亦

104 古洞聯鳳區由鳳崗區和聯和區組成，居住該兩區者多為惠東人，1964 年成立聯鳳福利互助會。後者如增邑金城堂由古洞增城人所創辦，成立於 1970 年代。有的花炮會更會以祖先的名稱作為花炮會的名字，如吳明新堂的創會成員是來自增城吳氏，因國共內戰逃難至上水古洞，吳氏一族合組吳明新堂花炮會。詳見黃競聰、劉天佑：《香港華人生活變遷》（香港：長春社文化古蹟資源中心，2014），頁 10-13。

105 黃競聰：〈一個花炮會的轉型：以上水古洞義和堂為例〉，游子安、蕭放主編：《黃大仙信俗與非物質文化遺產國際學術研討會論文集》（香港：書作坊出版社，2022），頁 433-436；廖迪生：《香港天后崇拜》（香港：三聯書店（香港）有限公司，2000），頁 58-59。

1977 年青衣天后誕，新界副政務司穆勤（Morris Morgan）等人為花炮評分。（相片由政府新聞處提供）

有變化，各式各樣，部分福品是來自花炮的裝飾品，也有家庭用品以至金器手飾。其中以掛在花炮周邊上的「長虹」（又稱長紅）叫價最高，有「鴻運當頭」之意頭也。競投成功者會在神壇前上香，工作人員隨即登記他們的資料，一般會容許於翌年誕會前繳交所需支付費用。[106]

## 花炮賀誕

香港神誕活動帶有強烈地方色彩，與地域社群關係密切。花炮會從主辦單位獲取花炮，可分競爭性和非競爭性得炮。前者多以抽籤方式分配所屬花炮。後者則不必經過競爭手段得炮。有些花炮只參與賀誕，不參與搶花炮活動，所帶來的花炮屬於副炮。

106 「長虹」寓意生意興隆，故多是商人投得，用以掛在店鋪招牌上。彭志銘：〈花炮日子〉，載《百家聯寫：香港歲月》（香港：香港作家協會，1999），頁 164。

2023 年青衣天后誕。（相片由「明日記載」Facebook 專頁提供）

從前香港賀誕流行「搶花炮」，所謂「搶花炮」是指各賀誕組織的信眾，一擁而上搶奪由火藥點燃射上天空後掉下來的「炮芯」，故「搶花炮」又名「燒炮」。[107] 奪得花炮者可據編號獲得一座「炮山」。1967 年以後，香港禁止燃點爆竹，加上搶花炮活動不時引發群體打鬥，造成人命傷亡，所以當局明令禁止搶炮。今天所說的抽花炮，即以前的「炮山」，而用作抽籤的「炮票」，功能上近似「炮芯」。[108]

107　廖迪生：《香港天后崇拜》，頁 85。

108　據知香港仍保留搶花炮傳統的神誕只有上水河上鄉洪聖誕、蒲台島天后誕和下灣村土地誕。另外〈流動的神鑾——花炮〉一文只提到前二者，沒提及下灣村土地誕仍有搶花炮活動。據知茶果嶺天后廟近年也在天后誕恢復搶花炮活動，不過炮芯是用彈弓射上天空。見黃照康：《香港傳統節慶遊》（香港：知出版，2012），頁 85。按：冒卓祺在〈流動的神鑾——花炮〉一文的訪問中，提到 2020 年上水古洞觀音誕以氣壓原理製作炮台彈射「炮芯」，又訂定搶花炮規則，恢復了搶花炮活動。這樣一來可免於火藥及打鬥的問題，又可回到昔日爭奪花炮時緊張刺激的熱鬧氣氛。謝小慧：〈流動的神鑾——花炮〉，《觸得到的非遺：元朗 × 屯門》（香港：康樂及文化事務署非物質文化遺產辦事處，2022），頁 84-93。

花炮既可視為獻給神明的「供品」（禮物），也是迎接神明祝福的媒介。花炮中央放置賀誕神明的畫像、神像或鏡架，乃神明的「副身」，又稱為「行身」，[109] 故花炮可視為神明的「座駕」。有論者稱花炮為「流動的神鑾」，[110] 不無道理。有的花炮會通過揼杯方式來決定當年由誰人將神明「行身」請回家中供奉，此即「坐炮」。[111] 當然，每位花炮會會員都希望獲神明選中，獨享神明庇佑。香港賀誕花炮的形制頗具地方特色，為其他地方少見。

無論是搶花炮還是抽花炮，花炮會成員出動賀誕，仍保留瑞獸守護花炮的傳統，當中不乏來自地方武館或體育會。[112] 花炮會在誕期中的運作，可以從「還炮」為起點。「還炮」即「還神」／「還願」，是把前一年抽得的花炮送還給神明，以便再「分配」，從而獲得神明的祝福。一般而言，花炮不會保留前一年的炮薑及竹架，通常會拍賣花炮上的聖物及福品，所以「還炮」其實是重新紮作一個新花炮，寫上前一年抽獲的炮號，再把花炮會神明「行身」放在其中。以天后誕為例，一般由麒麟及獅子領頭，花炮會成員帶着各種祭品，包括金豬、果品、金銀衣紙及紙紮天后衣等，抬着新紮花炮前往地區廟宇「還炮」，酬謝神恩。當到達廟前正門，壯丁會抬着花炮重複前進及後退三次，或把花炮頂部向廟的方向移動三次，象徵向天后叩頭鞠躬以示謝意。[113]

- - - - - - - - - - - - - - - - - - - - - - - - - - - - - - - - - -

109　廖迪生：《香港天后崇拜》，頁 89。

110　謝小慧：〈流動的神鑾 —— 花炮〉，頁 84-93。

111　廖迪生：《香港天后崇拜》，頁 59-60、89-90。廖氏提及有花炮會在晚宴上競投「行身」，不過這方式不算普遍。另外若花炮會有會址，也有將「行身」供奉在花炮會內，不用每年輪流供奉。

112　彭志銘：〈花炮日子〉，頁 163-64。除了來自武館這類可歸屬於技藝的表演者外，花炮會成員還包括一般善信以及支持者，如地區商舖及德高望重人士。詳見黃競聰：〈一個花炮會的轉型：以上水古洞義和堂為例〉，頁 432-444。

113　廖迪生：《香港天后崇拜》，頁 86-87。此即所謂「花炮衝神」的「衝炮」儀式。2022 年，東華三院在油麻地天后廟賀誕時也進行了上述這種拜謝動作。見〈廟會創新：東華三院油麻地天后誕〉，CACHeritage。https://www.youtube.com/watch?v=Z8UOVxH-N2Q. 讀取日期：2023 年 1 月 30 日。

當花炮會還炮酬謝後，便是抽花炮環節。為了維持抽花炮活動，主辦單位會向花炮會收取「炮金」，作為安排抽炮活動及廟宇運作等行政費用。各神誕期參與花炮數目不一，需要看有多少賀誕團體「還炮」。[114] 各炮有不同名稱，大多是以吉利稱號代表不同祈願。[115] 每個神誕或各花炮會可能有自身偏好，如元朗十八鄉天后誕便視第三炮「丁財兩旺」為最好「意頭」，所以紮作上也是最高大及最精緻的花炮。[116] 正因各炮在意頭或神聖力量上都各有千秋，所以善信才要透過搶或抽來取得屬意花炮，又或紮作一個不參與抽籤的副炮，以保神明力量繼續留存。今天抽炮方式也是「各處鄉村各處例」，有些地方以購買炮票方式進行抽籤，購得愈多中籤的機會便愈高（第一輪中籤者始獲抽炮權進入下一輪的抽籤抽炮，故需要雙重運氣）。[117] 這方式無形中讓主辦單位增加收入，維持每年賀誕有充足的籌辦經費。

綜合而言，花炮賀神誕可視為一種傳統迎神賽會的節慶儀式。各群體共同競逐神明庇佑。花炮上的神明「行身」及各種聖

......................................................

114 以元朗十八鄉天后誕為例，基本上每年都有 30 炮之多。詳見《元朗十八鄉祝甲午年天后誕會景巡遊特刊》（2014），頁 66；《元朗十八鄉暨各花炮會慶祝己未年天后寶誕會景巡遊特刊》（1979）。元朗十八鄉天后誕於癸巳年（2013）及己未年（1979）除了 29 炮，還有第一壹炮；己未年還有副炮。相信每年的炮數都是穩定的，因為涉及還炮及接炮這一活動循環。不過，時代人口變遷也會影響一地的花炮會數目，從而影響每年賀誕花炮數量。如打鼓嶺平源天后誕，就所見出版的慶祝特刊，壬申（1992）及乙亥（1995）年都有 35 炮，但庚寅（2010）及甲午（2014）年則只有 18 炮。

115 例如打鼓嶺平源天后誕第一炮是長壽炮，之後依次是並茂炮、三多炮、四喜炮、五福炮、六合炮等等。一般以頭炮與尾炮最好「意頭」，有幸抽獲代表神明授予最大祝福。

116 例如 2019 年的「丁財炮」，有一丈六高，加上推炮車總高度有 26 至 27 英尺。見〈傳統之美：花炮傳情〉，香港政府民政事務局。https://www.youtube.com/watch?v=8bxp5jJnAgM. 讀取日期：2022 年 7 月 21 日。

117 無論是搶花炮還是抽花炮，都是一種競爭，前者包含競技，後者涉及運氣。今天的花炮會，也會準備一些不參與抽籤的「副炮」，以保證自家花炮會保有屬意的花炮。所以「……獲取花炮，可分競爭性和非競爭性得炮。前者最常見者為用抽籤方式分配所屬花炮。後者則不必經過競爭手段得炮。有些花炮只參與賀誕，不參與搶花炮活動，所帶來的花炮屬副炮。麒勝堂觀音會和聯鳳堂參與賀誕活動，但不參與抽炮活動，而是自備丁財炮，還神後自行領回丁財炮，返回村落。」見黃競聰：〈一個花炮會的轉型：以上水古洞義和堂為例〉，頁 436。

冒卓祺為灰線上色。（相片由非遺辦提供）

物，「吸收」神明靈氣與力量，[118] 再透過擤杯及競投方式分配與轉移至各善信。每年「還炮」與「抽炮」的過程，可說是一種將神明的神聖力量重新分配的機制，而花炮便是這個神聖力量循環運轉系統的媒介。

## 形制：結構與特色

香港常見的花炮大都是大型紙紮品，其形制大小與層數不一，大致可分為三大部分：炮頂、炮身和炮薑。第一部分是炮頂，通常寫上花炮會名稱和炮號；第二部分是炮身，通常炮薑以上第二層內置空位供奉神明「行身」（神明的神像、畫像或鏡架），又稱為「炮膽」。其他層數則裝上各種裝飾及紙紮／抽紗公仔。炮身背面綴以一塊紅布圍繞花炮周邊，俗稱「長虹」；第三部分是炮薑，即花炮底座。底層寫上紮作師傅的寶號和聯絡方法。

花炮層數按需要而定，以「灰線」辨別層數，通常由三層至八層不等。[119] 大型花炮高度可達 40 尺。無論是不同神誕的花

118 「吸收」與「分配」的說法，見廖迪生：《香港天后崇拜》，頁 122-26。

119 2018 年，冒卓祺及其徒弟合力紮出「香港世界花炮王」。此炮王高達 53 英尺，共分八層。詳見〈紮作聯會慶就職，展示非遺手工藝四層樓高花炮王，耀目廈村鄉〉，《香港商報》，2018 年 11 月 26 日。

灰線。（相片由非遺辦提供）

花炮上的紫微正照。（相片由非遺辦提供）

炮，或同一神誕中不同的花炮，裝飾都有差異，各具特色。整個花炮裝飾很多寓意吉祥的聖物。以天后誕的花炮為例，在頂層放置一艘帆船，意謂「一帆風順」。除紙花裝飾外，有些會裝上數量頗多的小鏡，也會預留位置掛上具吉祥意義的食物，如薑、生果、生菜、紅雞蛋等。一般而言，主辦單位大多沒有規限花炮的高度、大小及層數，只受到賀誕會場的地形限制，紮作師傅在設計花炮時要配合相關要求及根據現場情況隨機應變。[120]

## 製作：工序與材料

花炮雖是神誕紮作，誕期過後花炮裝飾會拿來競投，其竹架則會丟棄。翌年神誕前花炮會再禮聘紮作師傅重新製作花炮還炮酬神。花炮是賀神誕的供品，製作不可隨便馬虎。冒卓祺認為，紮花炮支架最花時間，因為它需支撐整個花炮重量，必須牢固紮實。[121] 按傳統，花炮愈大代表對神明愈崇敬。花炮紮作得愈高，相應的闊度也需加大以附合比例。花炮外形顯得太瘦或太胖也不算美觀。[122]

花炮的紮作工藝難度不算最複雜，不像瑞獸等獸口紮作，要處理各種不規則形狀，或曲面及弧度。花炮是一種「起角」紮作，有固定尺寸和形狀，就像做傢具一樣，搞清楚尺寸便能大致紮出外形。關鍵是要紮得四平八穩，不可東歪西倒。花炮的紮作次序是先紮竹囊，從炮薑開始，由下順序往上紮。若是高度在九尺以下的小花炮，可以「一件過」（整個一起）紮。九尺以上的花炮，因考慮到運輸及組裝等因素，便需要一層一層地紮。小花

120 見黃競聰：〈一個花炮會的轉型：以上水古洞義和堂為例〉，頁 434 及廖迪生：《香港天后崇拜》，頁 79。

121 冒卓祺至今累積製作的花炮已有 1500 多個。祺麟店冒卓祺訪問，2022 年 5 月 4 日。

122 〈傳統之美：花炮傳情〉，香港政府民政事務局。https://www.youtube.com/watch?v=8bxp5jJnAgM. 讀取日期：2022 年 7 月 21 日。

炮（八至九尺）一人製作需時約五日，而廿多尺高的花炮就需要一個月才能完成。[123]

上文提及花炮以「灰線」分辨層數。據冒師傅說，「灰線」是室內裝修術語，像牆角線之類，是一種分界線，在花炮上便是指分層的標記。高身的花炮看起來具層次感，而非像一幅直立牆壁那樣呆板，便要「層次分明」；愈高大的花炮，灰線便要紮得愈大條，方能合乎比例。「灰線」本身也是一種裝飾，而且有各種類型，如平灰線、圓灰線、三角灰線、雞胸灰線等，立體感各異，製作繁複程度也不同。最簡單的是平灰線。灰線取何種類型及是否凸出，直接影響花炮整體形態及觀感。一條大灰線可分三至四「級」，每級可以用上不同顏色及各種裝飾。以前花炮的灰線是非常醒目的分層裝飾，以凸顯各層的立體感；現在反而被掛上的眾多裝飾遮蓋了。[124]

花炮不是固定擺放在一個地方，而是不停移動，賀誕組織還炮時更要在廟前「衝炮」。因此炮躉要做得紮實以支撐炮身，在其上的各種裝飾也需要安裝得堅固穩妥。從紮作上來說，炮躉用的竹篾多，需要較多工夫；而各層裝飾，除了要用鐵線抓緊外，就如「插花」一樣，需要在細節上花心思及懂得配搭。

花炮最引人注目之處是其配色及各層裝飾，色澤豐富，美侖美奐。每層懸掛的裝飾物，雖沒有固定形式，但都含有吉祥寓意。賀誕慶典的紮作，七彩奪目，主要色調是紅色，圍繞花炮頂部的長虹，其紅色便最為醒目。至於其他紮作的裝飾物品，一般有如下諸種：蝠鼠、燈籠、龍柱、金花、鯉魚、古獅、孔雀和帆船；綢紗或紮作人物有：八仙、西遊記角色、福祿壽和三國劉、關、張等。除此之外，紮作師傅會配上各種山水畫、橫眉、花紙、紙花、鋁光花、膠花等作點綴。炮頂通常配有紫微正照，負責保護炮山，免受邪靈入侵；炮膽前則有文武大將，守護神明

123　祺麟店冒卓祺訪問，2022 年 5 月 4 日。
124　同上。

「行身」。[125] 冒師傅說，以前花炮全由人手紮作，現在則會選用現成配飾。[126] 至於花炮裝飾多寡，會根據客戶要求可加可減，各適其適。

2023 年元朗十八鄉天后誕崇正新村第三炮。冒卓祺作品。（相片由「明日記載」Facebook 專頁提供）

125 花牌上各種裝飾的介紹及寓意，見蔡啟光：《香港戲棚文化》（香港：匯智出版有限公司，2019），頁 50-51；〈花炮的內容〉，「紮作・藝術」（香港電台），http://rthk9.rthk.hk/chiculture/bamboocraft/c3_structure.htm. 讀取日期：2022 年 11 月 30 日。

126 謝小慧：〈流動的神鑾——花炮〉，頁 91。花炮上的綢紗公仔，如八仙、大將、紫微、天姬送子、醒獅團等，大都是由潮州師傅製造，再賣給紮作花炮的師傅。蝙蝠、燈籠等則多是紮作師傅親自製做。以前也有師傅（如陳旺）做些獸口紮作賣給行家用來裝上花炮。另外亦有各種「炮料」（金花、紙花等）可供購買。祺麟店冒卓祺訪問，2022 年 5 月 4 日。

## (7) 大士王

### 背景：傳統與儀式

大士王，又稱「鬼王」、「面燃大士」、「大士爺」、「山大人」和「焰口鬼王」等。據說為觀音大士化身，是醮會與盂蘭勝會的重要角色。[127] 無論是在每年農曆七月十五「鬼門關開」，為超渡孤魂野鬼，祈求陰安陽樂的盂蘭鬼節，還是數年或數十年一屆，為「潔淨及更新」村落社區的太平清醮，大士王都會坐鎮醮場或盂蘭勝會，供奉於大士台（又稱大士殿、大士棚），負責監管四方遊魂野鬼，維持秩序。傳統上，大士台多佈置成藍色，旁邊懸掛大型幢幡，有招魂作用。醮會中大士台在醮棚一角，位置及方向一般面向社區村落最「陰」處。[128] 至於港九新界各區的盂蘭場地，大士台的正面須朝向經師棚。大士王的展示方法分為兩種：紙紮與畫像。或是因傳統慣例、場地限制或經濟條件等因素，部分盂蘭活動選用大士王畫像。至於新界醮會供奉的大士王大多是紙紮品。[129]

參與儀式的紙紮神明，都需要「開光」，藉以讓神格降臨，紙紮公仔遂轉化成神明化身。以醮儀為例，大士王的「開光」稱為「奉安大士」、「安奉大士」、「安大士」或「大士爺開光」。[130] 開光儀式除道士禮懺誦經、焚香念咒外，還有各種做法。如開光前以紅布遮蓋大士王的臉，[131] 或以紅布蒙着大士王雙

---

127 蔡志祥指鬼王稱謂的來源有三個說法：「第一個說法是鬼王為觀音大士的化身。據說觀音面貌慈和，恐怕不能馴服眾鬼，所以化身為青面獠牙的鬼王，故有『觀音化大士』的說法。另一說法是鬼王本山賊頭領，喜歡吃人。觀音為了馴服他，一日乃變作村姑，被鬼王所吃。之後，觀音在鬼王肚內作法，令其疼痛不已，不得不屈服。鬼王被觀音馴服感化之後，為觀音服務，吃掉作惡亂事之游魂野鬼。第三個說法是根據佛經『瑜伽焰口科』，鬼王本名面燃，為（觀）大士感化，乃為鎮鬼之佛。」見蔡志祥：《打醮：香港的節日和地域社會》，頁 128。

128 蔡志祥：《酬神與超幽（下卷）：1980 年代香港新界清醮的影像民族志》，頁 96。

129 大士台的各元素，可參考陳蒨：《潮籍盂蘭勝會：非物質文化遺產、集體回憶與身份認同》（香港：中華書局（香港）有限公司，2015），頁 70；周樹佳：《鬼月鈎沉——中元、盂蘭、餓鬼節》，頁 126。

130 蔡志祥、韋錦新編：《延續與變革：香港社區建醮傳統的民族誌》（香港：香港中文大學出版社，2014），頁 96，282，318，374，387，396，432。

131 謝德隆、孟榮雲：《酬恩建醮話錦田》（香港：思可出版社，2009），頁 55。

海陸豐大士王、潮州大士王、廣府大士王。（相片由非遺辦提供）

眼。[132] 長洲太平清醮大士王舉行開光儀式，會「以朱砂點在神像之上，若神像太高則會用鏡子，把朱砂點在鏡面神像倒影上」。[133] 打醮期間，每日道士及緣首早、午、晚三次在大士王舉行「行朝」和「拜懺」（三朝三懺）。醮期中龍、虎二將在醮棚內鎮守三清主壇，大士王在醮棚外監管幽靈，各司其職。

## 形制：結構與特色

香港常見的紙紮大士王造型不一，大致可按族群分為鶴佬（海陸豐）、潮州和廣府三種樣式。[134] 三者各有特色，我們可從面相、姿勢及裝置三方面介紹。

· · · · · · · · · · · · · · · · · · · · · · · · · · ·

132 蔡志祥：《酬神與超幽（下卷）：1980 年代香港新界清醮的影像民族志》，頁 138。

133 見「活力 Living Cheung Chau」2020 年 4 月 28 日貼文。於 2021 年 11 月 8 日擷取自 https://www.facebook.com/LivingCheungChau/posts/2832516876803607/。不過蔡志祥指出，長洲太平清醮是採海陸豐傳統，為神明開光的方式都是喃嘸以朱砂點在鏡面倒影的神像眼睛。 1962 年大會值理為潮州人，違反傳統請了潮州喃嘸，他們直接爬上神像頭上開光。見蔡志祥：《酬神與超幽（上卷）：香港傳統中國節日的歷史人類學視野》（香港：中華書局（香港）有限公司，2019），頁 219，或他較早著作《打醮：香港的節日和地域社會》，頁 93。

134 還有客家樣式，但在香港並不多見，面相用色主要是紅色。見〈今年 53 屆逢大醮 而重之創紀錄 虎地坳盂蘭勝會 4 鬼王坐鎮〉，香港商報網，2019 年 9 月 2 日。於 2022 年 11 月 1 日擷取自 https://www.hkcd.com/newsTopic_content.php?id=1154787。按：報道中四個大士王均是冒卓祺作品。

除了監督孤魂野鬼，防止在醮場或盂蘭場生事作亂外，大士王也有驅除煞氣能力。能震懾鬼魂、以煞擋煞，讓幽界魂靈害怕，大士王形象就不會是和藹可親了。因此三種大士王面相差異雖大，但均是兇惡猙獰、惡形惡相的大花臉。鶴佬樣式的大士王青面獠牙（綠色或棕色面容），頭上一對穿透冠帽的角最為凸出，為兩種樣式沒有的；潮州式的大士王為藍面，同樣有獠牙及頭戴冠帽；廣府的大士王稱為白面大士王，但白色只是底色，面上也運用各種色彩，顏色艷麗，沒有獠牙。部分廣府大士王會在額上寫上「王」字，所戴的冠帽為三者中最大，面相相對沒有前兩種那麼嚇人。

從姿勢而言，鶴佬樣式呈金雞獨立式，單腳站立一腳懸空，並手執塵拂；潮州式是雙腳立地，右手微微抬起，左手高舉印有「南無阿彌陀佛」的旗幟；廣府的則是坐像，左手提「善惡分明」牌，右手舉「分衣施食」牌。雖是坐姿，但手腳均向外撐開，手舞足蹈，頗具架勢。傳說大士王是觀音化身，但因觀音外表慈悲為懷，恐未能震懾惡鬼，故取兇惡的鬼王外形。要表達這意思，三種紙紮大士王均會安裝一個細小女性觀音立像。鶴佬與潮州樣式的觀音像放置在頭頂，而廣府的觀音像則立於胸前。大士王兇惡與慈悲、震懾與施食、男女形象等對立元素遂能混合為一地展現出來。

大士王的高度及大小同樣是按傳統、場地及經費而決定，大的可以達兩至三層樓高。[135]

## 製作：組合要點

上文提到常見三種大士王面容及姿勢形態，乃一般傳統樣式，不同紮作師傅表達及用色各有差異，製作上大都模仿前人，再加上自己的想象力，有一定的自由度。

135 製成品愈大，出巡及化大士儀式時就愈震撼。不少信眾、一般民眾及民俗宗教學者，都會留到最後觀看火化大士這一幕儀式高潮。

待組裝的龍虎二將。2021 年橫洲。　　　　待組裝的大士王頭。2021 年橫洲。

以下我們以廣府大士王為例，簡述製作過程重點。2021 年橫洲六村太平清醮的大士王由許嘉雄製作，我們有幸考察組裝過程。這次製作的大士王高八丈。許師傅說以前的紙紮大士，不會如此巨大，現在則愈做愈大，直達棚頂的高度了。[136] 傳統上，大士王等醮會紮作是要在棚內（或祠堂或宮廟）製作的，不過今屆遇上新冠疫情，故大會容許把完成好的各部組件運到棚內，再進行最後組裝。[137]

由於大士王體積巨大及特有姿勢，為了運輸方便，頭、身、四肢的組件都需要在現場組裝。單是大士王及龍虎將軍等醮儀紙紮，便要用上 20 噸載量的貨車。許師傅說製作醮會大型紮作，組裝工序最為關鍵。因為除了影響整體比例及外形美觀外，紮得穩固是首要考慮。紮作品在散醮火化前及儀式過程中不會倒下，

136 是次大會副主席蔡建新先生經過時，特意詢問許嘉雄龍虎將軍的高度。蔡先生得知後非常滿意。次日，蔡先生表示二將的高度是據古書紀錄，須達丈八高。

137 上一屆的大士王也是由許嘉雄負責紮作，醮棚比今屆大很多。上屆基本上所有紮作工序都在棚內完成。棚內地面不平，又有其他工作人員在做各種作業，要在此環境下長時間趕工，許師傅說是非常辛苦的。故此今屆的安排對許師傅來說反而輕鬆了很多，在自家店內製作既方便工具又齊全。不過，上屆 2012 年時許師傅仍在舊店，空間太小，要製作大士王這類大型紮作會有困難，故在棚內製作也是不得已也。

2021 年橫洲六鄉太平清醮。許嘉雄作品。

亦不會因環境因素受到破壞，[138] 對需要出巡的大士王來說尤其
重要。[139]

　　組合過程首先把四肢與身體連接，再裝頭及上半身，最後上
下半身（連台座）結合。當中關鍵是「抓點」，意思是抓到連接
兩件大組件的幾個着力點，再用竹子及鐵線捆綁紮實。可見「抓
點」是大士王這類大型紙紮品是否穩固的重要工序。抓得着力點
後，部件之間的連結往往需要先弄破原本「撲」好的色紙，才能

138　大士王也好，其他紙紮品也好，都只算是擺放在半戶外的環境下。事實上，
　　當天已組裝起來的龍虎二將，其中棚內一將於翌日便在眾目睽睽下被大風吹
　　斷了一支靠旗（護背旗），需要馬上修補。

139　這次醮會大士出巡，護背旗也在途中脫落。這或與巡行速度及扛抬方式有
　　關。

2016 年石澳村、大浪灣村、鶴咀村太平清醮之巡大士儀式。（相片由非遺辦提供）

用竹、竹篾或鐵線接駁起來。故此另一個重要步驟，便是部件組合後整體的執漏及遮醜。此時各部位的色紙便大派用場，先裁切好大量大小合適的色紙，再「撲」上破爛或穿幫的位置。

現在大部分盂蘭勝會及醮會的紙紮大士王，眼睛位置都會裝上燈泡，兩眼發光，氣勢更盛。這次醮會的大士王也有裝上。若裝上的是無線 LED 燈，出巡時會閃閃發亮，能吸引沿途路人注視。[140] 可見紙紮大士王與時並進，利用科技增強藝術效果。

無論如何，半戶外儀式用的紮作，如大士王這種巨型紮作，細節還是其次，穩固才重要。只要驟眼看夠華麗雄偉便可以了，細節不用過於講究，畢竟最後也會化掉。紮作品能穩固地放置數天讓儀式順利完成，便已達到該紮作目的。大士王主要作用在於儀式功能上的象徵意義，而非在於保存及觀賞價值。

. . . . . . . . . . . . . . . .

140　其實大士王雙眼發光不是新事物，以前用燈膽，現在則用 LED 燈。

第五章　實作案例

199

## (8) 喪葬紙紮

### 背景：傳統與儀式

前文討論的實作案例大都屬於節慶紮作。其中需要有一定程度技藝功夫才能製作。時至今日市場需求量最大的紮作品，仍以拜祀與喪葬紙紮為大宗。這類紮作行內稱為「紙紮」，又稱「火燒嘢」，意指用後需要焚化（如丁燈、大士王），或其「功能」正是藉焚化才產生作用。這些均與特定宗教儀式有關。清末民初在華西方傳教士與漢學家在考察及記錄民間宗教儀式時，會偶而提到這類紙紮（及紙錢）。人類學家施天賜（Janet Lee Scott）將這類紙紮統稱為 paper offerings，即紙祭品。[141] 祭品，是陽間生者向他界神鬼與先人致送之物品，就如本書緒論指出，歷史文獻中有關紮作的早期記載，均與連繫死後世界有關。

拜祀紙紮主要用於神誕酬謝神恩，施功德予遊魂野鬼，以及向先人致送在他界的日用所需（如衣包、金銀紙、紙錢等）。喪葬儀式中所用紙紮，除了他界日用品外，也有專為儀式而設的，為剛逝世親友準備好一切，離開人間此世，「過渡」至死後他界。香港傳統的喪葬儀式，以道教為主，一般由正一派喃嘸道士主持。部分紙紮會在某儀式程序中派上用場。紙紮是儀式重要的組成部分，透過紙紮品的具像與儀式行為的象徵意義，親友一同參與了亡者順利及安心地離開現世進入死後他界的過程。在場親友因而盡了責任、了結心事、得着安慰。可以說，紙紮與儀式是親友表達對已逝親人的思念與孝悌的媒界，所謂「祭之以禮」也。

喪葬儀式所需的「火燒嘢」為紮作行業大宗，主要是因其屬於「消耗品」，市場需求大。龍獅花燈等節慶紮作類近「藝術品」，雖屬「上價貨」，但多只用於個別節日，又非用完即棄，

---

141　Janet Lee Scott, *For Gods, Ghosts and Ancestor: The Chinese Tradition of Paper Offerings* (Hong Kong: Hong Kong University Press, 2007)；巫美梅、劉銳宏：《拜祀衣紙扎作與香港民間風俗》，香港歷史文化叢書（9）（香港：中華民教交流服務中心，2011）。

妹娣一對。（相片由非遺辦提供）

妹娣頭像，機器壓製後再貼上五官的大批製作。（天寶樓）

故需求上不能與拜祀與喪葬紙紮品相比。我們訪問過的數位 80 年代入行的紮作師傅，最初都是一心一意學習紮作獅頭，並希望以此手藝為生，但無獨有偶都因生計或營利轉而紮「火燒嘢」。許嘉雄最初在天寶樓便是一邊紮「火燒嘢」，一邊向其他師傅學習紮作基本功，閒時私下紮作獅頭。[142] 後來許師傅獨立創業，所紮作獅頭深受歡迎，訂單不絕。不過他仍有做喪葬紙紮生意，並在內地設廠。余英豪從小醉心獅頭，最初跟黃佳師傅學藝，後因

第五章　實作案例

《香港工商日報》，1961 年 12 月 15 日。

要維持生計，便轉到鄭權記紮「火燒嘢」，他也曾在俊成行杜千送處打工。現在余師傅接手了前俊成行員工在紅磡開設的福興隆，專做附近殯儀館的紙紮生意。[143] 至於要數把「火燒嘢」從小店營運至企業規模，則不能不提夏中建。夏師傅因父親關係，喜愛獅頭。最初在生和隆學紮龍獅，後來創業專做喪葬紙紮。他經商有道，亦於內地設廠，承包香港殯儀業大部分紙紮生意（為大莊家）。每天清晨夏師傅都會有兩個貨櫃的紙紮品從東莞來港，中午便在殯儀館落貨及分發。[144]

## 形制：「件數」與種類

喪葬紙紮大致可分為超渡儀式紮作和供奉先人祭品兩大類型，一般合共十多至廿件。供奉先人祭品的數量與種類，形形色色，豐儉由人。二十世紀 60 年代初，震驚香港的「三狼案」，案中被綁架及殺害的富商黃應求，其遺體被發現後隔天便於灣仔萬國殯儀館舉行超渡儀式。「據說紙紮作一項，已費千餘元」，可謂隆重。當日報章報道如下：

> 紙紮作品，已向德輔道西多寶紮作店定製，計有洋房、汽車、三件頭的西裝兩套、中式禮服的長衫馬褂一套、黃色及黑色革履各一對、私家轎一頂、包括轎夫兩個、丫鬟兩個。此外，一般法事用的紅白幡及仙鶴、長達七尺的金銀橋、望鄉亭、沐浴亭、沐浴衣、文明橋、靈衣

香港非物質文化遺產系列：紮作技藝

143　福興隆豪記余英豪訪問，2022 年 1 月 21 日。
144　天寶樓夏中建訪問，2021 年 9 月 10 日。

寶，和一個巨型的破獄神（按為破地獄用）。最令人注意的，是那輛汽車仿製黃氏本人所有的獲素牌私家汽車一樣，車牌亦用 XX 七八七號。據說紙紮作一項，已費千餘元。[145]

紙紮品如此齊備當時屬於奢侈，今天可能只是基本要求。香港紙紮業行內稱一套最基本的喪葬紙紮為「十三件」。從事喪事紮作師傅最低限度都懂得紮作這十三件紙品。余英豪指出行內細分中紮與大紮，紮作品數量一樣，只是大紮體積較大。

## 「十三件」的名稱、象徵意義及用途

| 名稱 | 象徵意義 | 用途 | 備註 |
|------|---------|------|------|
| 正副龍位各一 | 亡靈及其祖先神主 | 超渡儀式 | 又稱正薦牌位及附薦龍位 |
| 沐浴亭、衣盤一套 | 潔淨除垢 | 超渡儀式 | 又稱沐浴房 |
| 金橋、銀橋各一 | 兩界連接 | 超渡儀式 | / |
| 橋工、橋燈各兩套 | 橋上照明及照料 | 超渡儀式 | / |
| 仙鶴柳簾一套 | 引領亡靈登仙界 | 超渡儀式 | / |
| 妹娣一對 | 供使喚侍僕 | 他界用品 | / |
| 紅槓兩個 | 日常衣箱 | 他界用品 | / |
| 花園、洋房各一 | 生活舒適 | 他界用品 | / |
| 金山、銀山各一 | 衣食無憂 | 他界用品 | / |
| 文明轎一頂 | 出行交通 | 他界用品 | / |
| 轎夫二人 | 出行交通 | 他界用品 | / |
| 望鄉台一座 | 回望陽間 | 超渡儀式 | / |
| 夾萬一個 | 家財萬貫 | 他界用品 | / |

上述喪葬紙紮[146]，行內習慣稱呼一對為一件，但現在很多殯葬業者一條龍服務，也包括準備所需紙紮品，則會把一對算兩

145 〈今晚黃應求太太請道侶超渡亡夫幽魂，法事有「破地獄」之舉，紮作式俱備耗欵達千多元〉，《香港工商日報》，1961 年 12 月 15 日。
146 列表中各項的象徵意義請參考甄璟姍：《自家紮作》（全四冊）（香港：中華書局（香港）有限公司，2013）及彭淑敏：《逝者善終、生者善別：圖解香港華人喪葬禮俗》（香港：衞奕信勳爵文物信託，2018）。

仙鶴柳嬌一套　正薦牌位一個　附薦龍位一個　望鄉台一個　沐浴房一個　尺銀橋一度　尺金橋一度　大橋全工一個　銀山一座　金山一座　白衣一個　紅播一個　文明播一個　洋轎一頂　花園樓一座　夾萬一個　姊妹仔一個　妹仔一個　代租鐵爐一個　喃嘸道士　名　吹笛醮師

電話：
地址：　區　街　號　樓　座

府蒙光顧

日期　年　月　日
時間　點開壇至　點完功
日晚

年　月　日
來定
共銀　經手人

喪葬紙紮品清單。（余英豪提供）

件，紙紮品數量比較豐富。若殯儀加入佛教元素，或會加製經樓和佛船。至於飛機、遊艇、手機、電視、名車、麻雀或其他度身訂造的祭品，均不計算在十三件內，價錢另議。喪葬紙紮品與所用儀式及地區文化有關。潮州、上海、天津或北方地區，以至水上人，喪禮上的紙祭品也各自特色。[147] 從十三件紙紮的作用看，為儀式而設及為死後生活準備的差不多各佔一半。前者是保證亡靈能藉着儀式順利過渡至另一世界，事關重大，不然會留在陽間成遊魂野鬼；後者則是保證亡者在他界生活無憂。若亡靈生前已是富家子弟，死後便保證能延續一向的舒適生活；若生前是貧困潦倒的，死後就更要過得榮華富貴，以作補償。

## 製作與行業

喪葬紙紮功能大於一切，一般遺屬不太在意「十三件」的紮作質素，反而在儀式上使用時是否能發揮功效更為重要。至於死後日用品，包括衣、食、住、行所需，體積通常比實物小（花園洋房等）或根本不符合比例（手機、食物）。遺屬會按逝者生前愛好訂造紮作品，種類和款式包羅萬有，如生前愛好賭馬的就準備紙紮馬場。歐陽秉志時常承接一些訂造紙紮祭品，林林總總，有不少特別要求。仿製實物有難有易，不過成品要滿足能火化的條件，材料就受到一定限制。紮作品要像真度高既考紮作功夫，也要有足夠想像力和創意，收取費用自然會較高。這類訂造的喪

香港非物質文化遺產系列：紮作技藝

147　梁家強：《祭之以禮》（香港：梁津煥記（禮儀顧問）有限公司，2011）。頁106。

歐陽秉志 2023 年客製的一比一卡地亞手鐲紙祭品。

葬紮作畢竟不是用來觀賞和收藏，最終都會被火化，寄託着對逝者的思念。

論紮作細緻程度，一般傳統喪葬紙紮比不及瑞獸紮作。二十世紀 70 年代初，從內地來港原是中醫師的羅桂泉，因醫館生意淡泊，後來為生計改行紮「火燒嘢」。他稱轉行原因，除了父親有小店經營元寶蠟燭，偶而會接觸到「燒衣紙紮」外，還在於「這種技術並不太艱深，容易上手及掌握，最重要是……〔紮得〕穩妥及形狀準確便可」。[148] 黃輝是紮作界老前輩，經歷過香港紮作業的黃金時代。初入行時黃師傅主力紮作獅頭，後來專門紮「火燒嘢」，近年加入天寶樓工作。他一邊紮花園洋房一邊接受訪問，談笑風生，輕鬆自如。對有紮獅頭豐富經驗的他來說，「火燒嘢」無甚難度，不用太辛苦又可賺點下午茶錢，何樂而不為？

148 〈紙紮工藝後繼乏人：當「郎中」難搵兩餐，做「喪紮」易學賺錢，服侍鬼神大半生，羅桂泉百感交集〉，《星島日報》，1989 年 4 月 10 日。羅師傅說他的紮作技術也是從「偷師」得來：「在人家店外觀察，人家卸貨就去量尺寸。」

紙紮別墅。（相片由梁金華提供）

　　喪葬紙紮與儀式有密切關係。梁有錦曾在報章訪問裏分享一
個行業的有趣現象：「學紙紮的最多轉行做喃嘸佬。我亦曾授徒，
但十之八九，學不到多久，便給人拉去做喃嘸。」[149] 或許做喪葬
儀式專家的收入較紮作師傅更穩定，也沒有旺淡季之分。現在香
港近九成喪葬紙紮來自內地，資金充裕的紮作師傅會在內地設廠
專做「火燒嘢」，盡量減低營運成本。香港工場只做難度大或運
輸成本較高的紮作品。過去數年全球疫情，內地也出現停工與封
城情況，運輸成本大增。香港對紙紮需求不跌反升，如許嘉雄也
收到不少喪葬紙紮訂單，除了一般汽車、遊艇、花園洋房外，甚
至有客人度身訂造一台比例一比一的紙紮電單車。[150]

　　無論如何，喪葬紙紮技術要求不算高，需求數量卻十分大，
這也許是年輕一代較願意入行紮「火燒嘢」的原因。難怪有紮作

149 〈紙紮工藝後繼乏人：推動民間藝術，梁有錦不遺餘力〉，《星島日報》，
　　1989 年 4 月 10 日。
150 雄獅樓許嘉雄訪問，2022 年 3 月 30 日。

師傅為口奔馳，只好暫時放下興趣，余英豪便是一例，他接手福興隆，以銷售喪葬紙紮為主要收入。

花燈大王梁有錦甚少涉足喪葬紮作，但如果利潤夠高，也不抗拒承接這類生意。梁老師傅曾承接「已故船王董浩雲製作紙紮祭品，包括郵輪、勞斯萊斯房車等，共費港幣三萬元，個個栩栩如生」。[151] 由此可見，喪葬紙紮（若客人是富貴人家）利錢也可以很高。[152] 夏中建直言，營運喪葬紙紮不單製作紙祭品，而是一種複雜的商業統籌活動。天寶樓扎作除了供應紙紮品外，更設有棺材舖、花店、骨灰場。他自己也做喃嘸，也有道堂為客人提供殯葬一條龍服務。[153] 香港因人口老化致死亡人數上升，土葬則還可以「停棺」，若是選擇火葬，時間安排好就無法更改，殯儀也要配合，各種紙紮品也要備妥，不然儀式無法進行，就來不及焚化了。[154]

仙鶴。（相片由非遺辦提供）

第五章　實作案例

151　〈中秋佳節，人月共圓〉，《新明日報》（新加坡），1981 年 10 月 1 日。
152　梁有錦曾獲香港富商李嘉誠家族委造紅白二事紮作。
153　天寶樓夏中建訪問，2021 年 9 月 10 日。
154　福興隆豪記余英豪訪問，2022 年 1 月 21 日。

# （9）抽紗公仔

## 背景：配飾與用途

抽紗公仔又名紗丁等[155]，是潮州傳統手工藝。抽紗其實也是一種潮州傳統刺繡工藝或布藝。顧名思義，抽紗公仔就是穿上衣服的公仔，故又名綢衣公仔或綢衣服公仔。談及紮作技藝，總會提到紮、撲、寫、裝四種基本技巧，其中「裝」的工序，便包括為紮作品裝上各種配飾。配飾有多種，有些要大量搭配運用才達到所期望效果，如龍頭、獅頭上顏色大小不一的絨球；有些本身就是自成一格的工藝品，除了當紮作品的部分裝飾，也可以自成一體，抽紗公仔正是此例。

1951 年金玉樓廣告列出專營項目有「綢衣公仔」一項。[156] 據光藝紙品翁振華回憶，紮作店聘用潮州師傅製作公仔出口海外，他的父親翁紹青自立門戶前，曾在金玉樓工作，負責製作抽紗公仔。抽紗公仔是金玉樓出口業務之一，它們作為裝飾擺設，放進一個木座透明盒，寄往海外訂家，猶如日本和服公仔一樣。[157] 同一時期，蔡達耀父親蔡秉讓在西營盤開辦古影，專門製作抽紗公仔出口海外。[158] 1950 年代以後，抽紗公仔出口海外的熱潮逐漸減退，轉而用作各類紮作品的配飾，在各類節慶祭祀場合出現，如七姐盆和醮會吊公等酬神紮作品。

古影結業後，蔡父改為交貨給本地商號，轉為製作花炮等神誕裝飾。今天的抽紗公仔，仍是常見的花炮配件，在賀誕後花炮會拆去花炮上的配件，變為福品供會友競投，投得者領回家當作神明供奉或擺放在家中裝飾。[159] 香港潮人盂蘭勝會也常見抽紗公

---

155　丁即燈，添丁添燈同義。潮州人稱公仔做丁。蔡達耀訪問，2023 年 2 月 11 日。

156　見《香港年鑑》，第四回下卷，頁 271。

157　光藝紙品翁振華訪問，2022 年 6 月 1 日。

158　翁、蔡兩位師傅均是潮汕人，翁紹青祖籍潮陽，蔡秉讓祖籍澄海。

159　蔡達耀十歲便跟父親學造抽紗公仔。蔡師傅以此作為副業，現在退休後仍有客人向他委造花炮配件。蔡達耀訪問，2023 年 2 月 11 日。

古影 1954 年商業登記執照。（蔡達耀藏）

仔，如天地父母、南辰北斗和諸位福神袍，以及在神棚擺放的齋菜祭品。[160] 抽紗公仔用途廣泛，曾經用作廣告宣傳，吸引顧客。例如以前中秋節月餅舖、燒臘店會在門外掛上發聲可動的「公仔箱」，以招徠生意。[161]

## 形制：大小、動靜、角色

行內一般據抽紗公仔身體部分的高度計算，稱之為「八吋」公仔。坊間有稱之為「十二吋」公仔，則是把身體、頭部及頭飾整體來計算高度。[162] 其實，抽紗公仔的大小因應紮作品形制及客戶要求而有變化，當度身訂造所需時間及價格當然也跟一般標準尺寸不同了。抽紗公仔作為配飾，需要符合紮作品的大小比例，恰到好處，方能不會顯得過大或過小，不然不是搶去紮作品的焦點，就是淪為毫不顯眼的裝飾。蔡達耀為頭牌燈所製的四大金剛，便是特製版本，整個公仔只有六吋半高。[163] 又如蔡師傅亦曾為青衣天后誕一個四層樓高的花炮設計及製作各層抽紗公仔，其中頂層的紫微正照，便達一尺八吋高，甚為巨大。[164]

· · · · · · · · · · · · · · · · · · · · · · · · · · · · · · · · · · · · · · · · · · · · · · · · · · ·

160　蔡達耀訪問，2023 年 2 月 11 日。

161　例如九如燒臘曾經造一座公仔箱掛於門口。蔡達耀訪問，2023 年 2 月 11 日。梁金華年少時對瓊華月餅舖可動及叮噹發響的公仔廣告箱印象深刻。生和隆梁金華訪問，2021 年 1 月 7 日。吊公除稱「公仔箱」外，另有「像生箱」的說法。見林國輝：〈紙紮工藝在香港：歷史、傳承與創新〉，頁 76。

162　蔡達耀訪問，2023 年 2 月 11 日。

163　同上。

164　同上。

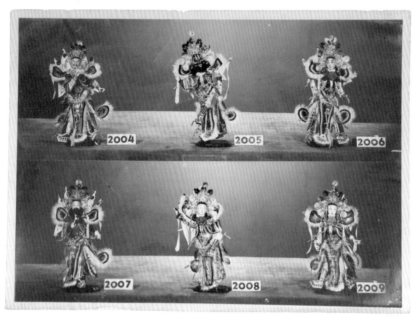

當年古影部份出口海外的 7 寸抽紗公仔，貼上編號方便客戶訂購。*（蔡達耀藏）

　　抽紗公仔亦可據用途有動態及靜態之分。一般作為工藝品擺設，或當作花炮及花燈配件的，大都屬靜態抽紗公仔。至於可動的抽紗公仔，行內稱為「吊公」，近年有稱為「機動花牌」。[165] 行內人稱吊公內的公仔為「教生公仔」（教讀作較），主要放置在一個類似小型戲台的木箱，大多以著名劇目片段或歷史人物登場。例如生和隆二十世紀 60 年代出口美國的一套非常精緻作品，名為「范蠡與西施」。蔡師傅也為生和隆製作過一套「梁紅

. . . . . . . . . . . . . . . . . . . . . . . . . . . .

\* 　上圖編號 3004 至 3009 角色人物依次是虞姬、黛玉、妲己、貂蟬、趙飛燕及
　　西施。下圖編號 2004 至 2009 角色人物依次是張忠、張飛、〔某男旦〕、薛仁
　　貴、狄青、花木蘭。

165　梁金華說吊公的意思是「吊高後呈現給觀眾的機械戲台」，見曾蓮：〈五十
　　年代「會動的廣告牌」？內藏玄機的「較生公仔」〉，2021 年 09 月 20 日。
　　https://hk.epochtimes.com/news/2021-09-20/74336300. 讀取日期：2023 年 2
　　月 21 日。

香港非物質文化遺產系列：紮作技藝

210

蔡師傅為梁金華頭牌燈製作的四大金剛。上層左起：西方廣目天王，南方增長天王。下層左起：東方持國天王，北方多聞天王。

玉擊鼓退金兵」。[166] 時移勢易，這種「機動花牌」坊間非常罕見，只有部分新界醮會仍保留此傳統。

雖然吊公的抽紗公仔大多選取古代歷史或小說人物，但主題角色其實可以千變萬化，[167] 同樣，傳統花燈及花炮配件上抽紗公仔的角色，也多以中國傳統及神話人物為主，例如七姐盤上的公仔，主角當然是牛郎、織女。農曆新年有丁燈會安放和合二仙。

166 香港歷史博物館收藏了一套「張飛夜戰馬超」吊公，梁金華看後疑為生和隆出品。

167 香港歷史博物館藏有生和隆 90 年代製作的吊公，主題是「士農工商」，呈現了民國時代生活場景。見曾蓮：〈五十年代「會動的廣告牌」？內藏玄機的「較生公仔」〉，2021 年 09 月 20 日。

《梁紅玉擊鼓退金兵》7 寸教生公仔，梁紅玉拿着鼓棍的雙手可動。蔡達耀作品。

當年由蔡師傅設計並獲選冠軍的青衣天后誕花炮，各層以次裝飾的抽紗公仔角色如下：

| 頂層 | 紫微正照 |
|------|---------|
| 第二層 | 財神爺、福祿壽與四大金剛 |
| 第三層 | 八仙 |
| 第四層 | 黃飛鴻醒獅團（十數人） |
| 第五層 | 六國大封相（包括皇帝、旗手、太監、六位文官武官） |

## 製作：材料、工具與工序

製作抽紗公仔的材料及工具並不複雜。我們可以把抽紗公仔分內外兩層，內層行內稱為「胚」，即公仔雛形，包括頭、身驅及手腳。身驅及手腳所用材料主要是報紙、白報紙和禾稈草，頭部則是外購製成品，基本上是已上色的臉譜。外層是衣服與裝飾。衣服材料因應用途而決定，若公仔需火化，衣服會用皺紙製作，否則通常會用布料。[168] 衣服及頭上配飾以金線、紙花等點綴。

. . . . . . . . . . . . . . . . . . . . . . . . . . . . . . . . . . . . . . . . . . . . . . . . . . . . . . .

168　布料當然可化，師傅只是覺得布比皺紙貴，不需浪費金錢而已。蔡達耀訪問，2023 年 2 月 11 日。

生和隆開舖初期出口美國的「范蠡與西施」吊公，右下說明「香港製造」。（相片由梁金華提供）

　　工具方面以剪刀及自製漿糊為主，一般抽紗公仔比例尺寸以手掌丈量，大型公仔才需要使用唐尺量度。蔡師傅說，他跟父親學造公仔，不是先學習製作「胚」，而是學懂煮漿糊。自製漿糊的特點在於黏貼度，漿糊附上皮膚很容易甩掉，不會妨礙雙手製作，但沾上紙張則能讓紙胚模非常牢固。以標準八吋公仔為例，製作程序上先造「胚」，即先分別造好手腳及身的雛形，再把身體與四肢接合。[169]

　　公仔身軀用禾稈草（或百慕達草）填充，再用普通報紙包裹，表層撲上白報紙。身軀使用禾稈草的原因，是因為在注入漿糊後，附有插針的頭部插入身軀後可牢牢固定，插入報紙或其它物料則做不到這個效果。製作一個人形公仔要考慮如何「塑型」，身軀要有線條，腰位稍為收窄，呈曲線狀，讓公仔的姿態更美。

　　四肢的製作相若，均是用報紙捲製。先把報紙剪成合適大小，摺疊後捲成一個圓錐體。因為人的上臂比前臂粗，大腿比小腿壯，所以在捲紙時，要稍微傾斜開始捲，令捲起來的報紙兩頭粗幼不同，一邊寬一邊窄。當然手跟腿捲法一樣，只是大小不同，「胚」的手部要捲得再幼身一些。之後再如同身軀般撲上白報紙。撲上白報紙的目的，一方面是遮蓋報紙，以免透色，另方

蔡師傅示範製作抽紗公仔胚。

面是加固、加厚四肢形態。製作四肢，同時要考慮角色的姿勢，熟練的師傅在這階段會把四肢屈折成需要的角度。腳的製作是把小長方形紙彎曲，做成拱形連接小腿（即窄及幼一邊）末端，再重複疊上小塊白報紙鞏固腳部，繼之用鉸剪剪出靴形，驟眼看便是一位古代人物穿上長靴的下肢。

製作好四肢及軀幹後，接下來最關鍵的工序就是以白布紙把「胚」的身體接合。接合時要注意整體比例及形態是否自然，接合後又要確定是否牢固。連結好身體與四肢後，蔡師傅會在各部位一邊撲上小片白報紙一邊用手按壓揉捏，盡量把人物的大略肌肉線條模仿出來。這個接合工序只能依仗製作者經驗，蔡師傅的雙手猶如泥塑雕刻刀一樣，一步步把人物的雛形塑造出來。抽紗公仔的主體基本上是以紙製，潮人紮作同樣是以紙為主，不愛用竹篾。[170]

待「胚」完全乾涸後，按人物造型用色紙或布料剪製衣服，及製作各類飾物，最後為公仔「穿上」（貼上），一個抽紗公仔便告誕生。

170　光藝紙品翁振華訪問，2022 年 6 月 1 日。

香港非物質文化遺產系列：紮作技藝

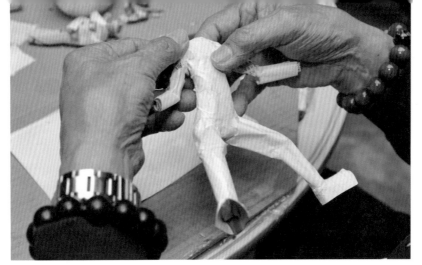

蔡師傅用雙手捏製出公仔的身形。

製作方法與用料方面，「教生公仔」與神誕醮會裝飾的抽紗公仔基本上一致，唯一不同的地方是製作的先後次序。例如應先製作公仔不會動的部分，可活動的關節部分不可與主體接合，要留待最後配合各種機關安排。蔡師傅為「梁紅玉擊鼓退金兵」吊公造的公仔，活動部分在雙手，因此拉線等機關都是要讓公仔梁紅玉雙手上下移動做出不斷擊鼓的動作，並發出敲擊聲響。不過機關這一部分，就要承造吊公的紮作師傅負責了。

## 小結

坊間某些著作會詳述某一紮作品的製作步驟，如《香港非遺便覽與實踐》。[171] 該書以花燈紮作為例子，圖文並茂，展示每一個紮作步驟，讓讀者能按圖索驥掌握花燈紮作技巧。本章收錄了九項香港常見紮作品。若沿用這種記錄形式，除了有不少工序會重複外，也異於本書寫作宗旨。文中從歷史、形制和製作三方面，探析各大種類紮作品的技藝特色，並重點還原各類紮作品製作時需要注意的技巧與手法。如醒獅和客家麒麟同樣是瑞獸紮作，均博取各家之說，亦各具特色，我們以紮、撲、寫和裝四個步驟，深入淺出呈現其中異同。又如大士王一節，我們通過田野考察紀錄，以橫洲六鄉太平清醮廣府大士王為例，深入探討大型紮作組合技術。

- - - - - - - - - - - - - - - - - - - - - - - - - - - - - - -

171 黃競聰、蘇敏怡編著：《香港非遺便覽與實踐》（香港：長春社文化古蹟資源中心，2017），頁 130-145。

1969 年中秋節小孩在家中露台玩紙紮燈籠。（歷史檔案館）

下篇

文化篇

# 第六章
# 紮作技藝與民間傳統

　　傳統紮作與民間傳統與宗教儀式關係密切。紮作品的應用與地方信仰息息相關，是故 60 年代香港報章提及紮作業式微，都會歸因於「神權沒落」。[1] 本章第一節會簡介與紮作品相關的主要儀式程序，以及背後承載的信仰與禁忌。另一方面，如同其他傳統行業，紮作業也有自己的行業神。本章第二節會介紹第二次世界大戰後扎作工會慶賀華光寶誕活動，以至工會解散後紮作師傅各自組織賀誕活動的概況。

## 第一節　紮作與民間宗教儀式

　　紮作師傅承辦大型紮作，需配合東主所奉傳統在不同紮作階段進行相關禮儀和儀式。所謂各處鄉村各處例，對不同紮作品進行的儀式亦有繁有簡，略有不同。紮作品在民間地方儀禮上涉及的相關儀式程序，大致包括：興工儀式、開光儀式、科儀應用，以及火化儀式。

香港非物質文化遺產系列：紮作技藝

1　「……在神權沒落的今天，我們這一行事實上已受到時代的逐漸淘汰。」詳見〈一個紮作的小商人養大了五個孩子，今天過的是清淡刻苦的生活，卻有着光明耀燦的明天〉，《華僑日報》，1963 年 11 月 24 日。不過另有意見認為：「本港紮作行業工友，是隨着神權的存在而生存的。由於本港華人信奉神佛者尚多，不會受到歐風美雨的薰陶而改轅易轍，故這一行仍能夠穩健經營，行久不替。」見〈七夕及盂蘭節下月來臨，紮作行業工友快將進入旺月〉，《華僑日報》，1965 年 7 月 7 日。兩篇報道對行業前景有不同判斷，但於紮作業與神權關係密切這一點上，沒有異議。

| 紮作興工 | 紮作轉化 | 紮作應用 | 紮作完成使命 |
|---|---|---|---|
| 儀式：拜神 | 儀式：開光 | 科儀法事 | 儀式：火化 |

## （一） 紮作興工

　　一般而言，香港紮作師傅開始紮作，大都沒有特別禁忌和儀式。惟新界醮會則會擇良辰吉日進行「紮作興工」。

　　「醮」是祭神儀式，通過道士及和尚作為媒介，與鬼神溝通，廣府人稱打醮。[2] 主辦單位禮聘堪輿學家按緣首的年生八字擇取、制定各項重要儀式日期和時間，此時間表稱為「吉課」。這包括醮期前後的科儀法事，如發奏上表、開工紮作、開搭醮棚、作齋灶、取水淨壇、揚幡、迎神登壇、啟人緣榜和超幽散醮等。時間表亦包含各項細節，從醮場各竹棚坐向、打醮儀式日期及時辰以至相關儀式中的相沖生肖都會詳細列出。事前醮會準備如「開搭醮棚」及「開工紮作」也不可馬虎。醮棚乃儀式進行的神聖場所及主壇所在地，而紮作品則是神靈具象的化身，可想而知二事俱不可輕慢。醮會紙紮必須通過擇定日期時辰，再進行一定儀式才可開始製作，故屬吉課之一。「開工紮作」吉課又稱為「紮作興工」。[3]

　　過去新界醮會大多由喃嘸師傅一條龍負責所有儀式項目，包括紙紮品製作。後來部分醮會科儀轉為道壇經生負責，紮作項目便獨立出來，或通過道壇包辦（多數從內地入口紙紮品），或邀請本地紮作師傅投標。例如橫洲六鄉醮會的儀式與紮作項目，原

<hr />

2　早期的道教醮儀主要用作赦罪、祈福和治病等，自魏晉南北朝已有官方建醮的紀錄。齋儀同樣是祭祀的儀式。唐代《六典》載有七種齋儀，包括：黃籙齋、金籙齋、明真齋、三元齋、八節齋、塗炭齋和自然齋。唐代以後，齋醮合稱為道教科儀的總稱。

3　謝德隆主編：《上水鄉二零零六年太平清醮全醮錄》（香港：思可出版社，2008），頁 18；謝德隆、孟榮雲合編著：《酬恩建醮話錦田》，頁 46。其他非蔡伯勵、蔡真步堂的吉課格式也大同小異，當然也有「開工紮作」一項，如 1981 年林村鄉十年一屆太平清醮的吉課。

2021年橫洲六村太平清醮所用的部分紙紮品。

由新界元朗永安堂正一喃嘸師傅梁仲負責。[4]之後轉由圓玄學院接續承辦科儀法事，紮作項目改由雄獅樓承辦。[5]2021年橫洲六村太平清醮舉行期間，正值疫情肆虐之際，為避免人流聚集，主辦單位決定把原應在醮棚舉行的興工紮作儀式，以及整個紮作工序，改在雄獅樓進行。2020年9月4日許嘉雄與同仁在雄獅樓上香拜神，並在華光神位前示範紮作小幡亭，向神明展示技藝，象徵正式動工。[6]

有些醮會按傳統做法，要求紮作師傅在指定地點進行紮作興工，如錦田十年一屆酬恩建醮在周王二公書院，廈村十年一屆太平清醮在友恭堂。復界以後，錦田鄉居民因感周、王二公之德，

4　梁仲：〈喃嘸師傅與新界的清醮科儀〉，載蔡志祥、韋錦新、呂永升編：《儀式與科儀：香港新界的正一清醮》（香港：香港科技大學華南研究中心，2011），頁41，43。此文是由韋錦新整理2006年至2009年訪問梁仲的結集。

5　橫洲六村太平清醮紮作項目包括：六元大士一尊、龍將一尊、虎將一尊、城隍一位、判官一位、白財神一位、黑財神一位、鬼卒四位、差吏四位、大紅馬一匹、大寶珠一粒、大幡亭一座、小幡亭三座、黃色羅傘一把、紅馬仔八隻、意者亭一座、幡燈籠14個、竹帽三頂、龍牌位五個和紅幡五個。

6　《橫洲六村太平清醮庚子年特刊》（香港：橫洲建醮委員會，2021），頁67。

建周王二公書院[7]。康熙廿四年（1685），周王二公書院竣工，隨即鏊定十年一屆設壇建醮，並命名為「酬恩建醮」。[8] 2005 年生和隆連續承辦六屆錦田十年一屆酬恩建醮，橫跨 50 年。[9] 2005 年 9 月 14 日上午十時，梁有錦假周王二公書院舉行紮作興工。儀式由當屆錦田醮會緣首代表敬奉祭品，酬謝周王二公，祈求醮會順利。接着，梁有錦在周王二公神位前即席紮作兩頂神冠，放置在神位旁，隨後緣首代表向在場人士派發利是，大會亦準備好訂金支票給生和隆，錦田醮會紮作正式動工。[10] 2015 年，錦田醮會的紮作項目由冒卓祺奪得，紮作興工儀式也如歷屆醮會一樣，在周王二公書院舉行。紮作品示範則改為功曹馬，並在神位前示範，明顯是讓祖先神明驗正承辦紮作師傅的技藝。

## （二）紮作開光

紮作品本身沒有「生命」。紮作品因應其造型角色附帶儀式功能，但須經過特定人士進行相關儀式，方能「激活」紮作品所象徵的靈氣及能力，此儀式稱為「開光」。宏觀眾多瑞獸紮作的開光儀式，龍、獅開光今已相對世俗化，而麒麟開光仍存在各種規定與禁忌。麒麟製成後，實際仍是紙紮品，必須通過開光儀式，賦予靈性和神氣，方能舞動。傳統以來，剛紮作完成的麒麟需用紅布蒙眼，待開光儀式完成後才能正式舞動表演。據說麒麟屬於四靈之首，舞麒麟有辟邪擋煞之效。麒麟本身比魑魅魍魎有更大「煞氣」，因此能震懾後者。麒麟開光須非常小心謹慎，「時間、地點、主持人和參與者」都十分講究，稍一不慎會誤中麒麟開光時釋出的「煞氣」，反傷及己方。

7　周王二公書院曾多次重建，分別於 1774（乾隆九年）、1824（道光四年）、1935 年、1965 年、2005 年及 2015 年。

8　蕭國健：〈錦田周王二公書院〉，載《香港的歷史與文物》（香港：明報出版社，1997），頁 150-159。

9　2005 年，梁有錦年屆 90 餘，長子梁金華放棄原來工作，用一年時間協助父親完成項目。生和隆梁金華訪問，2021 年 1 月 7 日。

10　謝德隆、孟榮雲合編著：《酬恩建醮話錦田》，頁 46。

2022 年古洞麒麟開光儀式。（相片由「明日記載」Facebook 專頁提供）

　　以客家麒麟開光儀式為例，坊間有不同形式的做法，不一而足。[11] 有些村落有宗教信仰，所以開光儀式會帶有宗教科儀的元素，但是大部分村落都是依照祖傳的儀式進行，例如部分麒麟開光儀式的主持人會修練「神功」。儀式舉行前，主持人擇定的吉日吉辰，不可與其生辰八字相沖。另儀式前一天不可近女色。參與者方面，過往女性與小孩不可參與儀式。[12] 參與者時辰八字若與開光日子相沖，也需要迴避。至於開光地點，多選擇在山上或山邊有河有樹的風水位置，樹木具吸「煞」作用。儀式進行期間，除了主持人外，眾人一律不可張聲，亦要把手持兵器指向祭壇旁的榕樹，以作轉「煞」。據說開光儀式後，榕樹會在數天內凋萎。另外也有師傅手持三叉，作「化煞」之用。儀式必須在安靜潔淨的地方進行，所以多在半夜子時。據說子時代表新一天的開始，象徵宇宙創生。

　　儀式開始前，要確定祭壇坐立方向，附近環境也要灑聖水潔淨驅邪，再放上祭品及未開光的麒麟，後者用紅布帶綁緊雙眼及嘴巴。儀式流程大致可分為參拜土地、誦讀祭文、麒麟點睛、舞動麒

11　葉德平、黃競聰：《西貢 ・ 非遺傳承（計劃：西貢麒麟舞》，頁 83-85；劉繼堯、袁展聰：《武舞民間：香港客家麒麟研究》，頁 101-113。

12　此規定是避免女性月事「不潔」與小孩嘈吵，影響儀式進行。

香港非物質文化遺產系列：紥作技藝

麟和採青。祝文各師各法，分為請神與送神兩種，旨在恭請神明降臨，參與慶典，享用祭品，共同「見證」麒麟的「誕生」。請神祭文誦讀後，主持人解開麒麟雙眼及嘴上紅布，並説「左通承明，右達廣內，眼放如日之光，口吐三味真火」。之後依序點睛，由右眼開始，然後由頭部至尾部。點畢，開始舞動麒麟參拜神明與四方，期間各人避免直視麒麟，因「剛開光的麒麟有強烈的煞氣」。經過上香參拜、誦畢送神祭文及採青完成後，麒麟回程，到達前在外參拜土地，到達後在內則參拜神壇，稟告神明。各人上香，把開光的麒麟放在神壇前，主持人將紅布燒化，儀式遂告完成。

整個開光儀式具有濃厚民間宗教色彩。當中的祭文與禁忌，頗有中國傳統秘密宗教的儀式特質。無論是「轉煞」還是「化煞」，儀式的目的都是在麒麟誕生之時，不被其煞氣傷害，並希望開光後的麒麟，以其「煞氣」驅逐邪煞。總體看來，開光儀式也可說是一種「過渡儀」（Initiation rite）。[13] 通過開光儀式，紙紮麒麟轉化為具有神聖力量的瑞獸，將福氣帶到社區。

## （三）紮作應用及完成使命

大士王造型樣式多變，按族群分為潮州、鶴佬和廣府。據說大士王是觀音的化身，樣貌兇惡猙獰，用意是震懾鬼魂。傳統以來，香港醮會和盂蘭勝會都有供奉大士王，因應地方空間，選擇紙紮大士王或畫像。每年農曆七月，香港不少球場臨時轉換為盂蘭場，其中以香港潮州傳統居多，2011 年香港潮人盂蘭勝會更納入第三批國家級非物質文化遺產。潮州紙紮大士王頭戴冠帽，額前有觀音像，擁有青面獠牙；雙腳直立，右手微微抬起，左手高舉印有「喃嘸阿彌陀佛」的文字。大士王負責鎮守盂蘭場地，維持場內秩序，監察分衣施食。

---

13　正如《武舞民間》的作者所言：「在麒麟開光時運用符、咒，便是將神力，貫注在麒麟之中。於是，從道教的角度而言，符與咒本有驅邪辟鬼的作用，在麒麟的開光儀式中，傳承人通過符咒，將神力賦予麒麟，麒麟遂有驅邪辟鬼的力量」。詳見劉繼堯、袁展聰：《武舞民間：香港客家麒麟研究》，頁74。

2021 年橫洲六村太平清醮化大士。

　　大型的香港潮人盂蘭勝會通常禮聘潮州佛社，舉行一連三天
的法事儀式，超渡孤魂野鬼。在盂蘭勝會第一天，舉行發關、啟請
儀式以後，經師帶領盂蘭會總理等依次到天地父母棚、大士台和孤
魂台各爐位前誦經開光。首先他們到達天地父母棚上香供奉諸神；
接着到大士台前誦經，召大士王；然後到孤魂台前誦經，召孤魂野
鬼。開光次序有分先後，是因為要先請大士王到盂蘭勝會會場「坐
鎮」，監管即將前來的孤魂野鬼，防止騷擾法會。其後就會安放代
表大士王和孤魂野鬼的香爐，是為「安大士」和「安孤魂」。[14]

14　黃競聰撰、長春社文化古蹟資源中心編製：《香港非物質文化遺產系列：香
　　港潮人盂蘭勝會》，頁 54-83。

祭祀儀式完成後，相關儀式的紮作品完成使命，之後便會火化。無論是盂蘭勝會還是醮會中的大士王，最後的儀式便是把大士王送走，將其火化，俗稱化大士。以 2021 年橫洲六村醮會為例，在化大士前大士王要離開醮場在周邊村落走一圈，俗稱大士出巡。這次醮會的紙紮大士王高丈八（近四米），出巡前需要據其重量及行走路線，準備足夠壯丁替換扛抬，才不至影響原定路線及延誤火化時辰。[15] 該次出巡路線頗長，扛抬壯丁為盡量省力，步行極速，沿途停靠十個地點，由出巡至返回醮場約一小時。[16] 大士王停留點多選擇在村口、空地、橋下和近山野陰暗處。大士出巡主要為了驅除煞氣，潔淨村內「污穢」之地。另外化大士有不同禁忌，有些鄉村規定參與者儀式期間保持肅靜，甚至不容許女性參與；有些鄉村則以長竹桿支撐大士王，避免大士王倒向任何一方，因鄉民相信大士王倒下那一方的村落將會遭殃。[17] 出巡完畢，大士王連同幡杆幡燈等紮作品一併火化，同時把村界範圍不潔之物一同帶走。火化儀式代表恭送大士王，跟着鑼更齊鳴，爆竹聲接踵而來，醮會正式結束，可以開齋吃葷。

## 小結

不是所有紮作品都會經歷從興工到火化的整個儀式過程，但絕大部分應用後都會火化。嚴格來說，所有經過「開光」的紮作品，若不再使用都要火化。不過隨着社會進步，大眾對傳統文化日漸重視，把紮作品視為藝術品，故有些紮作品即使完成使命後也不會火化。例如從前有些師傅在麒麟開光後，便會把不再使用的破舊麒麟頭火化。而今天很多武館或團體都不會火化瑞獸紮作，縱使不會再用，也當作古董收藏。

· · · · · · · · · · · · · · · · · · · · · · · · · · · ·

15　據說現在流行的大士出巡，在二十世紀 80 年代香港醮會中非常罕見。詳見蔡志祥：《酬神與超幽：1980 年代香港新界清醮的影像民族志（下卷）》，頁 96。

16　或許為了省時省力，也讓更多人參與扛抬，大士王以橫躺方式出巡，只在指定停留點豎立起來，並轉一圈環照四周，然後再繼續行程。

17　沙田九約（乙未年）十年一屆太平醮醮刊編輯小組：《沙田九約（乙未年）十年一屆太平醮特刊》（香港：沙田九約（乙未年）十年一屆太平醮建醮委員會，2015），頁 31-32。

# 第二節　紮作行業與華光信仰

　　中國人相信神靈無處不在。信眾不在乎神靈品位高低，只在乎是否靈驗。在民間信仰系統中，神明各有職能和專責範疇，但絕大部分均與日常生活息息相關。隨着生活經驗累積，不同地區的民間信仰發展成獨特的神靈崇拜形式。[18] 按照中國傳統，各行各業均有崇拜「行神」習俗，在該行業的特定日子舉行祭祀活動，祈求行神庇佑。[19] 為了酬謝神恩，答謝過去一年的保佑，祈求來年工作順利，傳統行業都會在特定日期舉行賀誕活動。

## （一）香港紮作業與華光信仰

　　華光是香港較為人熟悉的火神，很多傳統行業因懼怕火災，都會奉其為行業神，如粵劇界、紮作業和搭棚業等。[20] 譬如從前粵劇表演場地大多是用竹搭建成的戲棚，萬一遇上火災，隨時性命堪虞，只能藉着華光庇佑，祈求避免火災，演出順利。[21] 紮作業同樣怕「火」，過去不少報章報道紮作店時常遭遇火災。如位於中環士丹頓街的黃秋記，二十世紀 30 年代先後兩次遭逢火災，第一次「燒斃多人」，第二次則幸無人傷亡：

---

18　宗教和民間信仰之最大差異，凡宗教自有一套信念和價值觀，而民間信仰所追求的則較簡單、直接和具體，帶有強烈的功能性和實用性。詳見黃競聰：《風俗通通識》（香港：長春社文化古蹟資源中心，2012），頁 93。

19　行業神主要分為兩大類型，第一類是行業的創始人或是行業中的翹楚，他們或曾著書立說，對行業有莫大的貢獻。部分行業的行業神只屬神話傳說，但共同特質是具備該行業所需的超卓技能，故奉為行業的「祖師爺」。業內人士崇拜祖師爺，除了祈求獲庇佑外，更希望得到行業神的眷顧，保佑技能得到提升。第二類是行業神的生平事蹟和職能，與該行業某方面相關。例如某些行業常遇到某種風險，崇拜這類行業神能保佑工作平安。

20　〈八和子弟昨祝華光先師寶誕，紙業扎作工會同時祝師傅誕〉，《大公報》，1961 年 11 月 7 日；何佩然：《班門子弟：香港三行工人與工會》（香港：三聯書店（香港）有限公司，2018），頁 175；林萬儀：〈行業神崇拜：香港粵劇行的華光誕〉，《田野與文獻》51 期（2008），頁 21-25。

21　這與傳統戲神的職能不同。根據粵劇行內人士口述，傳說玉皇大帝擔心伶人醜化自己，有損天庭形象，又或戲班鑼鼓喧擾，玉帝不勝其煩，於是指派華光到凡間燒掉戲棚。華光下凡後，見眾伶人演戲落力用心，不忍傷害他們，便指點戲班燒香化寶，煙火上達天庭，讓玉帝以為戲班被焚，信以為真，眾伶人才幸免於難。戲班為答謝華光恩德，自此奉華光為保護神。

昨晚十時四十五分，中環士丹頓街三十五號黃秋記，突告火警，滅火總局聆耗，即派三機前往施救，迨抵埗時，則火已熄滅，惟仍有濃煙由店內噴出……。查黃秋記為一紙扎店，舖內薹存元寶紙料不少，起火時，主事人均已出外，只餘店伴兩人在店中，其中之一伴，忽見濃煙自地牢之閣仔噴上，繼且火光熊熊……。[22]

## （二）工會與華光誕

農曆九月廿八日為華光先師寶誕，扎作工會一向按照傳統舉行慶祝活動。1961 年勞資雙方達成共識，曾列華光誕為行內有薪假期，可見華光信仰在香港紮作業的重要性。我們在第三章介紹扎作工會發展概況時已述及工會有舉辦華光誕活動，本節則從慶典形式與變遷的角度再作探討。第二次世界大戰後 1946 年，港九油燭扎作工商總會致函華民政務司，邀請派員蒞臨恭祝華光先師寶誕慶典暨選舉第二屆職員活動：[23]

> 呈為呈報事，竊敝會於十月二十二日三時假座中環大道中金城酒家恭祝華光先師寶誕慶典，同時選舉第二屆職員。
> 八時歡燕，理合呈報
> 鈞座察核派員蒞臨指示，寔叨公便，謹呈
>
> 　　　　　　　　　　　華民政務司長鈞鑒
> 　　　　　　　　港九油燭扎作工商總會謹呈

當日的活動程序，檔案今存一紙「先師聖旦慶典秩序表」：

港九油燭扎作工商總會恭祝
先師聖旦慶典秩序表
一、集齊
二、肅立

---

22 〈紙紮店黃秋記又告火警〉，《天光報》，1934 年 4 月 27 日。

23 函件是 1946 年 10 月 19 日發出，慶典於 10 月 22 日在皇后大道中金城酒家舉行。詳見〈扎作工商總會致函華民政務司（6）〉，1946 年 10 月 19 日。香港政府檔案處，檔案編號 HKRS837-1-244。

三、向中英旗行鞠躬禮致敬

四、唱國歌

五、向孫總理遺像、蔣主席肖像行三鞠躬禮

六、恭讀總理遺囑

七、主席宣佈開會理由

「詞文」本會復員迄今幾及半載，會務大有進展，成績堪優，幸賴諸位會員精誠團結，謹守會規，亦得各職員熱誠服務所以致之者。現在這次慶典經已停祝多年，今得有此機會，寔乃非常榮幸，蓋職員任務本以每屆一年為期，但工商團體以先師聖旦日選任居多，得人眾齊集，免另再召，以省經費，是以本屆年期縮短云云。

八、選舉第二屆職員

九、新任主席致詞

「詞文」現得各位會員選任斯職以弟，鄙才不敢負此重任，但蒙各位誠意，亦何敢違。惟小弟黽勉從事，忠誠服務而籌諸君之雅意，伏望眾君指示襄助，以策進行，幸甚，幸甚。

十、茶會

十一、散會[24]

「秩序表」列舉 11 個項目，內容沒有詳細交代拜祭華光先師具體儀式，帶有政治色彩的儀式卻佔了四項。[25]「秩序表」第七項「開會理由」之「詞文」說工商總會已多年沒有舉辦華光誕慶典，這自然是戰事未平之故。1947 年「復會周年紀念典禮」，理事長在演說中提到工商總會「在戰前曾有組織，當戰時會務暫行

---

24 〈扎作工商總會恭祝先師聖旦慶典秩序表（6）〉，1946 年 10 月 22 日。香港政府檔案處，檔案編號 HKRS837-1-244。

25 程序表列舉與「政治」有關的儀式，如第六項恭讀《總理遺囑》（即「……革命尚未成功，凡我同志……繼續努力……」）。恭讀《總理遺囑》是民國時期許多集會典禮開始時的其中一個程序，而在香港，較特別之處當是同時向中英兩國國旗行鞠躬禮，以表達對宗主國的尊重。這些政治儀式或多或少也於扎作工商總會同年 4 月 19 日舉行的「復興成立大會」、6 月 8 日的「開幕復興典禮」以及一年後 6 月 27 日的「復會周年紀念典禮」的秩序表中出現。不過當中也有一些分別。如 1946 年「復興成立大會」及「開幕復興典禮」中沒有掛出英國旗，而是向國旗及黨旗（中國國民黨旗）行鞠躬禮，並加上向抗戰殉難軍民默哀致敬一項。1947 年的「復會周年紀念典禮」則沒有黨旗，而是如 1946 年「先師聖旦慶典」向「中英旗」行禮。「唱國歌」一項則只見於 1946 年「先師聖旦慶典」及「開幕復興典禮」。三個活動的秩序表均見於香港政府檔案處，檔案編號 HKRS837-1-244。

香港非物質文化遺產系列：紮作技藝

228

50 年代扎作工會慶祝華光誕於酒家外掛上大花牌及吊公。
（相片由梁金華提供）

停頓，迨香港光復後呈請政府准予復會成立」。[26] 由此可見，華
光誕慶典在戰前已是工商總會的會務活動之一。1946 年「詞文」
又提到，華光誕慶典當天「得人眾齊集」，正好免卻再定日期，
是召集會員共襄會務良機，是故選任下一屆職員也於這次先師聖
誕日舉行。

　　1949 年，政府正式成立職工會登記局，同年工商總會也正
式登記為工會。這年華光誕沒有同時舉行職員選舉，而是舉行
「第二屆新舊職員交代典禮」，[27] 意謂選舉在之前已另外擇日舉行。
工會會員需購買席券出席華光賀誕飲宴，工會則從福利金撥出經
費，補貼餘下開支。[28] 至二十世紀 60 年代初，工會成立周年紀念
與華光先師寶誕已成為工會年度兩個大型活動，「新舊職員交代
典禮」（或稱工會新員就職典禮）已改為在上半年工會成立周年

26　〈扎作工商總會復會周年紀念典禮秩序表（8）〉，1947 年 6 月 27 日。香港政
　　府檔案處，檔案編號 HKRS837-1-244。
27　〈油燭紮作會職員交代〉，《華僑日報》，1949 年 11 月 21 日。
28　見 1982 年至 1992 年工會提交賬表中「先師紀念席券」及「先師紀念費用」
　　收支，香港政府檔案處，檔案編號 HKRS1364-2-46。

紀念典禮中舉行，而下半年的華光誕慶典，則更多屬聯誼性質。
不過，若會務有重大發展，也會選擇在華光誕聯歡晚宴宣佈，如
籌款購買會址計劃：

> 年初協議達成，工友工作生活改善，有賴工會之領導，
> 工友對會的認識及擁護日益加深，僉認為有加強組織鞏
> 固會基之必要，倡購會址，故會成立購會計劃小組籌
> 劃……。[29]

又如 1961 年華光誕當天，早上工會理事長及職員齊集會所
禮堂，舉行簡單拜祭儀式，下午同人在酒家舉行聯歡大會，晚上
禮聘戲班，在宴席期間表演神功戲，娛人娛神。參與人士高達
三百多人，筵開數十席。[30] 由此可見，職工會的華光誕慶典基本
上是橫跨一整天的慶祝活動，相信這與 1961 年初勞資談判達成
協議，訂明會慶與華光誕為行內有薪假期不無關係。回顧二十世
紀 60 年代的報章報道，工會華光誕當天活動非常豐富，包括茶
會、神功戲、晚宴和幸運抽獎等。抽獎包括獎金與獎品，報效者
除了工會職員，也有店號老闆及其他行業東主，會場亦會燃放炮
竹，頗有節日氣氛。1962 年，工會同時舉辦敬老大會，向 50 多
位 60 歲的業內老行尊會員致送「金牌一面，壽麵禮物一包」。[31]
1963 年加插電影放映環節，為工會成員提供娛樂。[32] 1962 年聯
歡暨敬老大會，報章把獎金獎品的報效者開列出來：

> 樂捐敬老席金、禮物，計有名譽會長蕭錫明二百元，吳
> 國城一百元，梁漢榮、張漢深各卅元。曹儒二十元另飾
> 金牌六十面，李強、湯暖、黃普……各廿元。……馮
> 炳各十元。蘇根壽麵一百二十個。
> 樂捐獎品及代金者，計有：梁漢榮、李強各十元。……

• • • • • • • • • • • • • • • • • • • • • • • • • • • • • • • • • • • • • •

29  〈油燭紙業紮作工會昨祝華光寶誕，宣佈籌購會所〉，《華僑日報》，1961 年
    11 月 7 日。

30  〈八和子弟昨祝華光先師寶誕，紙業扎作工會同時祝師傅誕〉，《大公報》，
    1961 年 11 月 7 日。

31  〈紙業紮作職工會祝先師誕敬行尊，三百餘人聯歡極為熱鬧〉，《華僑日報》，
    1962 年 10 月 27 日。

32  〈油燭紙業紮作工會祝華光誕聚餐聯歡〉，《華僑日報》，1963 年 11 月 14 日。

扎作工會華光先師畫像。（現存雄師樓）

周城六派克墨水筆一對，劉安毛毡一張，羅偉、⋯⋯
各捐鰱魚恤一件。⋯⋯ 葉窩鬧鐘一個，⋯⋯。鑽石牌
衛生巾廠代理大東洋行三磅庄水壺一打，黃廣麟毛巾二
打，⋯⋯ 麥全電熨斗一個，振興隆膠筷子五筒，全體會
員及關裕聲炮竹廠同贈串炮二十萬响。[33]

梁漢榮、張漢深、李強、湯暖和曹儒等皆為應屆工會職員，
梁漢榮是理事長。蕭錫明外號「香港殯儀大王」，經營殯儀館生
意，與紮作業關係密切。他應該於 1949 年政府要求工會登記前
曾任工商總會名譽會長。1964 年續有報章報道工會慶祝華光誕
盛況：

今（二）日為華光先師寶誕，港九油燭紙業紮作職工
會，以欣逢誕日為弘揚尊師重道之義，特援照往例，除
今日全行工友休息一天，同申慶祝外，並定於下午六
時，假座灣仔英京酒家三樓，舉行慶祝儀式及聯歡讌
會。今日下午四時，聯歡會即告開始，首先舉行茶會，
繼為粵劇演出，該會為增加愉快氣氛起見，屆時並有抽

33　〈紙業紮作職工會祝先師誕敬行尊，三百餘人聯歡極為熱鬧〉，《華僑日報》，
　　1962 年 10 月 27 日。

獎及猜謎等助興。獎品方面，除由該會各理事職員樂助
者外，並獲得各紮作商號報效，至為豐富。此次參與盛
會之紮作工友，約達四百餘人，所謂偷得浮生半日閒，
均將盡情歡樂，預料又有一番盛況。[34]

1967 年，因「時局非常，交通不便」，華光師傅賀誕一切從
簡，沒有在酒家設宴，只在工會會所禮堂舉行簡單儀式。[35]70 至
80 年代工會會員人數穩步上揚，但有關工會報道則愈來愈少，故
無法從報章報道中了解工會華光誕的變遷。

### 1949 年及 1960 年代扎作工會賀華光寶誕資料

| 年份 | 人數 | 地點 |
| --- | --- | --- |
| 1949 | 百餘人 | 江蘇酒家 |
| 1960 | 四百餘人 | 仁人酒家 |
| 1961 | 三百餘人 | 廣州酒家 |
| 1962 | 三百餘人 | 英京酒家 |
| 1963 | 五百餘人 | 英京酒家 |
| 1964 | 四百餘人 | 英京酒家 |
| 1965 | 三百餘人 | 英京酒家 |
| 1966 | 數百人 | 英京酒家 |
| 1967 | 一 | 會所禮堂 |

\* 據 1949 年、1960 至 1967 年報章報道整理。

據工會申報的會員人數，60 年代平均約有會員 362 人，70
年代有 489 人，80 年代有 366 人，90 年代有 168 人，2000 至
2008 年工會解散則約有 87 人。[36]可見隨着行業式微，80 年代末
工會會員人數開始大幅下降，華光誕聯歡大會的規模也相應縮

34 〈油燭紮作工會今慶祝華光誕，全體工友今日休息一天〉，《華僑日報》，
   1964 年 11 月 2 日。

35 〈紙業紮作職工會今年祝華光誕在會所內舉行，一切從簡會友可自行參加〉，
   《華僑日報》，1967 年 10 月 27 日。

36 據 *Hong Kong Annual Departmental Report of the Registrar of Trade Unions for the
   Financial Year* 各年數據統計。

小。1961 年工會爭取的兩天有薪假期也徒具空文。據末代工會職員許嘉雄回憶，工會解散前數年的華光誕，只是下班後一眾去酒家吃頓晚飯而已，出席人數不多，而華光正誕當天不再是有薪假期。[37] 工會最後一位副理事長夏中建憶述，以前他負責預訂工會華光誕酒席，當時大多在旺角倫敦酒樓設宴，約六、七席，大部分席圍由紮作紙號東主承包。[38]

## （三）工會解散以後華光信仰之傳承

2008 年工會解散後，意味工會主辦的華光誕停辦，但是香港紮作業的華光信仰並未消失。我們走訪多間紮作工場和店舖，發現不少師傅供奉華光神像或畫像，有的秉承傳統舉行賀誕活動。今紮作店各自慶祝華光誕，賀誕規模和形式略有不同，互不統屬，各自精彩。規模較小者，當日下班後各店內同仁、家眷，以及任散工的師傅或其他友好一起在酒家聚餐。寶華紮作供奉華光神位，第二代負責人歐陽秉志師傅指出，其父歐陽偉乾沒有加入工會，華光誕當天他會跟幾位相熟的「行街」（紙業推銷員）一起到酒家吃飯過節，下午他們便在酒家開始打撲克牌，晚上享用晚膳，筵開兩至三席。[39] 近年，參與籌辦規模較大型的慶祝活動，則有雄獅樓許嘉雄及祺麟店冒卓祺。

自 2011 年起，雄獅樓許嘉雄會在華光誕宴請同業慶祝。隨着業務發展，宴會陸續邀請武館友好及客戶參加。2012 年，他開始迎請華光巡遊，第一年巡遊至灣仔洪聖廟，因廟內供奉華光大帝。隨後許師傅改變巡遊路線，選定在筲箕灣區內巡遊。正誕當晚設宴，並有競投活動，藉此帶動現場氣氛，更重要是籌集資金，維持賀誕活動。許師傅直言，現在參加賀誕的「行家」比較少，反而是龍獅界、武館友好居多。許師傅辦華光誕晚宴，支出

37　雄獅樓許嘉雄訪問，2021 年 6 月 30 日。
38　天寶樓夏中建訪問，2021 年 9 月 10 日。
39　寶華紮作歐陽秉志訪問，2021 年 7 月 30 日。

寶華扎作華光神位。

主要透過宴會上的競投彌補。現在競投的物品比較實際，多數是足金首飾等有實質價值的東西，不會像傳統神誕活動以競投花炮聖物為主，但仍保留競投長虹和金花以延續傳統。然而，因疫情關係，賀誕活動已停辦了三年。[40]

　　祺麟店業務較集中在新界鄉村地區。2016 年，冒卓祺成立「香港本地紮作業工會」，後來易名「香港紮作業聯會」，冒師傅擔任聯會主席，其師傅陳旺為創會會長。2017 年，「工會」在元朗大棠路紅爵酒家慶祝華光先師寶誕，當日不少新界鄉紳、國術界、文化界等人士應邀出席，場面熱鬧。[41] 是次賀誕宴會的會場橫幅題為「香港本地紮作業工會恭祝華光先師寶誕；並慶祝『紮作技藝』列入香港非物質文化遺產代表作名錄；暨麒麟、醒獅紮作比賽」。這次活動除了慶賀華光誕，更特意舉辦麒麟、醒獅紮作比賽頒獎典禮，由主禮嘉賓評分，藉此推廣香港紮作技藝。此外，正誕當晚，冒師傅禮聘聯會法事部顧問正一派玄應壇關敬霖道長，舉行華光神像開光，並祈求華光保佑會務昌隆。如此隆重儀式相信是近年香港華光賀誕所僅見的。

40　雄獅樓許嘉雄訪問，2021 年 6 月 30 日。

41　筆者應邀出席，見證了當晚之活動盛況。

雄獅樓華光像。

### 香港部分紮作店舖及工場供奉華光神位情況及賀誕形式

| 紮作寶號 | 地址 | 工場 / 店舖 | 華光神位 | 賀誕形式 |
|---|---|---|---|---|
| 生和隆 [42] | 西營盤 | 店舖 | — | — |
| 天寶樓 | 西營盤 | 工場 | — | 聚餐聯誼 |
| 雄獅樓 | 柴灣 | 工場 | ✓ | 請神巡遊、競投福品 |
| 寶華 | 深水埗 | 店舖 | ✓ | 停辦 |
| 祺麟店 | 元朗 | 工場 | ✓ | 大型宴會 |
| 福興隆豪記 | 紅磡 | 店舖 | — | 聚餐聯誼 |

## 小結

　　無論許嘉雄還是冒卓祺所辦的華光誕宴會，或多或少如以往工會舉辦的宴會一樣，均帶有聯誼性質。值得注意的是，過去工會聯誼對象以同業為主，時至今天，聯誼對象更多是來往的業務客戶。冒卓祺藉此進一步聯繫香港文化界，以凝聚一班熱愛紮作技藝人士。面對行業式微，行內競爭劇烈，香港紮作師傅更是「買少見少」，早年職工會年代慶祝華光誕的氣氛與形式難以復見。

42　生和隆沒有供奉華光神位，梁金華稱父親梁有錦後來加入香港紙業商會，從沒有聽說該會有慶賀華光誕的傳統。他笑說，從前該會在 10 月 1 日舉行升國旗禮，可能是親左團體，故沒有奉華光為行業神也理所當然。生和隆梁金華訪問，2021 年 7 月 23 日。

# 第七章
# 紮作技藝與海外華人社會

　　紮作這門傳統手工藝向以滿足本土需求為主。不過，中國沿海地區人民為了謀生，部分遠渡重洋，落地生根。清中葉以後，內地戰亂頻仍，社會動盪不安，造成大批逃難移民。這些華僑社群繼續傳承故鄉文化，包括飲食、衣着、人際相處、宗教活動等傳統。各類紙紮正是傳統文化生活的必需品：紅白二事、神誕節日、開張喜慶、祭神祀鬼、祭祖拜神等活動，紙紮品不可或缺。若在當地不能購得合適的紙紮品，海外華僑會向故鄉的紙號越洋訂購。基於華僑社群的需求，紮作這種傳統在地手工藝，因而多了出口海外的生意渠道。

生和隆早年出口海外的獅頭。（相片由梁金華提供）

香港非物質文化遺產系列：紮作技藝

# 第一節　紮作的外銷出口

## （一）禁運下生和隆之海外拓展

1950 年韓戰爆發，聯合國對中國實施貿易禁運。香港作為貿易轉口港，禁運為經濟帶來沉重打擊，對經營各種貨物轉口相關行業衝擊甚大。然而，所謂「有危便有機」。原材料不需依賴內地來貨的本地工業，反而趁此機會承接原本從內地直接出口的海外訂單。香港紮作業正好適逢其會，得以蓬勃發展。再者，內地爆發文化大革命等政治運動，紮作行業與傳統宗教關係密切，實在難以發展。相對而言，香港政局較為安定，大量紮作人材來港謀生，本地紮作業得到前所未有的發展機遇。本節以生和隆出口生意為例，探討香港紮作行業出口運作流程、客源和訂購品種類，以及這個傳統行業面向海外華人市場出現的各種問題。

紮作師傅每談及香港紙紮出口，均異口同聲提到金玉樓是出口生意先驅。金玉樓以經營龍獅等明紗紮作為主，出口海外，賺取外匯。梁有錦與歐陽偉乾先後在金玉樓工作，其後自立門戶，分別創辦「生和隆美術扎作」與「寶華扎作專家」，並仿傚金玉樓開展出口業務。梁金華整理生和隆賬簿期間，檢出一批有關出口業務的文件。[1] 惟店舖曾遭水淹，部分賬簿受損嚴重。現存資料以二十世紀 80 至 90 年代的較為完整，這些資料足以讓我們窺視香港紮作業出口貿易的概況。

## （二）海外訂購的國家、買家與委造紙紮品類型

生和隆現存出口資料紀錄，年份橫跨二十世紀 60 至 90 年代，訂購地區以美國為主，檀香山尤多，也有來自澳洲墨爾本及廣東佛山的生意。這些資料亦包括英鎊和馬克交易的匯款單據，也有來自歐洲買家的訂購資料。訂購品包括獅頭獅被、獅鼓、銅

---

1　文件包括書信、提單、報表，以及有關本地貨運、海運船務、燕梳（保險）、倉務庫存、銀行匯款等。

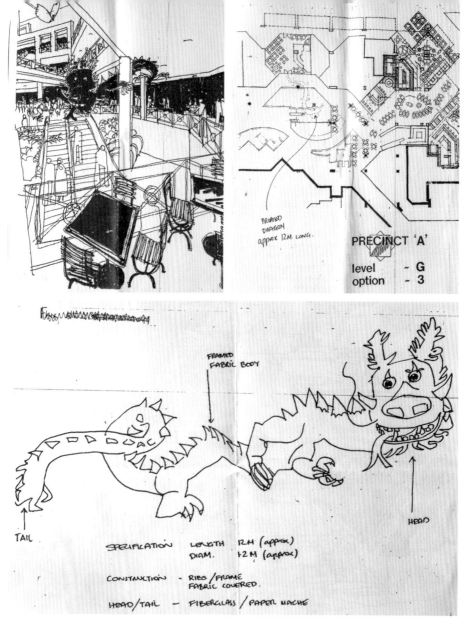

澳洲布里斯班商廈大堂巨龍裝飾概念草圖。（梁金華提供）

鑼銅鈸、各類旗幟和兵器等，尤以舞獅配件需求甚大，也有大型金龍訂單。訂購客戶以當地華人社團為主，如體育會、舞獅會、國術團等。其宗旨大都是推廣中國武術，同時也在節慶期間為社區舞龍舞獅增添喜氣。另外一類客戶並非傳統華人社團組織，他們把紮作品視為傳統中國藝術品，作商業擺設或裝飾之用，不過為數不多。據梁金華回憶，這些年來生和隆出口的金龍約有 30 條，獅頭的出口數量比較多，至 80 年代後期花燈則較受歡迎。

1991 年澳洲布里斯班某商廈擬以巨龍裝飾大堂，此宗生意是經香港貿易發展局協助引介的。又如 1994 年舊金山國際機場「展覽、博物館與文化交流辦事處」（Bureau of Exhibitions, Museum, and Cultural Exchange）的訂單。這次訂購的紮作品頗

香港非物質文化遺產系列：紮作技藝

238

多，主要用作機場內的裝飾擺設，包括十二生肖、鯉魚、洋桃、西瓜、桃花、直升機、747 飛機、太空船、飛船、宮燈、酬恩燈、六角紗燈、八角走馬燈等。梁金華說，生和隆在二十世紀 70 年代已紮作十二生肖，每個長六尺，完成後直接裝箱，用船運送到美國紐約。

## 生和隆部分出口紮作訂購者及時地詳情

| 橫跨時間 | 地點 | 訂購者 | 訂購品 | 聯繫人 |
|---|---|---|---|---|
| 1967 | 芝加哥 | 亞洲體育社 | 獅頭獅被、獅鼓、銅鑼銅鼓、大頭佛衫褲、精武衫褲、關刀、大扒、九環刀、雙刀、蛇芽咀等 | / |
| 1969 — 1972 | 紐約 / 芝加哥 | 協勝公會 | 獅頭獅被、獅鼓、銅鈸、銅鑼、鼓柱、鑼柱、帥旗、兵器、絲質制服、橫幅等 | 伍佳彥、伍一貫 |
| 1979 — 1994 | 檀香山 | 龍岡青年部 | 獅頭獅被、獅鼓、龍鼓、鼓旗、戲服、兵器等配件 | 趙宗顯 |
| 1979 | 紐約 | 同仁堂 | 獅頭獅被、牛皮獅鼓 | / |
| 1982 — 1995 | 檀香山 | 國民黨國術團 | 獅頭獅被、龍頭、百尺金龍一條、龍珠、彩鳳、龍雲日月、鯉魚、牛皮獅鼓、蘇銅鑼、關帝及華光神衣、神花、男女頭、各種配件 | 彭澤聯 |
| 1991 — 1995 | 檀香山 | 吉慶公所華光廟 | 獅頭、錦旗、單面戟、華光大帝神像、各種配件 | 彭澤聯 |
| 1991 | 檀香山 | 華人舞獅會 | 獅頭獅被、兵器、各種配件 | 林錫安 |
| 1991 | 澳洲布里斯班 | 某商廈 | 龍 | IRA T. Smith |
| 1991 | 中國廣東 | 廣東省佛山工藝品進出口公司 | 6 吋獅頭 240 個 | 葉大鳴 |

（續上表）

| 橫跨時間 | 地點 | 訂購者 | 訂購品 | 聯繫人 |
|---|---|---|---|---|
| 1992 | 檀香山 | 江少林派功夫 / 蔡李佛江館 | 獅頭獅被、獅鼓、大頭佛、各種配件 | / |
| 1994 | 檀香山 | 精武體育會 | 麒麟、獅頭獅被、牛皮獅鼓、蘇銅噹噹、龍旗等 | 梁林聶 |
| 1994 | 三藩市 | 舊金山國際機場 | 十二生肖等 | / |
| 1995 | 芝加哥 | 愛我華州立大學國際學生會 | 獅頭獅被、牛皮獅鼓、銅鑼、銅鈸 | 羅偉思 |

檀香山國民黨國術團彭澤聯去函生和隆訂購紮作品，1993 年 11 月。（梁金華提供）

## （三）業務運作方式與困難

現今科技進步，網上交易非常普遍，出入口貿易不再受地域限制。在互聯網未普及前，無論大型企業或小公司，書信、傳真或長途電話是從事出入口貿易的主要溝通工具。由於費用昂貴，家庭式紮作店如非必要不會以長途電話傾談生意。早期生和隆洽談出口生意以書信來往居多，後來也用傳真交流訊息。其中檀香山國民黨國術團彭澤聯是生和隆長期客戶，往來頻繁，茲引其中一封來函以作討論。

梁有錦回彭澤聯函並列出報價，1993 年 12 月。（梁金華提供）

有錦先生：

　　茲寄上四萬港元支票一張，請查收，該款係作為定金之用，一俟貴號代製各物價格確定之後，再將餘款付上。除了委托貴號代製金龍一條之外，尚有在列各物委托貴號代製：

　　國民黨國術團：大號獅頭連獅被共兩個，其一為黑角、黑眉毛、黑長鬚，獅被紅黑相間（不用兔毛），尺寸如附圖。其二為黑角、黑眉毛、黑長鬚。獅被紅綠白相間，尺寸如附圖。

　　四號獅頭連獅被共兩個……。

　　大號獅鼓三個、銅鈸四對（尺寸如附圖）、銅鑼三個（尺寸如附圖）。

　　彭澤聯（華光廟）：華光神衣連冠、靴十套……男女公仔頭廿五對……神花六對……。

　　……在明年關聖帝君誕辰時寄抵檀香山即可。請將以上委託代製各物價格、裝箱、運費等費用單寄來（國術團、華光廟要分開），以便付上餘款。諸事有勞，謹此致謝。並祝

商安

弟

彭澤聯

一九九三年十一月

從上函及生和隆報價明細可見，單是委造百尺金龍一項的工料價便需十萬港幣，可見價值不菲。彭澤聯為免文字溝通產生誤解或含糊不清，特意提供獅被尺寸及顏色草圖，以及銅鈸銅鑼等尺寸圖。

前一年彭氏也以附草圖方式向生和隆訂製獅頭獅被等物品，色彩配搭及尺寸說明也是鉅細無遺。

同是來自檀香山的精武體育會梁林聶，於二十世紀 90 年代致函訂購金麒麟、三號關公獅頭及獅鼓五個，並附上精美手繪草圖，旁邊寫上各類要求。梁有錦回函除給出報價外，也附上兩張麒麟照片給對方參考，並詢問獅鼓要寫上什麼字。梁林聶的回函也有附圖，說明獅鼓要紅底金字，白毛絪邊，五個獅鼓寫上「精、武、體、育、會」五字。

精武體育會梁林聶來函訂購的關公獅頭及金麒麟草圖，1994 年。（梁金華提供）

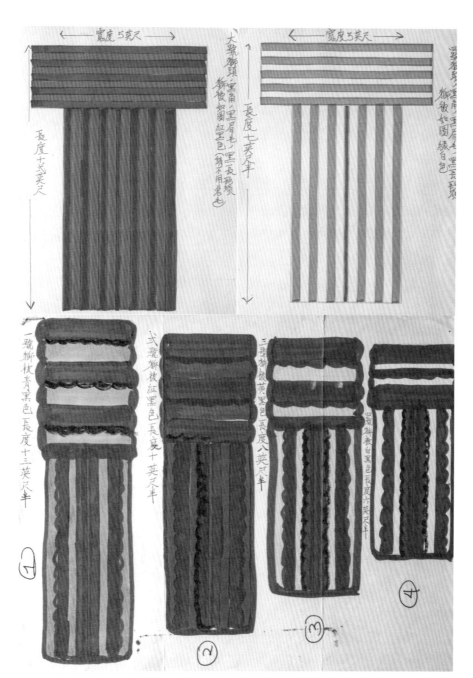

海外訂購者來函附上的獅被尺寸及顏色要求。（梁金華提供）

　　這種單靠書信來往的溝通方式存在不少問題。商戶和顧客不能面對面洽談，稍一不慎便產生各種誤會，其中訂金及尾數交付經常出問題。一般而言，訂購者致函紮作店提出委造清單及要求，紮作店則回覆報價。若果事成，訂購者以匯款方式支付訂金，紮作店收到後便回覆確認訂單明細及餘下尾數。接着紮作店開始製作，完成後安排裝箱、報關和船運。訂購者據提單（Bill of Landing）取貨，檢查妥當後再以匯款方式支付尾數，交易完成。事實上，海外紮作品買賣時有出現「找尾數」不準時或不妥當情況。彭澤聯曾因遲寄出支票，致函及致電向梁有錦道歉；檀香山

龍岡青年部趙宗顯致函交代交易方式，按先前慣例收貨後才付尾數，籲梁有錦不用為此擔心。這反映生和隆在「追尾數」問題上備受困擾。至於生和隆與檀香山國民黨國術團交易模式則是先付尾數再給提單。由於訂購者處身海外，無法親自確認材料及製造過程，時會懷疑或擔心紮作店未經同意私下外判委造項目，或偷工減料，或製作不精等。諸如此類的不信任問題，生和隆也曾遇上類似情況。對此梁有錦致函訂購者，表達不滿：

> XXX 先生：
>
> 　　昨由在港貴親問及小號之出品、精裝貨物及製作技巧之獅頭獅被、舞獅道具。小號向來出品精巧，並無欺華僑同胞，故出品樣樣製作，無立欺騙華僑之心，故特字奉上，多多指教為盼。今附上報價單張，祈為指示為禱，餘言面敘。祝
>
> 
> 精神快樂<br>
> 弟<br>
> 梁有錦上<br>
> 一九九二年二月廿六日
> 

　　生意往來本需互相信任，海外交易更需如此。紙紮師傅的出身不是從小拜師學藝，就是在店面打滾偷師，多年的勤奮好學方能成就技藝專精的紮作師傅。然而，縱使擁有精湛紮作技藝，做生意卻又是另一學問，出口生意需要兼顧的範疇既廣泛又瑣碎。生和隆的紀錄顯示，出口貨物流程繁複，缺少一點管理及協調能力都難以勝任。紙紮成品容易受損壓壞，裝箱要倍加注意，需用軟墊填空來固定紙紮成品。紙紮店會夥拍有信譽的本地運輸公司，安排船期，又要在付運前覓得合適貨倉，暫存紮作成品。另外，紙紮店需購買保險，以防運輸過程發生意外，又需處理一般出口貨品報關等程序。凡此種種對小本經營的紙號來說都是額外負擔，所以店主大多親力親為，以減低經營成本。

　　聯合國對中國的貿易禁運，間接造就了二十世紀 60 至 70 年代香港紙紮業的出口生意。不過禁運令對本地紮作出口也諸多限制，例如紮作材料不能來自內地。梁金華回憶其時主管商貿的政府部門經常派員到店突擊巡查，檢視材料是否符合標準，俗稱

生和隆分別於 1969 年及 1979 年填報的產地來源證。（梁金華提供）

「查廠」。[2] 那時候，香港出口生意需要獲政府簽發「產地來源證」（Certificates of Origin），方能出口他國，享有關稅優惠或豁免，行內簡稱為 CO 證。可想而知，在禁運政策下提交的 CO 證需鉅細無遺，申報程序十分嚴謹，而且必須以英文填寫。

　　除了 CO 證及各種報表需以英文填寫以外，有時訂購方也要求書信往來用英文溝通，報價明細以英文列明。這些要求為數不少，如龍岡青年部趙宗顯曾向生和隆提出用英文列明紮作項目。假如訂購者是外國人（如舊金山國際機場），要求以英文往來殊屬合理。然而，紙紮師傅大都學歷不高，英語水平有限，而出口生意又需要運用英語，聘請翻譯便成為承接海外訂單的成本之一。如欲尋找一位既通兩文又可信賴之人更是困難。這方面生和隆得力於梁有錦一位朋友曾發。曾發乃白領文員，懂得處理英文文書。凡需要用上英文的來往函件、船運報關等表格填寫，一律由曾發包辦。那時曾發居住觀塘，如有需要梁有錦會從西營盤跑到觀塘找他幫忙。梁金華說金玉樓後人能讀書，英語水平佳，金

2　　梁金華笑說，梁有錦平日愛看《大公報》及《新晚報》，但當時也不敢把報紙帶回店內，免得「查廠」官員看到時帶來麻煩。

寶華扎作 1963 年在三藩市《金山時報》刊登廣告。（歐陽秉志提供）

玉樓是否因此不受語言所限，能更早開拓海外市場呢？另一間紙號寶華扎作專家於 1963 年便在三藩市華人報紙《金山時報》刊登廣告，並附當地聯絡地址及電話號碼。

> 本公司製造廠設在香港九龍深水埗，專接造各款美麗明紗宮燈、走馬燈，各種像生藝術扎作如獅頭龍鳳秋色等。備有樣本目錄，以便參看，歡迎採辦。每定貨備有來源證，交貨依期，定價便宜，貴客光顧，無任歡迎。

寶華扎作專家設有海外「辦事處」，除了接洽生意外，也同時協助處理英文文書工作。寶華海外廣告除了提到產地來源證外，也指出「備有樣本目錄」。對海外買家來說，無法親自到紮

生和隆名片標明「代辦出口，證書齊備」。（梁金華提供）

作店看樣辦，目錄就變得很重要。例如檀香山華人舞獅會新成立，急需各種舞獅紮作用品，負責人林錫安致函生和隆要求照片目錄：「……現在敝會需要知道大獅頭……、關公獅、黑鬚紅獅頭、全紅色獅尾、又黑色毛獅子的相片及價目」。事實上，現存生和隆出口資料中，就有列出包括獅頭獅被，各種兵器道具等項目的英文價格清單。如此看來，經營紮作出口生意需要各種配套，又要配合各種條件和限制，難怪衝出海外的紙紮店少之又少。

## 小結

　　二十世紀 80 年代，花燈大王梁有錦聞名天下，旅遊協會時常邀請梁有錦參與海外紮作項目，當中有些項目需要前往外地組裝。梁金華曾兩度隨父到加拿大組裝大型花燈，順道當翻譯助手。因為沒有當地工作證，梁父子倆不能親自動手，只可以口頭指導當地工人「組裝」花燈。外國工人以為組裝花燈輕而易舉，只需從下而上疊高便可，怎料始終未能順利裝嵌。後來經梁氏父子指點，由上而下逐層完成花燈組裝，外國工人都十分驚嘆。直到回歸初期，梁金華於 1998 年及 1999 年仍隨父前往台灣組裝花燈，但相比 70 至 80 年代紮作業出口黃金期，海外訂單已經愈來愈少了。

# 第二節　澳洲大金龍

　　香港紙紮品輸出海外，可以從不同角度討論。上一節我們以生和隆出口生意為例，探討香港紙紮店與海外華僑的貿易往來。這一節則以澳洲本迪戈市百年舞龍巡遊活動作例子，以見證香港紙紮工藝與海外社群（華僑及當地人）延續 80 多年的聯繫。此案例不獨是純粹商業交易，也具有文化身份承續與轉化的意義。

　　19 世紀中葉，澳洲本迪戈市發現金礦，華人稱此地為「大金山」。淘金熱吸引不少華人前往碰運氣。他們大都來自廣東四邑，即新會、台山、恩平和開平。1860 年移居本迪戈市華人估計約 4000 多人。[3] 面對當時普遍的種族歧視，加上後來「白人澳洲政策」，華人要融入當地實屬不易。自 1869 年延續至今的本迪戈市復活節巡遊慈善活動，或許是一面透視鏡，透視當地華人如何藉着參與這個慶典，逐漸建立社區認同，減少種族矛盾，甚至在異地成功維繫家鄉文化。

　　本迪戈市舉辦復活節慶典，原是幫助當地醫院籌款。1871 年開始成為長達數日的年度嘉年華慈善活動，並有數十個團體參與復活節翌日的周一巡遊。自 1879 年起[4]，「中華賽會」組織當地華人穿着中國傳統戲服，手執旌旗羅傘兵器等道具，配合鑼鼓等器樂，於巡遊活動壓軸登場。[5] 當地華人一直積極參與這個活動。[6] 自 1892 年起，巡遊活動正式加入舞龍環節。是年，從內地製作的紙紮龍頭、絲質龍皮，以及其他瑞獸等紮作品裝箱運到本迪戈

3　Leigh McKinnon, *Loong: Bendigo's Golden Dragon* (Bendigo, VIC: The Golden Dragon Museum, 2012), p.6.

4　同上，p.51。

5　同上，p.8，19，44。「中華賽會」即 1915 年成立的「大金山中華公會」。

6　除 1912 年至 1917 年外，當地華人從沒間斷參與巡遊慶典。這六年沒參加巡遊的原因頗複雜，1911 年儲存巡遊物資的建築物失火焚毀，以及隨之而來的內外政治因素，導致當地華人人口減少及籌辦單位財務緊絀，也是原因之一。

50 年代「龍」的背面，可清楚看見「粵禪勝昌造」六字。（Alan Doney 攝，大金山中華公會藏）

市。當地市長獲邀一起迎接開箱。全長 180 尺的巨龍呈現在市長眼前，他對巨龍的精湛工藝及繽紛色彩深表驚嘆。[7]

從現存歷史照片與媒體報道可見，19 世紀末至 20 世紀初至少有四至五條瑞龍出現在巡遊活動。[8] 這幾條龍相信都是廣東製造。由於瑞龍始終是紙紮品，日久失修，難以保存，故這幾條龍都沒有保留下來，實在可惜。1991 年本迪戈市金龍博物館建成，館藏其中四條龍俱是為巡遊活動特別訂造，最著名的一條名為 Loong（以下稱「龍」），由佛山紙號製作，20 世紀初便開始參與巡遊活動，也是現存歷史最悠久的一條龍。另外三條龍均是由香港紮作店承造，分別是 Yar Loong（以下稱「夜龍」），由金玉樓

7　Leigh McKinnon, *Loong: Bendigo's Golden Dragon*, p.9.

8　同上，p.16、21、22。

第七章　紮作技藝與海外華人社會

製作；Sun Loong（以下稱「新龍」），由羅安記製作；以及近年加入的 Dai Gum Loong（以下稱「大金龍」），由雄獅樓製作。

## （一）Loong / 龍

　　這條現存最具歷史的「龍」，龍頭背後繡上「粵　禪　勝昌造」。[9] 此龍來自廣東佛山，由店號名為勝昌的紮作店所製。現存「龍」最早的照片見於 1901 年 4 月本迪戈市復活節巡遊，一個月後「龍」更獲邀前往墨爾本參加聯邦巡遊（Federation Parade, Melbourne）。「龍」原是為本迪戈市訂造，每年只在復活節巡遊舞動，但因其體積龐大、做工精緻，吸引四方慕名而來的遊客，更成為各市慈善活動誠邀的對象。二十世紀 20 至 30 年代，「龍」曾前往新南威爾斯州（New South Wales），先後在伊丘卡（Echuca）和塞爾（Sale）等地參與巡遊。1929 年，阿德萊德（Adelaide）也見其蹤跡，甚至據說遠至布里斯班（Brisbane）也曾邀請「龍」參與巡遊。[10]「龍」深受當地人喜愛，盛載着當地人（華僑與當地人）的共同歷史回憶。1929 年，當地報章稱之為「華人金龍」。[11]「龍」出征頻密，需要不斷修補，更遇過有人取龍身麟片作紀念品，需向香港紙紮店郵購配件（鏡片）縫補。[12]「龍」敵不過歲月洗禮，1970 年終於正式「退役」，90 年代後於特別慶典中才會偶爾亮相。

## （二）Yar Loong / 夜龍

　　二十世紀 30 年代，當地華人有感「龍」年事已高，故向香港紙紮店訂購新龍。這條新龍於 1939 年抵達本迪戈市，報章稱其為「龍」的「幼弟」（young brother）。本迪戈市復活節巡遊遂第一次出現「雙龍出海」。這條新龍名為「夜龍」，顧名思義，乃是夜間出沒的龍，當地報章稱其為「夜遊者」（night

9　Leigh McKinnon, *Loong: Bendigo's Golden Dragon*, p.26.

10　同上，p. 42-47。

11　同上，p.25。

12　同上，p.57。

1939 年「夜龍」第一次參與巡遊。（Kim Jack 提供，金龍館藏）

待修復的「夜龍」龍背可見金玉樓寶號及委造方中華公所（會）。（Leigh McKinnon 攝，金龍館藏）

prowler)。[13]「夜龍」由金玉樓製作，長 140 尺，龍皮透薄，故又稱為「紗龍」。龍頭和龍骨內附有用乾電池發電的燈泡，很適合晚間巡遊舞動，曾於復活節周一巡遊中多次日夜出巡。不過「夜龍」命運坎坷，未幾龍身在巡遊中起火受損。經此一役，「龍」仍繼續服役，等待另一條新龍接班。不過，當地市民並沒有忘記「夜龍」。直到 1996 年，經過復修獲得重生的「夜龍」偶爾也會出巡。畢竟「夜龍」是二十世紀 30 年代的紮作品，要保存得宜，仍需不時維修保養。

## （三）Sun Loong ／ 新龍

　　二十世紀 30 年代以降，本迪戈市華人人口逐漸減少，無論在人手及財務都日益匱乏，大金山中華公會要維持每年參與復活節巡遊，愈見艱難。全盛時期，善長人翁要捐錢方能參與舞龍，現在卻要付錢找人舞龍。雖然華人人口銳減，但舞龍巡遊仍是很受歡迎的節目，當地非華人也覺得那是城市的歷史文化，遂愈來愈多非華人加入舞龍行列。[14] 1969 年，「龍」已變為「老龍」，於是正式退役。為採購新龍，本迪戈市市民成立「Loong 100 委員會」，成員全是非華人。委員會最後找來香港紮作師傅羅安承造新龍，1970 年「新龍」抵埗，「龍」特別獲安排在復活節翌日出來迎接「新龍」。[15] 二十世紀 70 年代，「新龍」曾是世界最長的龍。[16] 本迪戈市對「新龍」的紮作師傅非常尊敬，每年均邀請羅安前來觀看巡遊。1980 年，羅安在飯店陽台看到遊行隊伍中的「新龍」，不禁感動落淚。[17]「新龍」自 1969 年服役以來，除了每年復活節巡遊外，也承擔不少外交任務，包括 1983 年英國皇儲查理斯與戴安娜皇妃到訪本迪戈市時出巡表演。

· · · · · · · · · · · · · · · · · · · · · · · · · · · · · · · · · · · ·

13　同上，p.53。

14　同上，p.50。

15　羅安記店舖在香港灣仔軒尼詩道 111 號，最為人稱道是紮佛裝獅頭。二十世紀 70 至 80 年代羅安記曾多次為本迪戈市製作獅頭。

16　後來墨爾本 Dai Loong（「大龍」）的長度曾超越「新龍」，本迪戈市找羅安加長「新龍」至百米，保持最長紙紮金龍的紀錄。

17　Leigh McKinnon and Anita Jack, *A Biographical Dictionary of Historic Figures in Bendigo's Chinese Community* (Bendigo, VIC: Golden Dragon Museum, 2015), p. 104, 145.

1969 年羅安接受當地記者訪問，背後是「新龍」龍頭。（大金山中華公會藏）

70 年代三龍合照。左起：「夜龍」、「新龍」和「龍」。（大金山中華公會藏）

「新龍」背面寫着羅安記寶號名字及地址。
（相片由金龍館提供）

2019「大金龍」獲三龍迎接。左起:「夜龍」、「龍」、「新龍」及「大金龍」。(Leigh McKinnon 攝,金龍館藏)

## (四) Dai Gum Loong / 大金龍

　　50 年過去,本迪戈市金龍博物館再次來港禮聘紮作師傅,製作新龍頂替「新龍」。這次金龍博物館隆重其事,計劃用三年時間物色紮作師傅與製作新龍。最後雄獅樓許嘉雄獲選承造新龍。這條新龍名為「大金龍」,全長 125 米,無論長度及龍頭大小,均超越過去服役的龍。2019 年,「大金龍」到達本迪戈市,「龍」、「夜龍」及「新龍」一起出來迎接,場面盛大。許師傅稱起初對這個項目不以為意,直到他獲邀遠赴本迪戈市參觀金龍博物館,方知館藏兩條瑞龍均由香港紮作師傅製作。兩龍保養得宜,紮作技藝冠絕當代。許師傅亦希望承接此項目,為港人增光。及後雄獅樓成功獲標,負責製作新金龍。維多利亞州州長親自赴港簽約,可見對這個項目非常重視。「大金龍」可算是許師傅紮作生涯中最大成就,對獲選為承造商深感榮幸。

　　許師傅不敢怠慢,馬上着手動工,很快便發現當初看輕了製作的難度及成本。由於材料配件都要本地貨,其中龍身麟片所需的銅片與鏡片價格高昂,製作及裝嵌麟片工序繁複,平均每人每天只能完成一至兩片麟片,但整條金龍共需 7000 片!為此許師

「大金龍」背面雄獅樓寶號名字。（相片由許嘉雄提供）

傅動員全家上下，更召回徒弟 20 多人，日夜趕工。每月金龍館會派員兩次到訪工場監督進度，並要求錄影整個製作過程，保證材料及手工都是來自本地，名正言順「香港製造」。許師傅費盡心思，謀求突破，為了使「大金龍」比前三條龍更有氣勢，遂把龍頭加高至九尺。[18] 2019 年 4 月，「大金龍」送抵本迪戈市，許師傅應邀出席，與維多利亞州州長一起為金龍點睛。整個製作過程，澳洲金龍館禮遇有嘉，讓許師傅感受到委造單位對紮作技藝甚為尊重。[19]

## （五）醒獅

龍與獅一向是慶典活動常客，金龍無疑是百年來本迪戈市復活節巡遊的「主角」，但醒獅這「配角」也不應忽視。70 至 80 年代羅安記除了為本迪戈市製作金龍，也承造了不少醒獅紮作。「新龍」退役，金龍博物館隨即派員來港物色新金龍的紮作師傅，並搜訪師傅承造獅頭。2019 年巡遊中，除了「大金龍」首次亮相，還有數頭在香港新造的獅子，承造者是福興隆豪記紮作余英豪。

18　龍頭亦因此無法通過工場大門、通道及樓梯，要考慮拆窗從工場處把龍頭吊下來。幾經波折，最後龍頭雖然成功下樓，卻因體積龐大，原貨機無法運載，幸金龍館願意承擔高昂的額外運費，才解決了運輸問題。

19　紙紮瑞獸點睛儀式傳統上通常由主辦單位負責，紮作師傅少有參與。金龍館邀請許嘉雄參與點睛儀式，反映對紮作技藝的尊重與肯定。

2019 年大金龍參與本迪戈市復活節的巡遊慶典。（相片由許嘉雄提供，Bendigo Tourism 網頁）

　　金龍博物館雷海萍（Anita Jack）來港物色紮作師傅，經介紹往水頭村參觀。村中收藏不同紮作師傅的獅頭作品，當中包括余英豪紮的獅頭。[20] Anita 看中余師傅的作品，邀請他承造五頭醒獅。余英豪接受承造的條件不關乎價錢，而是不能急於出貨，他追求「慢工出細貨」，也不接受錄影紮作過程的要求，頗有藝術家性格。[21] 2019 年，金龍博物館同樣邀請余師傅以紮獅師傅身份到訪本迪戈市，惜他因工作關係無法成行。無論如何，余英豪感慨說，外國人及華僑對中國傳統紮作技藝的重視，似乎遠勝於生活在中國土地上的吾人。

20　2015 年錦田十年一屆打醮，數條鄉村找余師傅承造其中七頭獅子，當中包括永隆圍、吉慶圍、水頭村等。他認為這是難能可貴的經驗。

21　余英豪為本迪戈市紮作的四頭醒獅，請見本書頁 178。

## 小結

　　有些紮作品用來舞動，有些則用作擺設，一為動態一為靜態。兩者在傳統節慶中具有儀式功能，也在於增添氣氛，即廣東人所謂的「贈慶」。傳統華人社會傾向重視紮作品的功能，多於其藝術價值。本迪戈市金龍博物館建成後，現已退役的龍獅紮作品，均作為藝術品珍而重之保養及展示。

　　本迪戈市百年舞龍舞獅傳統，由華人社群開始，最後成為該市的地方特色。龍與獅這些中國傳統瑞獸，百年來在本迪戈市中外社群共處下，漸漸成為一個城市的文化象徵，脫去民族色彩，實在有趣。

# 第八章
# 非物質文化遺產視角下的紮作技藝

　　「非物質文化遺產」是近年經常聽到的保育流行用語，簡稱「非遺」，台灣稱之為「無形文化資產」。有趣的是，香港人用「非物質文化遺產」這個名稱，某程度反映了現實。部分非遺項目正面對瀕危或行將滅絕的狀態，有難以傳承的危機，幾可預知將成為今人之「遺產」。

## 第一節　非物質文化遺產與紮作技藝

　　按《保護非物質文化遺產公約》的分類，「紮作技藝」屬於第五類文化表現形式，即「傳統手工藝」。[1] 值得注意的是，傳統手工藝大多沒有文本紀錄，全憑口耳相傳，自成一個特殊系統。2014 年，特區政府公佈香港首份非物質文化遺產清單，涵蓋 480 個項目。其中「傳統手工藝」共有 127 項。屬「紮作技藝」下的次項目分為大士王、孔明燈、花炮、花燈、紙料（紙祭品）、獅頭、燈籠、龍和麒麟。[2] 2017 年，紮作技藝成為香港非遺代表作 [3]，不少紮作師傅努力推廣紮作技藝，培訓年輕一輩加入這個傳統行業。

......................................................

1　黃競聰、蘇敏怡編著：《香港非遺便覽與實踐》，頁 12-31。

2　香港首份非物質文化遺產清單：https://www.lcsd.gov.hk/CE/Museum/ICHO/zh_TW/web/icho/the_first_intangible_cultural_heritage_inventory_of_hong_kong.html，讀取日期：2023 年 3 月 30 日。

3　香港首份非物質文化遺產代表名錄：https://www.lcsd.gov.hk/CE/Museum/ICHO/zh_TW/web/icho/the_representative_list_of_hkich.html，讀取日期：2023 年 3 月 30 日。

# 《非物質文化遺產清單》的紮作技藝

| 編號 | 項目名稱 | 內容與次項目 |
|---|---|---|
| 5.41 | 紮作技藝 | 紙紮製成品是由竹、竹篾、紗紙及絹布等物料紮成的立體結構，經上色和組裝而成。製成品包括花炮、花牌、獅頭、麒麟、龍、大士王、花燈、宮燈、孔明燈及紙祭品等。今天紙紮製成品多用於宗教儀式活動中。有些師傅精於某項紮作，也有師傅通曉多項紮作。 |
| 5.41.1 | ◆大士王 | 大士王為盂蘭勝會或醮會儀式中的紙紮神像，傳統的紮法是以竹篾和紗紙製成。製作工序包括紮作大士王身體各部分、裝嵌及剪貼配搭鎧甲等。 |
| 5.41.2 | ◆孔明燈 | 孔明燈是一個鐘罩型的紙袋，以韌度高、透光、不透氣的紙製成。底部有一鐵絲貫穿，用以放置沾油的元寶。元寶燃燒時產生的熱氣流推動孔明燈上升到空中。放孔明燈有祈福的意義，但香港是禁止放孔明燈的。 |
| 5.41.3 | ◆花炮 | 花炮以竹篾和紗紙紮成，通常是慶祝神誕時的大型供品，內藏小神像或神明畫像。很多大型的神誕活動都有交換花炮的儀式。製作工序包括紮作配件、裝飾配置和裝嵌等。 |
| 5.41.4 | ◆花燈 | 花燈用於農曆新年、中秋節或慶祝添丁的活動中，亦有稱之為「宮燈」。傳統的花燈以竹篾及紗紙製成，並以蠟燭作為光源。製作工序包括開篾、剪紗紙、紮作外殼、「芒」布、裝飾、題字、繪燈畫和裝嵌等。 |
| 5.41.5 | ◆紙料<br>（紙祭品） | 紮作的紙祭品是傳統儀式法事的組成元素。以竹篾及紗紙製成。現今祭品多用於喪葬儀式中，常見祭品包括紅白幡、牌位、仙鶴、金銀橋、沐浴亭、紅槓、花園洋房、金銀山、文明轎及望鄉台等。 |
| 5.41.6 | ◆獅頭 | 紙紮獅頭及布料獅身是醒獅的組成部分，而獅頭則主要由竹篾和紗紙紮成。醒獅的外形分為南獅和北獅兩類，是神誕慶祝活動中的一個元素，亦是一種表演。製作工序包括紮作、撲紙、寫色及裝飾配置等。 |
| 5.41.7 | ◆燈籠 | 織製燈籠以竹篾和雪梨紙製成，工序包括開篾、「芒」紙、寫字和畫畫。燈籠用於喜慶、婚嫁、喪禮及盂蘭勝會等儀式場合。 |
| 5.41.8 | ◆龍 | 龍由紙紮龍頭、龍尾及以布料覆蓋的多節龍身組成。外形分為南龍和北龍兩類。舞龍是神誕慶祝活動中的一個元素，亦是一種表演。製作工序包括紮作龍的各部分、裝飾配置和畫花等。 |
| 5.41.9 | ◆麒麟 | 麒麟由紙紮麒麟頭及布料麒麟身組成。麒麟分為客家、海陸豐和本地三類。舞麒麟是神誕慶祝活動中的一個元素，亦是一種表演。製作工序包括紮作配件、紮架、鋪紙、裝飾配置及畫花等。 |

## 第二節　紮作技藝傳承的挑戰

### （一）神權沒落的挑戰

二次大戰後，香港經濟步向工業化，加速「神權沒落」，傳統習俗漸漸消失於大眾視野[4]，大大影響紮作業的業務範圍。農曆七月初七七姐誕（又稱為乞巧節）的盛衰便是一個顯著例子。在農業社會，每逢這個節日，待嫁少女每逢七月初七均會聚首一堂拜祭七姐，祈求獲得美滿姻緣。[5] 然而，香港工業發展需要大量勞動力，大批年輕少女投入勞動市場，靠着自身技藝和勞力換取金錢，覓得如意郎君不再是女性的唯一出路。加上教育水平提升，女性經濟獨立，崇尚自由戀愛，自主意識抬頭。凡此種種，對七姐信仰衝擊甚大。

> 香港男女之崇洋與新潮作風，對懷舊與傳統，已不再感興趣，對有因神話流傳之織女牛郎鵲橋相會之哀艷傳說，在「的士高」之音樂與舞蹈下，已漸無人熟知與追憶。……現時香港之紙紮師傅由於銷路不暢，已不紮作七姐盆，故在本港出售之七姐盆，全由大陸供應，售價在兩元至兩元半之間，價錢雖不貴，但由於時代之變遷，銷路普遍呆滯。至於其他之一些粗製面粉，口紅，菓，餅等拜祭品，銷路更慘不堪言。因一些未能免俗之少女亦以簡單為主，卻少了不少「細節」，使販賣拜仙物品之小販店舖生意一落千丈。[6]

與此同時，商業廣告及娛樂電影業興旺，為紮作業帶來一個擴展業務的機。遇紮作業依仗其製作立體模型的特點染指商業廣

---

4　「神權沒落」是當時報章介紹紮作業式微的常見用詞。

5　昔日鄉民會在正誕到附近河溪取水，並收藏在床底。古人相信這天取的溪水具有治病和美容效用，水質永不變壞，時日愈久，功效愈大，稱此為「七姐水」。

6　〈七姐盒果品滯市商人奈何〉，《香港工商日報》，1980 年 8 月 17 日。

傳統七組盆紮作上的剪紙。（梁金華提供）

告、裝飾佈置，以至電影道具。他們克服傳統包袱，開拓市場，
這是行業掙扎求存之道，也可視為行業的創新。奈何，這個新
開拓的市場頗為短暫。因着科技發展與各行業的多元化及精工
化，以往由紮作業主理的範疇，如廣告宣傳及電影道具，都各有
新興的行業專屬經營。紮作技藝難以在急速發展的城市中找到立
足點。

## （二）「散工」經營模式

二十世紀 80 年代以降，內地改革開放，為市場（包括海外
市場）帶來更多競爭者及提供大量廉價紮作品。反觀香港紮作業
在成本不斷上漲（租金及工資）的情況下逐漸難以競爭。紮作行
業盛行散工制度，因收入不穩，願意「入行」的年輕人愈來愈
少。從前紮作店收到大型項目訂單，自家人手不足或遇到不擅長
紮作項目，便會經工會找散工。陳耀華早年在內地修讀美術，因
緣際會加入了紮作業，1980 年代移居香港，隨後在香港不同紮

作店工作，如生和隆美術扎作和寶華扎作等，因而練就一身好技藝。雖說是「兼職」，但在紮作業全盛時期，兼職紮作師傅在旺季期間基本上是天天上班，忙得喘不過氣來，見識或技藝絕不遜色於全職紮作師傅。[7]

「散工」好處是自由度高，技藝了得者根本不愁工作。從另一角度來看，散工收入多寡要視乎市道，勞工保障不足。60 年代以降，工會不時為「打散」的紮作師傅就時薪加幅方面與業界商討。市道暢旺的年代，紮作師傅在旺季期間收入算是不錯。據 1970 年代報章報道，任散工紮作師傅大多「三更窮五更富」，朝不保夕，甚至往往只能養活自己，成家立室殊不容易。要突破困境，自行創業是一條出路，但不是每位師傅都懂得做生意。[8] 上一代當散工的老師傅不是晚婚就是單身，若然染上不良嗜好又遇上市道差，生活拮据，晚年生活更加潦倒。[9] 梁金華回憶小時候母親常吩咐他到工會找人做散工，經常看到工會裏有「打散」的師傅賭牌九。他猶記得間有師傅來店找父親看有沒有工作，梁父即使沒有接到訂單，也會請這些師傅在店裏紮獅頭，給他們幫補一點生計。[10] 紮作師傅收入不穩定，加上行業式微，老店逐步結業，自然難以吸引年輕人入行，紮作技藝面臨傳承危機。[11]

7　2005 年生和隆承接錦田十年一屆酬恩建醮，梁有錦父子連同三位兼職紮作師傅協力完成，陳耀華也有參與其中，並主力負責紮作獅子、大燈和十王殿公仔等。2019 年，非物質文化遺產辦事處更邀請陳耀華，為市區元宵綵燈會紮作 11 盞宮燈及一盞大型走馬燈，並假座香港文化中心露天廣場展出。

8　〈紮作業入淡季，長工不受影響，不少散工自動轉業另尋出路〉，《華僑日報》，1966 年 2 月 24 日。〈中秋過後又快到重陽，紮作散工就業機會增，部份紙料紮作工人兼具勞資雙重身份，由現在起工作忙碌一直忙到農曆年底〉，《華僑日報》，1966 年 10 月 4 日。〈紮作工友進入淡月，現正發動集體旅行，若干職工自接生意生活比較安定〉，《華僑日報》，1967 年 4 月 21 日。

9　夏中建指以前的紙紮師傅大多是「窮鬼」。曾有師傅晚年生活潦倒，一時想不開在工會廁所以紮作用紗紙上吊自殺。天寶樓夏中建訪問，2021 年 9 月 10 日。

10　生和隆梁金華訪問，2021 年 7 月 23 日。

11　天寶樓夏中建訪問，2021 年 9 月 10 日。

陳耀華屢獲非遺辦邀請參與紮作元宵和中秋綵燈。（相片由非遺辦提供）

　　紮作技藝的傳承方式主要採用傳統師徒制。如一般傳統行業情況，師徒關係往往因利益衝突難以維持，這也是紮作技藝無以為繼的一大原因。夏中建打了一個比喻：若收一位徒弟，教懂他紮獅頭，那師傅一年便少了很多收入。夏中建父親乃「獅王」夏國璋，開辦武館，行內知名，徒弟徒孫甚眾。因舞獅所用獅頭、獅被使用頻繁，折舊率高，每年需更換大約 30 個獅頭。當時香港一層物業十多萬，而一個獅頭就要叫價 4000 元，可謂價值不菲。夏中建覺得這是一條「財路」，自己對紮作也有興趣，於是夏國璋便找相熟的紮作師傅安排兒子拜師學藝。夏中建剛拜師學藝便碰壁，大多數紮作師傅都不願意收徒弟，原因無他，所謂「多個香爐多隻鬼」，新入行者會分薄市場利潤。後來，夏師傅之所以能在梁有錦處學師，因為梁有錦與夏國璋份屬好友，加上當時市道暢旺，不愁客源，生和隆時常不夠人手工作，故梁師傅不介意夏中建從旁學習。

## （三）傳授技藝模式

　　紮作行業不景氣，行內又競爭激烈，技藝外傳更屬敏感問題。內地改革開放後，紮作行業重新起步。然而，行內人材大多已轉業，不少紮作技藝早已失傳，導致紮作品無論比例及品質都出現問題。佛山美術廠曾計劃禮聘梁有錦指點當地紮作工人製作獅頭的竅門，但梁有錦以此技藝養活家人，加上忙於海外出口生意，最後沒有選擇「北上」。[12] 此外，傳統授徒方式大多是跟着師傅去做，而非有系統地傳授技藝，正如夏中建所言，所謂學師，也就是在旁邊做邊學，師傅偶然指點一二而已。我們訪問不少紮作師傅，模仿及自學是他們重要的學習過程，他們或藉着在旁觀察老師傅的做法（偷師），甚至拆解知名紮作師傅作品研究內裏結構，試行模仿製作。冒卓祺說他之所以懂得紮作客家麒麟，並非通過拜師學藝途徑，而是藉拆解大埔李樹福的麒麟頭，了解其「竹路」，再經反覆練習，才「學有所成」。

　　夏中建創辦的天寶樓，主要從事殯儀紙紮生意，為了業務發展，廣聘行內工藝了得的老師傅。夏中建以僱主身份，請教麾下師傅各種紮作竅門，那些老師傅不得不傾囊相授，他便藉此博習百家。[13] 從另一角度來看，這種關係也可算是「各取所需」。一方面夏師傅能夠學習更多紮作技藝，又能維持天寶樓業務，另一方面也讓一眾老師傅晚年有工作為生。

　　老一輩師傅較為內斂，只顧埋首紮作，沒有時間教授，也可能是不懂教授技巧。歐陽秉志是寶華扎作的「太子爺」，平日很少與寶華合伙人關多交流。關師傅總愛待在店內一角工作，不苟言笑，遑論親自指點紮作技藝。至於父親，歐陽秉志記得他既忙

12　生和隆梁金華訪問，2021 年 7 月 23 日。
13　天寶樓夏中建訪問，2021 年 9 月 10 日。

於接生意，又要參與紮作，故只教過他紮楊桃花燈，後來歐陽秉志紮花炮遇上不明白的地方才正式請教父親，很多時候都是靠自己摸索。[14] 故除了師資之外，學習紮作技藝也要講求天分，更需勤於練習。

新一代紮作師傅多通過從旁模仿，自學創作，偶而向老師傅求教。紮作技藝往往源於經驗，工多藝熟，各施各法。新一代紮作師傅繼承了部分紮作行業與技藝的傳統，同時又開創一些新的可能。不過對一些重視傳統的老師傅來說，今天有些紮作，未能完全掌握傳統技藝的要點，作品徒具形式，既失去傳統美感，也難以從中欣賞到傳統紮作技藝的精神與味道。

梁傑成在大會堂首屆香港工藝展覽示範獅頭紮作。《新晚報》，1979年7月19日。梁師傅曾在金玉樓及生和隆打工，外號「喃嘸梁」。

14　寶華紮作歐陽秉志訪問，2021年7月30日。

# 第三節　香港紮作技藝的創新

社會大眾普遍認同紮作為傳統技藝，是一門歷史悠久的行業，也與傳統民間信仰關係密切。如同其他傳統行業，傳統紮作市場面對現代社會文化的挑戰同樣逃不過逐漸萎縮。有趣的是，當社會文化急速發展，舊時代的事物快將滅絕時，社會大眾卻又開始懷念昔日的時代氛圍。相較隨處可見的科技產物，傳統事物反而更獲青睞，一下子變得洛陽紙貴，更可作為本土文化符號，甚至轉銷海外。

早在二十世紀 80 至 90 年代，生和隆經香港旅遊協會及香港貿易發展局的引薦，除了獲得不少海外訂單，也獲邀前往參與海外展覽及會場佈置，目的是推廣及宣傳香港，吸引旅客到訪。2017年，紮作技藝成為香港非物質文化遺產代表作。同年，冒卓祺獲香港非物質文化遺產辦事處邀請，出席「探索香港非物質文化遺產的旅程」展覽，遠赴倫敦教授海外人士紮作花燈，推廣香港紮作技藝。近年，紮作業順應潮流以傳統為賣點。君不見近年中秋時節不再以塑膠燈籠專美，紙紮兔仔燈籠也有不少捧場客。冒師傅更特意製作大型白兔燈籠放置在店舖外，吸收遊客前來「打卡」朝聖。

2019 年新冠疫情爆發，許多大型活動都要取消或縮小規模，傳統節誕、醮會和盂蘭勝會等亦因限聚令被迫停辦，紮作業亦不能倖免受到影響。許嘉雄指出，非物質文化遺產辦事處相繼推出多項計劃，包括開辦體驗課程、展覽佈置，以及連結跨界別合作等，均為業界提供不少機會，此舉無疑是雪中送炭。[15] 紮作業正面對行業式微和傳承不繼的情況，官方介入及協助或多或少是維繫行業存活的關鍵。部分紮作師傅不欲坐以待斃，意識到當前危機，正努力不懈迎合潮流，不斷創新，在危機中掙扎求存。簡單來說，紮作技藝的創新可以體現在「協作者」和「傳承方式」兩個層面。

15　雄獅樓許嘉雄訪問，2021 年 6 月 30 日。

許嘉雄為 2018 年元宵綵燈會製作醒獅花燈。（相片由非遺辦提供）

# （一）協作者

紮作技藝極具可塑性，憑師傅的知識和經驗就能製作千變萬化的紮作品。隨着非遺概念的普及，近年港人逐漸關注此項傳統手工藝，跨界合作項目推陳出新，不同界別協作者通過不同形式介入紮作過程，賦予紮作品嶄新的功能和意義。現今新一代的紮作師傅，無論是自發或是經機構邀約，都具有與不同領域藝術家合作的經驗。更有紮作師傅遠赴海外，參與製作融合紮作技藝與現代藝術設計的展覽作品，屢獲廣泛報道，對推廣紮作技藝有一定作用。

## 「華燈閃爍耀香江」大型紮作花燈展覽

2017 年，中西區各界為慶祝香港回歸 20 周年，於中環皇后像廣場北面噴水池位置舉辦「華燈閃爍耀香江」大型紮作花燈展覽。最矚目無疑是展出一盞高 9.5 米、闊 5.3 米、重 500 公斤的吊籃花燈。這吊籃花燈是由夏中建與在囚人士聯乘製作而成。夏師傅指出，此作品的誕生緣於懲教署在囚人士更新項目。當局希望這個項目能融入更多文化元素，於是找來夏師傅擔任導師，教授花燈紮作技藝，培養在囚青年一技之長。2016 年項目開始，夏師傅每周到訪歌連臣角懲教所教學一次，歷時半年。參加者不獨在囚青年，還包括他們的家屬、更生先鋒計劃的本地學生、懲教

2017 年「華燈閃爍耀香江」主體吊籃花燈。（相片由夏中建提供）

處教育基金受惠的內地學生、懲教署愛群義工團、懲教署職員子
女、懲教更生義工團，以及瑪麗醫院兒科病人等，總共動員 500
多人。[16]

　　這次展覽的目的，是宣揚香港精神。展出的花燈群內容非
常豐富，包括香港前奧運得獎項目的標誌、香港地標（中銀大
廈、和黃大廈、金紫荊廣場等）、交通工具（鴨靈號帆船、電
車、中西區小型賽車、高鐵和古代傳統的交通工具等）。當中的
主體大型吊籃花燈，夏師傅自資申請列入健力士世界紀錄大全，
邀請相關人員到場量度，並獲確認為當時全世界最高花燈。是次
展覽舉行期間，碰巧遇上兩次八號颱風，這吊籃花燈仍能屹立
不倒。[17]

16　為保安理由，紮作過程所需剪刀等相關工具，只能給在囚人士以外的參與者
　　使用。

17　〈大型紮作花燈燃亮中環〉，《大公網》，2017 年 6 月 26 日。http://www.
　　takungpao.com.hk/culture/text/2017/0626/92274.html. 讀取日期：2022 年 4 月
　　30 日。

## 創意紮作工作坊

由長春社文化古蹟資源中心（CACHe）主辦的其中一次創意紮作工作坊，邀請寶華扎作歐陽秉志擔任導師。紙紮祭品除了有安撫心靈的作用，盛載慎終追遠的傳統價值，紮作本身也是一件藝術品，更是本土重要的文化遺產。現今衣紙店提供大量現成紮作品，琳瑯滿目，應有盡有，任君選擇。雖則如此，這類紮作品始終未能提供「個人化」選擇，也無法盛載親人與逝者獨一無二的連結。歐陽師傅精於紮作仿真度極高的紙紮祭品，最廣為人知的是為 Beyond 黃家駒製作紙紮電結他。有時候歐陽師傅為圓客人心願，耗費心力去紮出意想不到的紙紮祭品。例如有年輕男生請求紮出其女友生前愛吃的雞翼米線，歐陽師傅本想拒絕，卻見男生兩眼通紅一再請求，歐陽師傅終於答應。這次創意紮作工作坊主題是「紮出思念」，歐陽師傅帶領參加者由構思、創作，至「落手落腳」紮作，讓參加者將自己的創作意念，轉化成立體工藝品，為故人送上親手製作的心意，遙寄思念。[18]

近年不少紮作師傅嘗試打破固有框架，經常與藝術家和設計師跨界合作，作品大膽前衛，極具話題性，往往成為傳媒訪問焦點。無可否認，無論創作理念、物料運用和呈現手法，這類合作皆源自藝術家和設計師的靈感，紮作師傅所貢獻的主要是其技藝。然而，以上兩個個案則大不相同，紮作師傅的角色顯得至為重要。通過教授紮作技藝，紮作師傅引導不同協作者參與，將紮作品昇華至另一層次。無論是夏中建教授在囚人士製作破世界紀錄的大型吊籃花燈，宣揚香港精神，抑或是歐陽秉志在工作坊帶領孝子賢孫創作個人化紙祭品，向先人致意，目的均不在營利，其意義也不在於紮作品本身，而是更看重協作者的參與及製作過程衍生的「教化」功能。

## （二）傳承方法創新

18　歐陽師傅回憶，有一位母親前來寶華要求製作 Monchhichi 娃娃，因為其女兒在世時每晚都要抱着娃娃方能睡覺，希望女兒在彼岸也能安然入睡。

紮作技藝展示館。（相片由冒卓祺提供）

## 紮作技藝展示館

冒卓祺在上水古洞自資創建全港首間紮作技藝展示館，雖然只屬於私人營運，暫未獲政府資助，並只用臨時貨櫃搭建，但不失為業界推廣與傳承紮作技藝一個創新嘗試。紮作技藝展示館的構思主要將「紮、撲、寫、裝」這紮作四大工序展示出來，並分為「過去」、「現在」和「未來」三大主題：

**「過去」：** 展示紮作業前輩的作品；

**「現在」：** 展示同業紮作品，探索紮作技藝的演變；

**「未來」：** 展示香港紮作業聯會學員的成果。

冒師傅指出，「未來」是整個展館最重要的部分。通過把學員的優秀作品納入館藏，能鼓勵學員持之以恆、努力不懈進深學藝，並培養傳承紮作技藝的心志。紮作技藝展示館並不是個人的藏品展覽館，而是海納百川，收藏「過去」和「現在」業界精英的紮作品，以及「未來」紮作師傅的優秀作品。過去顧客訂製紮作品，審美眼光與現在大不相同，現在的顧客多以價錢、外觀和耐用程度為主，很少在意紮作品的紮作手法、圖案含意或其展現的神髓。所以，展示館亦肩負教育大眾的使命，由紮作師傅現場

講解各展品，讓參觀者認識紮作技藝的發展，也旨在教育與培養社會大眾學懂如何欣賞紮作技藝。為此，冒師傅積極聯繫本地旅行社，安排遊客前來參觀，期望展示館日後能成為香港熱門旅遊景點之一。迄至 2021 年到訪旅客已達 2000 多人次。[19]

## 香港紮作業聯會

冒師傅入行不久，已經開始在學校、老人中心、非政府組織及社區中心等開辦紮作班，例如每逢中秋節便教授紮燈籠，因此認識不少具潛質的學生。冒師傅在推廣紮作技藝的路途上，自知一人力量有限，故思考成立一個組織，吸納一班對紮作技藝有熱誠的支持者。2016 年，香港紮作業聯會正式成立，有別於以往紮作業行會，後者主要以爭取業界權益、團結業界為宗旨，而聯會創立的目的旨在推廣與傳承香港紮作技藝，所以很少成員從事紮作相關行業。無論是紮作技藝展示館還是香港紮作業聯會，現在均由冒卓祺獨力支撐。兩者若要進一步發展，必須克服行內山頭主義，這是聯會未來面對的重大挑戰。然而，可以肯定的是，冒師傅在推廣紮作技藝上的創新和嘗試，足見其魄力及行動力，他對紮作業發展的熱誠也毋庸置疑。

# 小結

非遺，並不是艱深難懂的學術名詞，只是我們往往忽略周邊的生活實踐，或視之為理所當然，習以為常，故沒注意其存在與價值。申報非遺的用意，正是讓我們不要遺忘這些充滿人文價值的傳統。我們提倡保育非遺，旨在保育其人文價值和文化傳統。而在保育紮作技藝路途上，理解該非遺項目的特性，認識其歷史與人文價值，以及與社會文化之互動關係，或許能為未來紮作技藝的傳承與創新帶來新的契機。

19 祺麟店冒卓祺訪問，2021 年 2 月 4 日。

# 第九章
# 口述歷史中的紮作技藝

　　紮作是一門傳統行業的技藝，向來奉行師徒制度，以口耳相傳的形式傳承技藝，鮮有文字紀錄。我們在研究此技藝及其行業概況的過程中，發現在近年文化保育風潮下，訪問時下紮作師傅及其作品的報道逐漸增多，社會大眾對紮作技藝愈來愈感興趣。這一章我們訪問了七位紮作師傅，他們當中有創業者、承繼者、甚或是散工。訪問從各位師傅入行、拜師學藝作為開篇，並談及他們的代表作，以至對行業與紮作技藝的整體看法。我們希望藉着這些訪問，側面反映紮作技藝傳承的今昔變遷，讓大眾讀者深入了解更多細節。

左起夏中建，黃輝，梁金華。三位紮作師傅難得聚首話當年。2023 年天寶樓。

# 第一節 生和隆美術扎作
## —— 梁有錦、梁金華

## 花燈大王梁有錦

「生和隆」三個字，紮作行業內無人不識。創辦人梁有錦是紮作界殿堂級師傅，現今炙手可熱的紮作師傅大都是其門人，並以曾拜師梁有錦學藝為榮。據其子梁金華憶述，1930 年梁有錦從順德來港打算做電燈技工，卻因學費昂貴而無力負擔，只好投靠舅父。梁有錦從 18 歲就入行投身紮作行業，在舅父創辦的金玉樓打工。二十世紀 50 至 60 年代金玉樓為業界龍頭，主力經營海外紮作生意。梁有錦跟隨金玉樓紮作名師吳棠學藝，之後又在吉祥紙號當過「行街」，20 多歲便自立門戶，創立「生和隆」。早年梁有錦與兩名友人合資創立「三和隆」，幾年後獨自開辦「生和隆」。梁有錦於 1953 年為英女皇加冕慶祝活動製作巡遊金龍，自此便闖出名堂。

梁金華從小接觸紮作工藝，耳濡目染，練得一身紮作手藝。梁金華於 1955 年出生，家中有五兄弟姊妹，他排行中間，有兩個姐姐及一弟一妹。身為家中長子，梁金華算是眾多兄弟姊妹中對紮作技藝最有興趣的一位。弟弟曾在店內幫忙數年，但後來就沒有再從事這一行了。梁金華指其父親很開明，對世事看得通透，從沒強迫他們繼承家業。生和隆開業一段時間後逐漸為人所熟悉，因此承接不少大型項目。唯獨木難支，所以店內聘請大量工人，包括畫師、紙紮師傅和伙頭。這些員工絕大部分是散工，全職僱員只有兩、三人。工人工資是店舖最大開支，純利有限，縱有生意，也是「左手來、右手去」的艱難年代。因此，梁金華放學後需要到店內幫手。最初，他只做一些「下欄」工作。所謂「下欄」，就是削竹篾、煮漿糊、捲鐵線和掃地抹枱等雜務。

## 盂蘭牌樓

每年農曆七月之際，盂蘭場地對牌樓需求很大。當時為初中生的梁金華自告奮勇幫手搭建牌樓。牌樓樓高四層，生和隆同人

*A shop crammed with lanterns of every shape and size*

梁有錦，1996 年（相片由梁金華提供）。

均沒正式學過搭棚，只憑一股衝勁便上棚，曾有師傅因搭建牌樓時被木板撞倒，要臥床數星期，梁金華回想起來仍心有餘悸。當時一般牌樓做法簡單，隨便搭一塊平板便了事，蓋因很多同行都不懂做雙面牌樓。梁師傅表示牌樓要能做到具立體效果才能彰顯真功夫。當時位於山道石塘咀盂蘭勝會由生和隆製的雙面牌樓備受讚譽。然而，其時三維立體模型技術還未普及，只能靠畫功繪畫出立體感。這要多虧當時與生和隆合作的畫師侯家駒。他手藝超凡，平日負責畫廣告畫，能從平面畫出立體及放射效果。牌樓在路旁搭建，吸引不少途人目光，遠至元朗客戶亦慕名而來。由於交通繁忙，搭建過程必須爭分奪秒，還不忘向當局申請搭建許可。梁金華早年做很多上棚等粗活，所以沒有做運動的他也較同齡同學健碩。邁入 70 年代，生和隆生意漸入佳境，梁金華能有餘力自置物業，生活質素也隨之改善。

梁金華。(2021 年隋彪攝)

## 生和隆享譽海外

　　韓戰爆發,美國對中國實行貿易禁運,造就了香港紮作業出口貿易的黃金時代。然而,這桶金卻不是見者有份的,出口紮作品需要符合一定的條件和限制,生和隆乘勢讓業務更上一層樓。[1] 尼克遜訪華後,美國取消對華貿易禁運,香港獲得的海外訂單逐漸減少。正值此際,港府積極發展旅遊業。香港旅遊協會長期委託生和隆製作花燈,宣傳香港傳統文化。

　　梁有錦紮作技藝超凡。過去,市政局委託生和隆設計中秋節花燈;舊怡和大廈未拆卸前,農曆新年時懸掛的一對金龍,以及萬國寶通銀行聖誕老人燈飾也是出自梁師傅的巧手。梁師傅屢獲香港旅遊協會邀請赴澳洲、英國等地外訪,示範紮作技藝。其中,八仙賀壽花燈獲列入健力士世界紀錄大全。梁師傅在一次周刊訪問中表示,最喜歡紮龍及人物公仔。他指出龍是代表中國,而人物則可以考驗個人技術,從服裝、頭飾及打扮可以了解人

物屬於哪一朝代或是哪位歷史人物。[2] 另外，梁有錦早在 80 年代已經積極推廣紮作技藝，如 1987 年應香港博物館邀請示範紮作燈籠。

## 另闖一片天

隨着年紀漸長，梁金華對紮作愈感興趣，中四那年他主動協助紮獅頭。梁有錦見其子有心學習，便從旁指點一二。1973 年，梁金華中學畢業後任職教師。本來計劃繼續升學，剛巧遇上郵政大罷工，入學資料寄送延誤，無緣赴加拿大留學。雖然獲香港中文大學取錄入讀中文系，但梁金華覺得在殖民統治時期修讀中文出路離不開教書一途，故決意往外闖一闖嘗試從事不同行業。1975 年，梁金華投身電腦行業，沒有繼承父業，間或於旺季回生和隆客串幫忙。梁師傅由電腦操作員做起，退休前已榮升為保險網絡安全主管了。梁師傅印象中其父很少收徒弟，稱得上徒弟的真是屈指可數，今時今日傳統師徒制亦不合潮流。

## 錦田酬恩建醮紮作

自 1955 年起，生和隆連續六屆承辦錦田酬恩建醮的紮作項目。2005 年，梁金華眼見父親年事已高，於是臨危受命，辭去工作，在數個月內日夜趕工，終於順利完成這個大型紮作項目，令梁金華畢生難忘。無論是木工、畫工、紙紮以至整個項目管理，他都親力親為，除了證明自己能力，更重要是不辱生和隆名號。他慨嘆，從各屆錦田酬恩醮會紮作項目所需工人多寡，正好反映紮作行業興衰。例如 1975 年紮作行業興盛，散工多達十人以上；1985 年散工人數已不足十人；1995 年散工更只餘五、六人；2005 年醮會紮作散工只餘下兩人。

紮作業行內不少師傅為了節省成本，賺盡利潤，不惜把部分項目外判給內地廠家製作。例如 2005 年錦田醮會的雙面牌樓，

- - - - - - - - - - - - - - - - - - - - - - - - - - - - - - - - - - - - - - - - - -

2　白茹：〈梁有錦手藝巧思馳譽海內外，紙紮業式微人才凋零〉，《清雅周刊》，第 159 期，1985 年 9 月 18 日。

最初便有建議外判給內地製作，這樣可以省卻搭棚和上牌樓工序。梁有錦不同意，因外判項目難以監控製作水平，他情願賺少一些，亦要確保成品質素。為此梁金華只好硬着頭皮，肩負起搭建雙面牌樓的工作。到了 2015 年的錦田酬恩建醮，梁有錦已達期頤之年，只好放棄投標了。

現在梁金華退休了，偶爾返回生和隆整理舊物，間或應邀擔任導師，向社會大眾推廣紮作技藝。梁金華對於紮作技藝有自己一套見解，值得有意入行人士參考。他認為好的紮作不能單靠模仿，要做出成品外形寫實像真並非最困難，最考功夫的是要做到「穩健耐用」，這就涉及紮作手法和步驟。現在行內流行以鐵線代替竹篾，其優點是比較容易屈折出想要的形狀。內地更大膽地使用鐵架作為花燈框架。無可否認，這些做法較省工夫也較堅固，然而卻失去傳統紮作技藝的精神和味道。

1953 年生和隆製作的龍頭。（相片由梁金華提供）

## 第二節　寶華扎作 —— 歐陽偉乾、
歐陽秉志

### 寶華二代父子情

1949 年，歐陽偉乾只有 20 歲，經朋友介紹後，他隻身到金玉樓工作。起初，歐陽老師傅還以為金玉樓是一間酒樓，後來才知道是一間紙紮舖。歐陽老師傅為了生活，於是拜師學藝從學徒做起，由打雜掃地開始。歐陽老師傅憶述當年紮作師傅是不會主動教徒弟的，徒弟只可以在旁一邊工作一邊偷師。數年後歐陽老師傅學有所成，自立門戶，與兩位紮作師傅一起創立寶華扎作。1963 年，寶華扎作位於紅磡寶其利街的樓梯舖正式開業。寶華的寶字取自寶其利街，華字則源自歐陽老師傅祖父的名字。三名合作伙伴分工清晰：歐陽老師傅主外，主力接生意；兩位師傅主內，專職紮作。寶華紮作業務廣泛，承辦會景巡遊、獅龍、花燈和七姐盆等紮作；更把握大陸禁運機遇，在三藩市設立辦公室，承接海外龍獅出口訂單。

全盛時期，歐陽老師傅需聘請數名散工幫忙。後來寶華扎作搬往深水埗黃竹街。期間曾嘗試在巴域街開分店，但很快便結業了。1997 年後，輾轉開業超過 50 年的寶華扎作遷往福榮街。時移世易，現今紙紮品日新月異，大部分由內地訂購來港。雖然現在訂單比以往少，但是在中國傳統節日期間，生意仍算不俗。尤其是農曆新年、清明節和重陽節，偶爾忙至喘不過氣。合久必分，寶華扎作其中一位師傅拆夥離開了，另一位師傅關多則在 1997 年前提早退休，不過關師傅仍不時會回來當散工。十多年前，歐陽老師傅因病入院，其子歐陽秉志眼見他住院期間仍念念不忘工作，於是寫信給父親勸他退下火線，並承諾接手營運寶華扎作。現在，寶華扎作由歐陽秉志承繼。他成為了一個非一般的紮作師傅。

### 子承父業

父親經營紮作店，父傳子看似理所當然，但歐陽老師傅從來沒有強迫兒子承繼家業。歐陽秉志一開始也沒有什麼特別打算，

寶華扎作第二代負責人歐陽秉志及其愛貓。

只是機緣巧合之下，成為寶華的一份子，自此便與紮作技藝結下
不解之緣。1963 年，歐陽老師傅結婚，其後育有兩子一女，歐
陽秉志排行中間，小時候很少到店舖幫忙，頂多在清明節時與
妹妹一同整「衣包」。他對紮作店生意沒有太大興趣，中五會考
畢業後，他修讀大一設計學院，學習平面設計、色彩學和透視學
等。想不到這些知識日後竟應用在紮作技藝上。完成學業後，歐
陽秉志待業時百無聊賴地經常在寶華閒坐。歐陽老先生對此既不
反對，也無欣喜。就這樣歐陽秉志開展了他的紮作職涯。入行初
期，他跟傳統拜師學藝的學徒無異，終日在寶華做雜務，有時候
也需跑外勤，把祭帳、衣紙祭品等送到各區殯儀館。不過，這
類生意現在主要由殯儀經紀包辦，除非客人需要特別訂造紙紮祭
品，才會過來「幫襯」寶華。

## 師承與自悟

說起紮作技藝，歐陽秉志並非師承父親，而是自己摸索出
來的。寶華紮作師傅關多沉默寡言，終日在店內埋首紮作，不太
搭理外人。關師傅在歐陽秉志眼中技藝高超，紮什麼似什麼，龍
獅明紗紮作樣樣皆精。至於其父則是「樣樣都碰下」。每當關師
傅完成一件紮作品，歐陽老師傅便會親自進行品質檢定，做一些
修飾工作。歐陽秉志記得某年其父曾親身教過他紮楊桃花燈。當

寶華扎作位於深水埗。

時正值中秋佳節，算是第一次父子兵上陣賺錢。早期他較少用竹篾，主要用紙張砌出不同作品。後期技藝純熟，以竹篾扎作才比較多。歐陽秉志記得第一次扎花炮十分吃力。雖然有尺寸和照片參考，但是他之前從未做過，憑空想像，自然事倍功半，因此只好向其父求教。經歐陽老師傅指點，他終於掌握箇中技巧，順利完成第一個花炮。

歐陽秉志自言，他屬新派扎作，作品以新穎、仿真度高見稱，而不走傳統明紗扎作路線。

## 意外成名

歐陽秉志初試啼聲之作並非來自客人的訂單，卻因無心插柳而意外闖出名堂。十多年前，他偶然從當年潮物《壹本便利》雜誌看到跳舞毯和滑板車的介紹，感到十分新鮮和有趣，忽發奇想動手試扎。扎好後對成品頗為滿意，於是便掛在門口當眼位置，希望招徠街坊注目，卻意想不到吸引了《壹周刊》記者前來訪問。這次小試牛刀，反應出乎意料一致讚好，陸續獲媒體訪問報道，算是打響名堂。不少客人更慕名而來訂製扎作品。歐陽秉志製作過索尼（Sony）機械狗、手提電話、名牌手袋和遊戲機等紙

剛創業的歐陽偉乾及出口往紐約的獅頭。（相片由歐陽秉志提供）

紮祭品。其中最經典的作品要算是 Beyond 黃家駒的電結他了！
據說黃家強曾訪尋紮作師傅，欲訂製一把紙紮結他送給去世的哥
哥，可惜名師難尋，幾經轉折下由某道堂轉介此訂單給寶華。歐
陽秉志指當時接此類訂單屬於「外快」，收入全歸自己。他笑言
早期在寶華工作並沒有工資，做了一段時間後其父才正式發工資
給他。

## 創作生涯不是夢

對於歐陽秉志來說，紮作過程並不困難，最花時間反而在選
取材料和構思製作手法。很多時候，客戶只會提供一張照片作為
參考，一般紮作師傅便依着葫蘆畫瓢，他卻不甘盲從前人做法。
如果客戶訂造一把結他，他會特意跑到琴行，量度真結他的尺寸
和比例，細心查證結他的每部分，店員則投以奇怪目光。曾有客
戶訂購一部手提電腦，歐陽秉志故技重施走去人家店舖量度尺
寸。不過被店員上前阻撓，沒上次那麼好運了。難怪秉志紮作品
仿真度這麼高了。

常言日：「有麝自然香。」曾經有客戶訂造一對名牌波鞋。
由於製作需時，結果價錢比實物價格高十倍以上。客戶卻非常滿

意，覺得物有所值。最難忘的作品要算是 2017 年中秋綵燈會的作品。他一手包辦十多個大型旗袍花燈，創作過程非常艱辛，秉志足足花了近三個月時間才完成。

新冠疫情肆虐，限聚令下很多傳統節慶活動被迫取消。2021年，非物質文化遺產辦事處邀請秉志製作了 12 隻老鼠花燈，原本計劃在維園展出，可惜那時候疫情尚未平息，作品只好擺放在三棟屋博物館。

歐陽秉志不經不覺已入行廿載。他坦言習慣獨行獨斷，所以沒有打算收徒弟。不過，他並不介意分享自身經驗。縱然知道最終有興趣加入紮作行業的人可能不多，但他仍經常到校開班授課，期望讓更多年輕一代認識紮作技藝，體驗紮作的樂趣與艱辛。

作為一位自學型又偏向創新的紮作師傅，歐陽秉志過去比較着重紮作一些像真度極高的紙紮作品，比如任天堂遊戲機、錄音機和勞力士手錶等，近期也曾紮作粵劇頭飾。他近年亦有不少機會與其他設計師和藝術家合作，創作一些具有豐富想像力的紮作品。例如為渣打銀行紮作一個非傳統的「獅身魚尾」獅頭。由此可見，歐陽秉志的紮作品已超越傳統手工藝，已是徹頭徹尾的藝術創作了。他心中有一個願望，就是有一天能舉辦自己紮作品的創作展覽。

歐陽老師傅已是鮐背之年了，雙腳不太靈活，所以已經甚少返回寶華。對於歐陽秉志子承父業，在紮作業界闖出另一片天，歐陽老師傅從無半句稱讚，也無半點欣喜。歐陽秉志笑稱其父屬於老一輩的人，不擅於表達感情。如此看來，他傳承了歐陽老師傅的踏實，也是典型的少說話、多做事的手工藝者。

## 第三節　天寶樓扎作 —— 夏中建

### 系出武林　拜師學藝

夏中建在父親夏國璋開辦武館中成長，他笑言小時候主要職責是「執嘢」（雜務）。別小看這類型工作，因為獅頭矜貴，每次舞獅表演後，隨即便拆獅被及整理獅頭，並放回鐵箱內。獅頭的新舊因應不同表演場合而定，狀況好的會在大型商場演出中使用，稍舊的就用於小型項目，再次等的則用來採青碰撞和練習。天天接觸獅頭的夏中建對紮作漸感興趣，於是夏父安排兒子向梁有錦拜師學藝。

夏師傅在生和隆學師及工作約一年多，邊做邊學，梁有錦偶而指點一下。梁有錦待他很好，其他學徒月薪 800 元，夏中建起薪已有 1,500 元。在生和隆當學徒由削竹篾及煮漿糊開始，天氣寒冷時滿手漿糊，手亦凍僵，吃飯時筷子也拿不動，日子頗為

天寶樓夏中建與兒子夏浩文。

難過。夏中建家距離生和隆很近，平日上午九時上班，他八時便
返舖開門。他上班時學到的紮作技藝，晚上回家後定會重複做一
次，當作練習。

生和隆勝在時常承接大型紮作，不像其他紮作店偶然才有
一單大生意，因此夏中建有很多機會學習製作不同類型紮作品。
農曆新年做花燈、天后誕做花炮、端午節紮龍舟，接着又要趕製
很多出口的獅頭，整年工作都沒有停歇。生和隆承接的紮作不但
種類繁多，數量也很驚人。以前動輒做 30 至 40 個花炮。熟能生
巧，夏中建從「密密做」中學懂紮作竅門。正如他所言：「掃把
靠〔牆〕得久都變成〔掃把〕精」。另一方面，生和隆承接很多
出口訂單，夏中建要幫手砌木箱來放置要運往海外的紮作品。某
年生和隆承造加拿大博覽會九條瑞龍，夏中建原本是輔助其他師
傅紮龍，但製作至第五、六條龍，夏師傅已能獨自完成一條瑞龍
了。直到今天，夏師傅仍保留他與九條瑞龍的合照，這也稱得上
是他人生中得意之作。

## 自立門戶

夏師傅離開生和隆後創立天寶樓扎作。他說自己有本心，自
立門戶專注做殯儀紙紮，不會跟師傅爭生意。天寶樓扎作第一間
店舖位於旺角登打士街與上海街交界的唐樓。他請出老師傅嚴拯
一起開店。嚴拯在行內很有地位，人面廣，在工會又有職位，對
於夏氏創業有很大幫助。嚴拯畫功一流，開銼料更是他的拿手好
戲。90 年代初，天寶樓業務漸趨隱定，夏中建便開始在內地設
廠。夏師傅認為紙紮生意利潤豐厚，投資成本低又不需要機器，
只需簡單的物料和工具便可以開業。天寶樓扎作是香港最早在內
地設廠的紮作店，他特意派遣師傅往返內地教授紮作技藝。由於
請來的工人都有工藝底子，做手作很有耐心，只需教導他們紮出
港式風格，便能很快投入生產。天寶樓的生意也愈做愈大。

新冠疫情肆虐前，天寶樓的內地廠房每天早上六時有兩台貨
櫃車從東莞出發，早上八、九點報關，中午前到達香港各大殯儀
館卸貨，午飯後開始分發殯儀紙紮。夏中建說，雖然做「火燒嘢」

夏師傅 2022 年為慶祝香港回歸 25 周年製作的大型花燈。

是為了謀生，不過當中也有不少學問。營運喪葬紙紮是一種複雜的商業統籌活動。除了專注殯儀紮作外，夏師傅亦積極推廣紮作技藝，不同團體和學校都恆常邀請他舉辦紮作工藝班。近年，夏中建獲位於佛山的大灣區博物館邀請，展示他的紮作品。眾所周知佛山是紮作工藝的重鎮，而夏師傅的紮作品能成為館藏，足見其在紮作界的地位。

## 兩度破健力士世界紀錄

　　夏中建主力經營喪葬紙紮，但不時亦獲政府邀請製作大型節慶紮作。近年他為特區七一回歸製作的大型花燈組合，便兩度申請成為全世界最大吊掛花燈，最後均獲認證列入健力士世界紀錄大全。第一次獲此殊榮是 2017 年，緣於中西區各界為慶祝香港回歸 20 周年，在中環皇后像廣場北面噴水池位置舉辦「華燈閃爍耀香江」大型紮作花燈展覽。夏師傅的花燈組合高 9.39 米、闊 5.33 米、重 500 公斤。[3] 時隔五年，在同一地點，夏師傅為香港回歸 25 周年再製作花燈，同樣是與懲教署合作，與在囚人士

3　關於此花燈的介紹，請見本書第八章第三節「香港紮作技藝的創新」。

夏中建製作的花燈曾創下健力士紀錄。

等千人協力完成。這次花燈製作規模更大，夏師傅目的是打破自己上一次的世界紀錄。2022 年這次花燈展覽的主題是「明珠耀彩迎銀禧，萬眾同心展未來」，除了主體花燈，周邊的花燈組合以奧運會上取得優異成績的香港運動員為藍本，前有「砥礪奮進」四大字型燈飾。這次主體花燈高 13.08 米、整個花燈組合直徑為 9.03 米，除了超越上一次的健力士世界紀錄外，亦榮獲香港世界紀錄協會頒發「最大的吊掛花燈」世界紀錄證書。夏師傅也因此獲稱譽為新一代「花燈大王」。

　　夏中建指出，傳統以來紮作業分為明寶派和靈寶派。前者專營節慶紮作，後者則從事殯儀紮作，兩派各有分工，互不統屬。後來生意減少，紮作店沒有派別之分，紅白兩事照樣承接。此外，他對紮作技藝有與別不同的想法。眼見當下著名的紮作品大多數突出創作者個人名義，夏師傅認為大型紮作品往往不是單獨一人能完成，通常是透過團隊的努力，大家分工合作，各司其職，才能做到盡善盡美。因此，他認為紮作技藝是屬於集體創作藝術，若只將焦點放在某一位師傅身上，反而是不合理的。

## 第四節　祺麟店 —— 冒卓祺

### 從舞獅到紮麒麟

　　冒卓祺的外祖父鄒錦輝是增城人，就讀華仁中學，與新界鄉
紳張人龍是同學。鄒老先生積極參與地區事務，於 1972 年擔任古
洞村村代表。當時，古洞村有很多增城人聚居，分別創立了多個花
炮會，包括義和堂、增邑金城堂和吳明新堂。冒師傅在中學時期，
跟羅旁紀念國術體育總會駱桂平學習舞獅。以前獅頭價值不菲，舊

祺麟店冒卓祺。（蔡旭威攝）

了盡可能修補也不會輕易丟掉。初學者練習時也不會讓你舞真獅頭，只會以竹籠代替。為此，師兄弟四出拜訪不同紮作名號，請教修補獅頭技法。冒師傅輾轉間認識寶華扎作的歐陽偉乾，除了學懂修獅頭技巧外，更引起他對紮作，特別是麒麟紮作的興趣。

## 拜師學藝

冒卓祺 19 歲入行學習紮麒麟，全因太熱愛舞麒麟。麒麟舊了、損壞了，沒有餘錢修補便只能靠自己。當時，拜師學紮麒麟殊不容易。老師傅不會主動教授，全憑自身領悟，甚至拆開已破舊的麒麟，仔細研究內部構造，反覆練習才能掌握紮麒麟的精粹。冒師傅笑道：「拜師學藝不是大家想像中那回事。老一輩紮作師傅不會直接傳授技法。如果對方不介意你坐在旁邊閒談，其實已經成功了一半。到最後紮作這一門手藝講天分外，還是靠工多藝熟，遇上難題尋根問底。久而久之，老師傅覺得我有誠意學習，便會講解箇中竅門。」

1994 年，冒師傅決心返回古洞重振義和堂花炮會，繼承其外祖父的遺志。冒師傅嘗試自行製作花炮，於是在寶華扎作訂購材料。因緣際會下拜關多為師。冒師傅指出，中環金玉樓曾經是香港最有名的紙紮店，行內無人不識，無疑是紮作界的殿堂級。那裏的師傅手藝冠絕香江。冒師傅打趣地說，從前寄信給金玉樓不用寫門牌地址，只需寫「中環閣麟街金玉樓」便可。金玉樓本身就是一個地標。冒卓祺第一位師傅便是關多。關多祖籍南海，14 歲來港與父親團敘，並一起在金玉樓做紮作。全盛時期金玉樓人才濟濟，每次吃飯都要開兩圍。後來，關多與歐陽偉乾等人一起開設寶華扎作。

1997 年，冒卓祺自立門戶，於大埔寶湖道街市開設門市「祺麟店」，專營神誕紙紮品及功德紙料祭品等。隨着業務擴展，祺麟店遷至上水劍橋工廠大廈。後來地方不敷應用，約十多年前再搬到元朗十八鄉公庵路。為了紀念恩師，2000 年他所屬的龍獅隊命名為「香港金玉樓龍獅團」。關多去世後，每年農曆新年和中秋節，冒師傅都會探望其後人。雖然冒師傅已獨當一面，但他並不自滿。他相信學無止境，繼續虛心跟不同前輩學習。冒卓祺

祺麟店門市部。

另一位師傅是陳旺。陳師傅是新會人，50 年代隨同鄉前往澳門紮作店打工。60 年代陳師傅抵港，最初從事戲院廣告工作，後來重操故業，繼續從事紮作工作。陳師傅畫功了得，擅長製作蓮花寶座、大士王、花炮等，特別對獸口類紙紮做得份外傳神。2012年，冒師傅正式跟陳旺拜師學藝，學習紮作大士王的技法。2014年廈村鄉十年一屆太平清醮和 2015 年錦田酬恩建醮正好見證了冒師傅努力的成果。冒卓祺認為自己對工藝品的審美眼光與創作思維都深受兩位恩師的影響。

## 業務廣泛

冒卓祺紮作業務廣泛。傳統節日大多集中在農曆上半年。新界圍村在農曆新年慶祝男丁出生，會紮作大型丁燈舉行點燈儀式。接着就是各區舉行的神誕，如農曆二月十三日洪聖誕、二月十九日觀音誕、三月廿三日天后誕、四月初八譚公誕。這期間冒師傅忙於紮作花炮，所以他建議有意紮龍獅的客戶最好在農曆新年前下訂單，否則有機會趕不及製作。農曆下半年，冒師傅稍為有空便開始紮造客戶預訂的龍和麒麟，有時候還要抽空處理年底新界各區的醮會紮作。

## 疫情下紮作業

2018 年，冒卓祺創辦香港本地紮作業聯會，積極培養新一代紮作師傅，讓紮作技藝得以傳承下來。冒師傅明白傳承工作任重道遠，難以立竿見影，但迎面而來的卻是各種困難。2020 年新冠疫情肆虐，百業均受影響，紮作業也不能倖免。冒師傅的客戶很多都是新界村民，他們會為喜慶賀誕活動訂製花炮、龍獅等紮作。神誕節慶在限聚令下均被取消或簡化，訂製紮作品的數量自然大減。以花炮為例，在正常情況下每年冒師傅大概造 100 個花炮，特別是農曆三月天后誕，幾乎忙得不可開交。然而，2020 年全年冒師傅只做了五個花炮，其他紮作的銷情亦可想而知。面對這場世紀疫症，冒師傅只好咬緊牙關，降低成本繼續營運，頂多是自己沒收入罷了。

## 非遺與紮作技藝推廣

隨着紮作技藝成為香港非遺代表作，冒師傅多了機會與不同藝術家跨界合作。印象最深刻的要算是他為一間動物保護組織紮作一隻瀕臨絕種的犀牛。冒師傅從未紮過犀牛，而紮作過程又異常複雜，需要更多時間構思。因為動物外形有一定標準，只有似與不似，沒有含糊地帶，不像麒麟這些想像出來的瑞獸，可以加入不少創意。為了推廣紮作技藝，冒師傅在古洞自資成立紮作館，免費招待海外和本地遊客參觀。與此同時，冒師傅積極開辦紮作班推廣非遺文化。長遠來說，他期望政府能提供合適場地，投入更多資源支持紮作技藝的推廣。

把興趣轉為職業，相信是很多人夢寐以求的事。不過有多少人願意放棄穩定收入，去實現自己的夢想呢？這 20 年來，冒師傅家人和朋友擔心紮作師傅收入不穩定，不斷勸他放棄。2014 年10 月，台灣舉辦「香港周」，冒師傅代表香港遠赴台灣示範紮麒麟技藝。同年，他承辦了廈村十年一屆太平清醮紮作；翌年再成功投得錦田酧恩建醮紮作。2018 年，冒師傅創辦了香港本地紮作業聯會。相信這份成績表已足以令身邊關心他的人安心。

## 第五節　雄獅樓 —— 許嘉雄

### 從興趣到職業

　　許嘉雄自小在武館打滾。他家在筲箕灣，這個社區保有各種傳統節慶活動，在耳濡目染之下許嘉雄逐漸迷上舞獅。二十世紀80年代，一個本地出品的獅頭售價可以高達萬元，所以武館對獅頭珍而重之，如無表演活動必會將其鎖在木箱內。許師傅因獅頭威武的外形而對獅頭紮作產生興趣。他曾四出拜訪紮作師傅，請教獅頭的紮作技巧。殊不知大部分師傅都不會輕易傳授技藝，原因是「多個香爐多隻鬼」，擔心日後會多一個人爭生意。無奈之下許嘉雄只好自行摸索。自學過程絕不容易，他一開始便拆開獅頭，窺探其內部結構，屢敗屢試，終於紮出人生第一個獅頭。當時許師傅對自己的作品頗有信心，於是四出向紮作店兜售，結果

雄獅樓許嘉雄團隊，坐着的是許師傅父親。

許師傅與他的澳洲大金龍。（相片由許嘉雄提供）

卻無人問津。後來，因緣際會成為天寶樓學徒，在天寶樓工作 13 年，收入雖然不高，卻認識了不少技藝高超的紮作師傅，例如關海成及鄭家桐，從他們身上學到不少拿手絕活。早上許師傅邊做邊學，回家則繼續鑽研。到了 2000 年，許師傅學有所成，決定自立門戶，創辦雄獅樓。

雄獅樓創立初期同時承接殯儀和節慶等不同種類的紮作。但許師傅很快便遇上困難，其中之一是客源不足。外界對雄獅樓並不認識，所以不敢貿然與許師傅合作。即使獲得大型紮作訂單，但店舖地方小，存放空間有限。為節省成本，許師傅事事親力親為。不過，因為長期不分晝夜地工作，身體勞損日漸嚴重，膝蓋疼痛、胃脹、體重大減等症狀相繼出現。許師傅說幸好當時尚算年輕，換作今天年紀的話，自己肯定撐不住了。許師傅憑自己努力打出名堂，其人其作屢獲傳媒廣泛報道，時常冠以「香港最年輕的紮作師傅」的稱譽。為吸引年輕人入職，他無論如何忙碌，總會抽空推廣紮作技藝，未曾間斷。

## 大金龍享譽海外

早在二十世紀 30 年代，澳洲本迪戈市已委託香港紮作師傅紮作金龍。2016 年澳洲金龍博物館代表來港物色優秀紮作師傅，最後雄獅樓許嘉雄獲選，負責製作一條長達 125 米的大金龍。許師

傅對雄獅樓有機會參與大金龍製作，與同樣曾為本迪戈市製作金龍的著名香港紮作寶號金玉樓及羅安記並列，與有榮焉。許師傅認為為澳洲本迪戈市紮製的大金龍，至今仍是自己代表作之一。[4]

## 傳統不忘創新

許嘉雄相信紮作技藝需要與時並進，真是「一路紮、一路作」，從前獅頭愛用三國名將劉、關、張命名，近年三國志電子遊戲熱潮，有客戶希望師傅製作「呂布獅」。紮作雖是傳統行業，但紮作的主題也隨時代和客戶要求而變化。有時為了讓傳統獅頭看起來更「潮」，許師傅特意塗上一層銀粉，從遠處也可清晰看見獅頭閃閃發亮，而這種做法的靈感竟源自太太使用的指甲油。此外，傳統紮作品主要材料是紗紙和竹篾，為迎合顧客要求，也會採用牛仔布、水晶等不同材料來製作，也會因應婚禮或葬禮製作獨特的獅頭。又如盂蘭勝會主角大士王，一向予人陰森恐怖的感覺。已故筲箕灣張飛廟負責人鄭興生前曾與許師傅合作，大膽重新包裝大士王，為其面譜塗上螢光顏料，使大士王在巡遊活動中格外觸目。許師傅希望逐步扭轉大眾對盂蘭勝會負面印象，以一個嘉年華會形式舉行，吸引更多市民參與盂蘭勝會。

許師傅對紮作行業的未來十分樂觀。在香港這個華人社會，無論是殯葬儀式抑或節慶祭祀活動都需要紙紮用品。面對內地、馬來西亞等同業競爭，許師傅稱單純「以價論價」香港紮作業的確無法比拼，但是只要技藝出色，也能吸引一些追求高品質的顧客。新冠疫情期間，許師傅一年平均只收到大約 10 隻獅頭訂單。但疫情以前，每年他平均製作 120 隻獅頭；花炮製作則超過 110 個。加上，紮作技藝成為香港非遺代表作，雄獅樓屢獲當局邀請，承接大型紮作工程，大大提高店舖知名度，自然吸引更多客戶慕名而來。隨着本土文化興起，受惠於社交平台廣泛宣傳，社會大眾對紮作技藝有更多認識的機會，不會再套上「迷信」和「封建」的標籤。許師傅也表示，很希望跟各位紮作師傅以不同形式合作，共同推動香港紮作技藝，讓業界百花齊放。

· · · · · · · · · · · · · · · · · · · · · · · · · · · · ·

4　關於許師傅為澳洲本迪戈市紮製的大金龍，詳見本書第七章第二節。

## 第六節　福興隆豪記扎作 —— 余英豪

　　余英豪於 1982 年出生，父母親經營武館及跌打醫館。余英豪為家中獨子，從小就在鑼鼓聲中長大，對功夫及舞獅沉迷痴醉。10 歲時他便開始對獅頭紮作感到興趣。中學時期，余英豪與同齡同學的娛樂活動截然不同，他喜歡逛街，從窩打老道美舒開始，到山東街中僑國貨，再去界限街白雲，之後到深水埗聯發祥。[5] 逛街路線與目的無他，就是看店內售賣的獅頭及觀賞師傅紮作獅頭的過程。他認為紮獅是行內最高深的技藝，紮作技巧極為複雜，不易掌握。與其他類型的紮作相比，獅頭甚具藝術價值。雖然余師傅中學階段已嘗試自學紮獅，但自覺一直做得不好。以前的紮作師傅思想比較舊派，不輕易教人，更別說拜師學藝了。俗點說，老師傅情願把紮作技藝帶入棺材，都不願「益」街外人，當然自己有子女願意學技固然好，不然技藝失傳也全不在乎，畢竟對大部分老師傅來說，紮作技藝只是糊口工具。

福興隆豪記扎作余英豪。

5　　美舒主要經營片場道具、大戲戲服、假髮、器械、獅頭鑼鼓等。中橋百貨有專櫃售賣獅頭。白雲是莫（國）華的紮作店。聯發祥也是售賣獅頭。

黃佳記名片。〔余英豪藏〕

## 紮獅與喪葬紙紮、學藝與維生

2000 年余英豪中學畢業後，他終於鼓起勇氣到西營盤黃佳記學師。黃佳是他父親的老朋友。黃佳說：「手作嘢無得教」，只能靠自己觀摩與練習，邊學邊做，他最多在旁提點一兩句。當時余英豪住在店內，專心紮獅三數年，雖然學了不少技藝，也懂得評鑑怎樣的獅頭算是紮得好紮得漂亮，但始終無法單靠紮獅頭養活自己，遑論成家立室。

余英豪曾一度放棄繼續紮獅，轉行學造西餅，結果還是離不開紮作這一行。他某次把在家紮好的獅頭帶回黃佳記，巧遇上環鄭權記老闆鄭輝，鄭老闆對余師傅的獅頭紮作甚為讚賞。鄭權記主要做「火燒嘢」，供應香港殯儀館喪事紙紮。後來余英豪去了鄭權記學紮「火燒嘢」，同樣是邊學邊做，以件工計算工資。在這情況下，他便踏進紙紮祭品行業，之後他也在杜千送的俊城行工作了一段時間，後再落戶前俊城行員工陳紹康在紅磡開辦的福興隆。余英豪回憶在福興隆十多年的打工歲月，日薪只有 250 元，沒有福利，也沒有假期，算是「長散」（長期散工）。既然沒有長工協議，則檔期配合也可以去別家打工，此乃行業慣常做法。所以大部分紮作師傅都是出入不同店舖，「正職」外也會接不少「外快」，以幫補生計。陳老闆退休後，余英豪接手繼續經營，改名為福興隆豪記。

現在余師傅仍繼續紮獅頭，不過不像其他師傅年產百隻。他的出品很少，但每件作品都全心全意去做。他說，豪記重質不重量，寧願出產少，但保證每隻獅頭都是精雕細琢，也不要高量產獲厚利卻懷了名聲。對他來說，紮獅頭是一種工藝，製作過程

黃佳與余英豪兩師徒。（相片由余英豪提供）

不能馬虎，所以他只為懂得欣賞的客人紮作。前福興隆陳老闆曾跟他說：維生就無閒學藝，學藝就難以維生。余師傅深明此一道理。現在余英豪本業是殯儀服務及喪葬紙紮，紮獅紮龍等美術紮作則是他熱愛的興趣，他若答允承造獅頭，便會在下班後精心紮作，投入數個月的時間與心機，務求出品精益求精。聊及與紮作有關的經歷，余師傅娓娓道來三件難忘事。

## 時代廣場「一代醒獅」獅頭展覽

2015 年銅鑼灣時代廣場 2 月舉辦為期一個月「一代醒獅」展覽，展出共 25 隻 50 至 80 年代製作的醒獅，當中包括羅安記、黃佳記、甘權記等作品。其中十多隻醒獅是來自余英豪的珍藏。他覺得在鬧市做獅頭展覽很有意義，可以向大眾傳宣紮獅文化。余師傅除了是紮作師傅外，他本身也是紮作品的收藏家，所以才有珍藏免費借予大會展出。行家常說他：「你自己識造，但係要鍾意畀錢同人買！」他說，這方面自己跟其他師傅很不同，很少有師傅會買別的師傅作品。「沒有其他人這樣做的，只有我一人這麼神經，自己又喜歡造，又喜歡買。」行家知他識貨，所以會給他好貨；余英豪向紮作前輩訂造獅頭收藏，識英雄重英雄，後

再現武林的「甘權記」獅頭，後面是余師傅與他的南獅團成員。（相片由余英豪提供）

者也感到備受尊重及作品獲得同行欣賞。因此，余英豪雖然年紀輕輕，卻獲一眾老師傅愛護，因此才能完成以下兩件他認為很有意思的事。

## 甘權記獅頭再現武林

甘權與甘維兩父子於 50 年代在紮獅界聲名鵲起，父親甘權善於紮囊，兒子甘維精於寫畫。武林界很喜歡甘權記製作的獅頭。70 年代兩父子分開各自發展。千禧年前甘權仙遊，甘權記也沒再繼續經營。後來余英豪因緣際會購得甘權所紮但未寫色的獅囊（行內稱為白撲），遂拿着這個白撲找甘維求他為其寫色。甘維最初不願意，但經再三請求，才勉為其難答允。余英豪再要求甘師傅在獅背寫上「甘權記造」，「九龍青山道 104 號 B」，以及當時六位數字電話號碼「868208」。甘維原本不答應寫這些，余英豪再勸說這獅是用來慶祝「余英豪南獅團」成立 20 周年，後甘維終於首肯。余師傅說，能在甘權死後 20 多年，將他們父子兩代的技藝再一次結合起來，獅頭還是 60 年代樣式，實在難能可貴，是一件很有意思的事。

融合了黃佳，甘維及余英豪三位師傅技藝的黃金獅子。（相片由余英豪提供）

## 三位師傅合製獅頭的化學作用

余英豪向我們展示一張 2017 年舞獅照片，獅子為南獅，主色為金色，喻為金銀滿屋及金玉滿堂之意，獅子形態非常有氣勢。他說這是他很喜歡的照片，誠如黃佳所說，以三七分面的角度拍攝獅子最美。這隻獅子也很有特色，包括所用材料，參與的師傅，以至各種配套及格式。獅頭是黃佳紮撲的。余英豪跟他要了白撲。白撲放在店內一段時間，他後來有靈感構想，就去找甘維為白撲寫畫，他本人就負責安裝等後期工夫，包括髹獅鬚及為其染色。獅被用的金布和銀布是甘師傅留着的，現在有錢也買不到。最初構想是用單色布料，但剩下的金色或銀色布料都不足夠單獨製作獅被，所以最後裁製了一張金銀被。字餅也很講究，一般字餅是圓形，而這獅的字餅是八角形的。獅頸圍裙寫上武館名字：「香港余英豪南獅團」。獅爪也是老古董。黃、甘兩位師傅為同代人，也是行內競爭對手，免不了偶有芥蒂。這次余英豪忽發奇想，以自己的構想，把兩位師傅技藝結合，又難得他們願意完成他的心願，再加上余師傅親自安裝，遂完成了這隻三人合作的獅頭紮作。

余英豪是訪問中屬於年輕一代的紮作店老闆，但他對舊時代與舊事物也是最熱衷的一位。對於香港紮作技藝與行業的傳統與歷史，他能如數家珍的娓娓道來。考察福興隆豪記，讓我們印象最深刻的是店內與閣樓掛滿紙紮品，並在各紮作品當眼處貼上非賣品。原來這些紮作品俱是余英豪個人收藏，是香港老一輩紮作師傅的作品，不少今天已失傳的技藝所製的各種老配件，他亦收藏下來。

　　余英豪醉心研究獅頭紮作，對他來說紮獅既是藝術創作，也是副業。雖然賴以為生的本業（殯儀服務及喪葬紙紮）往往讓他非常忙碌，無暇紮獅頭，但他對本業同樣抱有敬業精神。他說，殯儀是一門責任很重的行業，服務者需要在客人最傷心的時候給予幫助。余英豪每年只能在農曆年放假數天，其他日子，無論是刮颱風或社會上出了什麼大事，殯儀業都不會停止。余英豪說客人也是看人找服務的，事事必須親力親為。

（本節內容取材自 2022 年 1 月 21 日、

2023 年 3 月 16 日的訪問。）

2021 年余英豪為三藩市梁館白鶴龍獅團紮的關公獅。
（相片由余英豪提供）

## 第七節　紮作世家出身的老師傅 ——
　　　　　黃輝

現年 70 歲的黃輝，累積了 50 多年紮作經驗，訪問期間一邊紮、一邊聊天，精神奕奕，紮作時舉重若輕。黃輝祖籍番禺，1952 年在港出生，黃父在港九油燭紮作藝術職工會會址為他擺滿月酒，宴請親朋，自出生以來就與紮作結下不解之緣。他的爺爺黃子卓在番禺賣香燭及紮「火燒嘢」，膝下其中四個兒子均以紮作為業，[6] 包括排行第六黃輝的父親。因此說他出自紮作世家絕不為過，爺爺過世後，孩子們便移居香港生活及尋找維生門路。

### 三代以紮作營生

黃輝的大伯父黃祥，50 年代在中環創立吉祥[7]；二伯父黃培，外號「煙屎培」[8]，紮作功夫了得，出入不同紙號打散工，曾在生和隆工作；四伯父黃永隨其大哥經營吉祥業務；而黃輝父親，家族稱他六叔的黃佳，最初在九龍佐敦萬興隆紙號打工，沒多久便自己創業，開辦佳景樓。其實黃輝父親與他的伯父名字中間都有一個「浩」字，他父親原名是黃浩佳，黃輝身份證上名稱是黃德輝。只取名稱中頭尾二字作稱謂，當時流行於各行各業，是行走江湖的習慣。[9]

黃輝有六兄弟姊妹，因母親不希望黃父做白事紙紮，遂創立佳景樓，專營電影道具製作及各類傳統節慶紮作，製作的電影道

---

6　黃輝說還有一位伯父黃石，也是做紮作，寫畫一流，二次大戰期間不幸被炸彈炸死。

7　吉祥是一個很普通的店名。黃祥開辦的吉祥，不是梁有錦曾任職，同樣在中環同名的吉祥。

8　黃培有吸鴉片習慣，但他的外號卻是有另一淵源。黃輝曾問二伯父為何人家要這樣稱呼他，黃培笑說因曾經做一對紅馬，將熟煙草貼上去當成馬毛，之後就被人戲稱為煙屎培。黃輝說傳統上馬毛是畫上去，但黃培此舉卻令紅馬更神似，所以行內給他的外號其實是一種讚譽，讚他「計仔」多，有創意。

9　基本上廣東人姓名均以三字較普遍。我們聽聞的老師傅稱謂，其實大多都是只取他們名字的頭尾二字。

黃輝。2023 年天寶樓。

具包括：假酒埕、假木欓、假石頭等，也以倒模方式製作道具，當中不少會用上紮作技藝。由於全家只有父親在工作，身為大兒子的黃輝十多歲便要出來做小販，賣水果幫補家計，不時要「走鬼」（因為是無牌小販），為北九龍兒童法庭常客。雖然如此，因自小看着父親紮作，有時也會幫手，耳濡目染，所以未及 20 歲便懂得基本紮作技巧，加上愛上習武及舞獅，便嘗試紮獅頭拿去賣。後來，紮作技術愈來愈熟練，獅頭賣得出去。父親眼見獅頭有價有市，自己也紮起來，兩父子各有各做。黃輝笑說，雖然父親什麼都紮過，但他比父親更早開始紮獅頭「搵食」。

## 由開公司到任長散

大約 1976 年，20 歲出頭的黃輝成立耀輝藝術紮作社，正式投入紮作行業。雖美其名開辦公司，不過是在佳景樓樓上租一個小房間，以個體戶形式開展業務。他什麼都紮，獅頭、瑞龍、麒麟、花燈、花炮、大士王等傳統紙紮品，電影道具及社團飄色等所需用品，也難不到他。其時，黃輝的紮作品主要供給美舒、華聲等專賣獅頭獅鼓類的批發零售商。

及至 1983-84 年，黃輝結束耀輝藝術紮作社，不再紮龍獅瑞獸，開始主力紮「火燒嘢」，蓋因當時還沒有內地來貨，「火燒嘢」需求又大，故全是本地製作，這樣黃輝就不愁沒有工作，收入也相對隱定。有趣的是，黃父原是紮白事「火燒嘢」，後因黃母反

黃輝 80 年代中作品。（相片由黃輝提供）

對轉而從事節慶紮作。黃輝倒以獅頭等節慶紮作入行，之後卻轉
紮「火燒嘢」。理由無他，乃現實環境使然也。

　　黃輝結束自己公司後，在黃基昌（行內稱他為「先生昌」）
做散工，一做便做了 13 年。黃基昌擅長花炮紮作，當年元朗天
后誕第三炮均由他投得。黃輝說，第三炮不一定是最大、最高，
但一定是最昂貴、最華麗。他透露第一次投得第三炮所收取的製
作費是 11,000 元，此後每年加價約 5,000 元，至第七年時已加至
50,000 元。其實，黃基昌連續七年天后誕投得的第三炮，均由黃
輝用了差不多八至十日時間紮成，當然炮薑底層只會寫上寶號名
稱，即「黃基昌造」。黃基昌過身後，黃輝轉去紅墈華記紙料扎
作做白事「火燒嘢」，也做了十多年。黃輝入行以來一直在九龍
區工作，六年前才開始在港島天寶樓打工。他笑說，現在他仍搞
得清楚西營盤的街道。

## 無名的紮作大師

　　黃輝提到伯父及自己的兩件紮作「威水史」，均與英女皇伊
利沙伯二世有關。1953 為慶祝英女皇伊利沙伯二世加冕，港九及
新界舉行會景巡遊，由華商組成的籌備委員會斥巨資製作金龍。

當年不少紮作師傅交貨給美舒售賣，黃輝也有。（余英豪藏）

這條巨龍在港製作，當時報道稱此龍由陳龍聚堂負責舞動，又云金龍是據該堂創始者唐代陳所翁太祖所畫的龍來設計，龍頭是由後裔陳順所紮。黃輝指出如此大製作不可能完全沒有本地紮作店參與。他從大伯父及二伯父得知，金龍製作是「判上判」交給其他紮作店承造[10]，因此吉祥有份參與製作。然而，黃祥只經營香燭紙紮，不懂造龍獅，遂找其弟黃培幫忙，黃培輾轉之間成為金龍製作者。當然對外宣傳不會出現吉祥名號，吉祥製作這條金龍也虧本，可謂名利皆沒得着。

1986 年英女皇訪港，其中由英女皇點睛的一條瑞龍，竹囊是由黃輝紮的。當時黃輝跟鄺群威習太極螳螂拳。鄺師傅承包了當年英女皇訪港的舞龍活動，所以也要紮作瑞龍。為了節省製作成本，鄺師傅找黃輝紮龍的竹囊，再自己撲上彩色織錦花布，鄺師傅女兒則用衣車縫製金漆龍被。因鄺師傅不是專職紮作，所以不少地方黃輝也要協助。黃輝說畢竟兩師徒，所以沒有計較，他的收費也很相宜。

## 「搵食」以快為主，藝術價值次之

黃輝回憶家族以紮作營生，到了 80 年代大伯爺黃祥過身後，吉祥便沒有繼續經營。90 年代父親仙遊，黃輝弟弟曾接手經營佳景樓兩年，最後也無以為繼。現在整個家族只有他繼續做紮作，他兒子也當了理髮師，比做紮作師傅賺得多，工作挺輕鬆。

---

10　即投得的承造商再找別家來製作，別家再找另一家製作部分或全部工序，如此類推。各店家都要獲利，原製作費往下層層扣減，可想而知實際上最後製作的店家取得的報酬已是原投得製作費的一小部分而已。

黃輝 40 多年前紮的麒麟。（相片由黃輝提供）

　　黃輝自詡沒什麼紮作未做過。他紮作的心得，其一是「夠快」，其二「將價就貨」，例如寫畫獅頭，他形容猶如「倒墨水」，一筆也不會多畫。因此，黃輝紮麒麟、獅子等瑞獸，二至四日就可交貨，紮作瑞龍再加多一至兩日。正因他什麼都會紮，什麼都紮得快，所以每間店任職時間頗長，老闆也敢承造不同類型的紮作生意。當然互惠互利，老闆有錢賺，也就沒必要開除黃輝這位「長散」。

　　在紮作技藝傳承方面，黃輝不諱言他的師傅就是他自己。遇上老闆或客戶有這樣那樣要求，他就動腦筋想想如何用最省時、省力的方法完成。雖然如此，黃輝也有「偷師」的時候，記得他小時候曾造訪金玉樓，佯裝訂製一隻鶴裝獅，其實是偷看在場師傅紮作。事實上，他曾向同行李狄偷師，以前獅頭的獅鬚要一條一條的鬚，18 呎長的獅鬚要花兩日時鬚完。但李狄用假髮物料以衣車縫製獅鬚，一下子就能完成。學會了這種方法，難怪黃輝可以兩、三天就紮製好一隻獅頭了。

某天筆者到工場探訪黃輝，他正在紮數對殯儀用的「妹仔」。好奇一問，原來是電影公司訂造用來拍片的道具。因為有指定尺寸，一般內地製的「例牌」貨不合用，不過訂製價格跟例牌貨也差距甚大。回想起來，黃輝父子以前運用紮作技藝，製作仿真電影道具，今天他紮作的傳統喪葬紙紮品，卻直接用作電影道具。隨着時代演進，潮流與技術發展帶來的轉變，實在頗勘玩味。

黃輝沒有收徒弟，他自言只有獨自做事的本領，沒有教人的本事。他又說自己口才不好，不會找生意，當不成老闆。黃輝視紮作只是「搵食」技能，從沒有當作藝術品看待，坦然自己沒有任何代表作。不過，每當他翻出手機中儲存的舊作照片（很多是後輩同行在網上找給他，或用手機再拍的照片），總掩飾不了內心泛起的絲絲自豪與喜悅。

（本節內容取材自 2021 年 9 月 10 日、
2023 年 2 月 15 日及 22 日的訪問。）

# 小結

這一章我們訪問了七位現役紮作師傅。從他們的訪談中，我們了解到香港紮作業的發展概況，也更深認識紮作技藝傳承的方式與挑戰。受訪的師傅有他們自己奮鬥學藝及創業的獨特經歷，但也反映了紮作技藝與行業在時代潮流及大環境變化下的困境與機遇。訪問期間正值新冠疫情肆虐之際，香港紮作業受到重大打擊。在限聚令下，節慶神誕紛紛停辦，節慶紮作自然大幅減少。與此同時，內地封關，出口貨物屢受限制，連帶喪葬紮作也不能倖免，部分紮作師傅卻因此承接了不少相關訂單，捱過了這場疫症。

# 結論

　　紮作分類有各種說法,其中一種傳統說法是紮作分為「美術紮作」與「紙紮」兩大類別。前者又稱「明紗紮作」,以紅事為主,如花燈、花炮、獅頭、龍頭、麒麟等;後者是喪葬紮作,行內稱為「火燒野」,這類紮作品大部分使用後便會火化。相對而言,部分紅事紮作完成使命後,它們仍然保留作紀念或供奉用途,甚或反覆使用。從前,這兩類紮作各有專屬紮作師傅負責,各有各做,各有師承。後來紮作業的業務萎縮,難以單靠一類紮作維持生計,行內逐漸沒再分工。

　　2019 年新冠疫情爆發,百業蕭條,香港紮作業亦不能倖免。當局頒發限聚令,避免人流聚集,防止交叉感染惡菌,限制商業和節慶活動。紮作與傳統節慶活動息息相關,疫患肆虐下,香港紮作師傅大多慨嘆工作量大減,收入大不如前。基於行業特性,受制於旺淡季,香港紮作業以散工為主,散工只好轉投其他行業。所謂有危就有機,封城政策導致內地物流受阻,內地的殯儀紮作品不容易抵港,或是運輸費用大幅上升,無論如何成本轉喪家,有的寧願聘請本地紮作師傅製作殯儀紮作,在此期間竟然出現罕見的小陽春。

　　回顧香港紮作業蓬勃發展,受惠於內地 50 年代遭美國禁運政策影響,獲得不少海外訂單。由於交貨準時,手工精湛,除贏得口碑外,闖出名堂的紮作師傅及其作品,更獲邀擔任政府對外宣傳香港旅遊業及傳統中國文化的角色。此外,紮作行業與華人傳統習俗關係密切,但隨着香港城市發展,民間信仰備受挑戰,漸漸出現傳承危機,這對紮作行業不無影響。所幸的是,紮作技藝本身歷史悠久,又是傳統文化一大特色,只要推陳出新,配合香港經濟發展及政府對內外的文化宣傳方向,業務仍有一定發展空間。

二十世紀 80 年代內地改革開放，大力發展工業。當地薪金低，地價平，勞動力足，帶動投資者在內地設置工場，生產更多不同款式的紙紮品。內地紙紮工場大多設在廣東省沿海一帶，如東莞、順德、南海、三水、中山及汕頭等地，遠至福建和廣西也有設廠。由內地製作、加工到大量生產，一條龍式運作大大減低成本，可以降低紙紮品的零售價。反觀香港紮作人力成本不斷上升，香港顧客寧願選擇較便宜的內地紙紮品，也不願花錢選購本地紮作師傅精巧的紮作品。此外，紙張原料價格不斷上漲，本地生產的紙紮品價格難以跟內地競爭。

　　現今社會，傳統文化飽受現代化衝擊，傳統紮作業亦難以倖免，對紮作品需求量不斷下降，加上科技進步，傳統手工藝被機械取代；另一方面，工作分工愈趨精細，非祭祀類的紮作品逐漸由其他行業代辦。雖然市場日漸萎縮，不過仍有生存空間，事實上一般傳統節日與拜祭喪俗仍需大量紙紮品，而紙紮店日漸減少，本地競爭也相對降低。部分紮作師傅各出奇謀開拓新市場，致力做好公關宣傳。特別是新一代紮作師傅嘗試突破囿限，敢於進行跨界別合作，獲藝術家及設計師邀請，在固有技藝中尋求創新，無論是紮作用料、工具或題材上，既宏揚傳統，也發展創意。有些具有雄厚資本的紮作師傅面對內地競爭，選擇在內地設廠，以減低大量製作和加工成本。2017 年，紮作技藝成為香港非遺代表作，不少紮作師傅努力推廣紮作技藝，培訓年輕一輩加入這個傳統行業。

# 附錄

## 1960 年代初紮作業勞資談判與調解

### 工會訴求

港九油燭藝術扎作職工會自 1949 年以來最具代表性的工會運動,當是 1960 年中至 1961 年初為期約七個多月爭取工友權益之談判。爭取權益訴求在五月底展開,扎作工會發函中華紙業商會,提出「調整工作時間及改善待遇辦法,並附條件十項」。該十項包括:工時安排;夜工補薪及加班上限;月工有薪例假三天;任職一年者另有薪例假七天;尾月雙薪及子夜工作補薪及宵夜;解職通知及補償;散工工時及加班安排;病假規定;「下欄」(額外收入);以上各項只限會員享受。

### 初步接觸

商會接函後認為「茲事體大」,馬上召開特別會議作出四點決議,其一是雙方交換會章及會員名冊。6 月 11 日工會代表面見勞工處職工會組,處方認為無需交換名冊,因為工會已作出有會員 341 人的法定聲明。勞工事務主任碧架(K. A. Bakers)亦於同日知會勞資關係組,認為商會可能想獲知會員商號中哪些工人是工會成員,不過「在勞資雙方達致互信前,最好不要讓資方獲取這些資料」。可想而知,勞工處一直給予工會建議,甚至指導。

對商會來說,扎作工會「究竟與本會發生關係程度如何。有待互相交換會章及會員名冊,查對清楚,始明真相,作為應否談判之根據」。為此勞工處要求工會盡快提交會員任職商號名單給處方。[1]

........................................................

1　政府檔案中有一藍色單行簿,列出店號及僱員共約 180 家 284 人。相信這便是提交給處方的名單。

同時要求商會代表來處備詢。商會稱要求交換名冊是因為相信只有少數工會會員在其會員商號工作。問及商會能否保證得知何人在商號工作後，該工人不會受到不利對待。商會稱無法作出保證。處方遂提出雙方把會章名冊呈繳作統一審查，同時建議雙方盡快達成協議，否則便需勞資關係組介入。雙方 22 日在勞工處會談，處方經審查指有 147 名工會會員在 72 家商會會員商號工作。商會希望知道是哪 72 家，不過工會不同意披露。會後處方認為商會誠意欠奉，共識難以達成。商會之後撰〈告會員書〉，認為與工會沒有談判基礎。

## 談判僵持，工運展開

談判不得要領，工會 8 月 8 日致函商會「註銷」十項條件，提出七項要求。七項要求只是十項條件更簡潔版本，另加「增薪」一項。由於商會漠視訴求，工會再在新修正版本改為增薪 50%，增設會慶及先師誕為有薪假期。工會此舉無疑是增加談判籌碼。商會 29 日在特別會員大會稱問卷調查結果顯示會員商號中約有 28.5% 僱員為油燭紮作工人。[2] 大會最後投票否決與工會繼續談判。9 月 2 日雙方再展開談判。勞工處建議商會推派由兼營油燭紮作的會員商號組成「油燭扎作小組」負責接續商談，免得談判中止。

雙方主要分歧在兩會所涉業務性質範圍，以及工會是否具代表性。問題複雜，勞工處要求兩會具文澄清。工會的說明相對簡單，主要論據是東主擴充業務兼營紙筆墨簿文房用品生意，工友日間既兼任店員，晚上又要加班製作紙紮品，旺季工作通宵達旦，俱沒有合理工資補償。有見及此工會才發動要求改善待遇。

---

2　其實調查結果有一半以上商號是有僱用油燭紮作工人。這次調查發問卷 219 張，收回 192 張，統計僱員總額 674 人，包括店員 483 人，油燭工人 37 人，紮作工人 150 人，油燭兼紮作工人 4 人。政府接函後強調的是「192 家商號中有 101 家僱用油燭紮作工人」。

相對地，商會大篇幅說明兩會之別，重點為：一）1946 年商會成立，扎作工商總會以「鏡屏」致賀。兩會雖有兼營對方業務之處，但經營中心各異；二）1949 年後因法規工商總會改組為職工會，商人成員應當成立油燭扎作商會，但至今沒有成立，商人還混雜在工會間；三）蠟燭、油燭屬不同業務，紮作、藝術紮作亦有分別。油燭與藝術紮作需要專門技術。一般紮作以色紙與竹篾為原料，多為祭神佛用品，用後焚化，普通工人均能製造；而藝術紮以鐵線架、明紗為材料，重寫色，供人欣賞之用。商會商號兼營者多是蠟燭紮作類製成品，至於兼營油燭藝術紮作者「百無一二」；四）工會名稱具「藝術」二字，目的就是把祭神焚化紮作摒諸範圍之外；五）商會商號多稱為「紙號」，專營紙業兼營扎作者稱為「紙料扎作」，反過來為「扎作紙料」。至於「藝術及明紗扎作」，非商會商號兼營範圍；六）工會稱全港 500 家商號每家平均有四個紮作工人，但工會會員 300 餘人，故稱商會商號均有僱用工會會員說法不實；若說法屬實，工會就有濫收會員之嫌。簡言之，就是工會是否具足夠代表性成疑。

商會振振有詞，寸步不讓。談判膠着，工會將行動升級，11月 5 日發起停工。[3] 9 日第四次談判，商會繼續強調紮作只是邊陲業務，並指工會內有 30 名僱主會員。工會則稱若中止談判，會有進一步罷工行動。30 日第五次談判。商會說會盡最大努力再收集會員意見。12 月 22 日第六次會談商會報告最新投票結果，仍是決議不再進行談判，但重申不反對工會直接與願意談判的僱主接觸。

對於歷時七個月的談判毫無進展，工會發動會員採取八小時工作後即行休息抗議。[4] 28 日工會將訴求修訂為六項發函商會欲

3　〈油燭紮作勞資雙方明午三度舉行談判〉，《華僑日報》，1960 年 12 月 19 日。
4　〈工會限期商會答覆，否則採取抗議行動〉，《華僑日報》，1960 年 12 月 31 日。

重啟談判[5]，但商會拒收函件。其間工會除召開記者招待會爭取輿論同情，也在媒體批評資方有不顧工業安全之嫌。[6] 商會則於 31 日發稿報刊，說明中止繼續談判理由及反駁工會指控。[7]

自開始談判以來，雙方都是各說各話，但所持理據，俱非理所當然。例如工會副主席梁漢榮說 1949 年註冊後「勞資分立，資方會員全部加入中華紙業商會」，並不盡然。1949 年工商總會因註冊一事「分裂」，部分東主加入紙業商會，不過也有東主留下來與工人共同組成職工會。工會雖註冊為僱員工會，但在談判前的確一直存在僱主會員。商會指工會係「混合組織」，有違會章及當局規定，的確有一定事實基礎。

另外，商會認為與其相對應的工人組織，應該是紙業工會，而非扎作工會。查港九紙業工會 1939 年成立，戰後復員，1949 年註冊，1970 年取消登記，編號 140。據該會章程，成員工作屬「土洋紙業」，事實上主要是中式土紙製學校課本、帳冊、信紙信封之訂裝與印刷工作，即中式傳統文房用品業務。紙業工會會員與商會商號應該是有僱傭關係的，而紙業工會戰後申報也在「相關組織」一欄填上中華紙業商會。[8] 然而該會會務一直不振，1960 年的有效會員只有 52 人。一直主持會談的勞資關係組署理勞工事務主任徐添福，就商會質疑工會代表性提出了三點建議：工會要改名；僱主會員要退出工會；廣招會員。就第一及第三點，當時勞工處曾拉攏兩個工會，建議合拼一起爭取權益，但紙業工會稱沒有足夠理由合拼，又稱與商會關係良好，若聯合扎作工會參與勞資談判誠屬不智云云。

· · · · · · · · · · · · · · · · · · · · · · · · · · · · · · · · · · · · ·

5　刪去病假安排一項，另每天工作上調至以九小時為限，增薪下調至加 40%。

6　〈油燭紮作工友痛陳待遇低微責任太重，表示堅決爭取改善待遇〉，《華僑日報》，1960 年 12 月 26 日。

7　〈中華紙業商會首腦發表意見，油燭紮作工會體系不同，未備談判改善待遇條件〉，《華僑日報》，1960 年 12 月 31 日。

8　按：1941 成立的（僑港）香港製染紙業工會，也是與紙業商會有關的組織。

再回看 1949 年工商總會「分裂」，當時有不少店號加入紙業商會，所以工會謂兩會名稱不同，「但勞資關係淵源有自，體系則一，……工會的會員，也就服務於這些商號」，是有一定道理的。另外，商會自稱是「混合體業務」，以紙錢及祭神佛用品為主。其實，專營紮作的寶號，又何嘗不是？[9] 就算較專門的龍獅紮作，也與民間習俗與宗教神誕有密切關係。商會談判時每每刻意把自身業務與工會所屬業界分割，目的無他，俱欲以兩會「業體不同」及「關係微弱」為由中止談判。但兩年前出版的《中華紙業商會會刊》，就將仍未加入為會員的「藝術扎作」寶號（如金玉樓、生和隆），以及專營祭祀焚化紮作的店號（如黃秋記），列入同業商號。業體若果不同，何來同業！商會的駁論若非談判修辭，就有自打嘴巴之嫌了。總的來說，工會註冊為僱員工會，實際是混合組織，的確讓這次談判帶來不少爭拗；而商會商號業務屬於混合體，同樣為這次勞資糾紛帶來各種模糊地帶。

## 另組聯誼，尋求突破

　　年關逼近，對紮作工人及專營紮作的商號都是最忙碌的日子。若協議未能達成，工運繼續，對勞資雙方都沒有好處。問題是商會退場，工會頓失談判對手，只能向個別商號爭取加薪，難以短期內以集體談判協議方式達成一個較完備的勞資共識。際此僵局，業內部分商號突發起另設小組與勞方談判。發起商號有 15 家，參於商號達 50 餘家。小組於 1961 年 1 月 6 日舉行座談會，發起商號稱曾與紙業商會聯繫，但將來談判係由小組負責，代表紙業商會並不會回到談判桌上。

9　　詳見本書頁 26 金玉樓 1951 年刊登廣告。

## 「蠟燭扎作商號發起人」

| 店號 | 負責人 | 身份職銜（1958年商會會刊） |
|---|---|---|
| 材源 | 翁材 | 會員，理事 |
| 忠興 | 黃允彥 | ─ |
| 泰生隆 | 蔡生鴻 | 會員 |
| 泰馨 | 張安 | 會員 |
| 廣章 | 李漢 | 會員 |
| 錦章隆 | 黃錦章 | 會員 |
| 順昌 | 趙慶祥 | 會員，理事 |
| 黃北記 | 黃北桂 | 會員，理事 |
| 百福祥 | 莊達榮 | 會員，理事 |
| 源泰祥 | 陸生 | 會員 |
| 陳福馨 | 陳芳 | 會員 |
| 振之隆 | 許振 | ─ |
| 錦鉅隆 | 黃錦城 | 會員 |
| 全昇昌 | 賴全 | 會員 |
| 萬福祥 | 譚庚 | 會員 |

6日座談會上各商號公推七人成立聯誼小組，負責往後談判事宜：

| 組長 | 黃北桂（黃北記） |
|---|---|
| 副組長 | 翁才（材源）、何瑞庭（金玉樓） |
| 組員 | 黃允彥（忠興）、趙慶祥（順昌）、黃錦城（錦鉅隆）、張安（泰興） |

小組組長黃北桂在商會中具元老級地位。至於小組成員所屬商號，都是業界「老字號」，至少黃北記、金玉樓及錦鉅隆的名字就見於 1946 年扎作工商總會職員及會員名單內。15 家發起商號基本上都是商會會員，多位商號代表還是前理監事，甚至可能也是當屆理監事。這組合一方面代表商會可以「置身事外」，不用負任何談判權責，另一方面相關會員商號不用脫離商會也可另組談判小組解決當下糾紛。另外，小組成員唯一不屬於發起商號又不是商會會員，只有金玉樓東主何瑞庭。何是戰後籌備復興扎作工商總會核心人物。他之後繼續活躍於職工會，至少曾任三屆理事長。1958 年他是監事長。工會往後未再申報監事長一職。1960 年 3 月 22 日理事長羅芝（第 11 屆）接待到訪勞工處官員。官員後來記述當時在場還有「現為顧問並曾是工會前理事長的何先生（想必是 Ho Shui-tung）」。[10] 由此可見，何瑞庭這位與工會有密切關係的東主加入商號聯誼小組，對往後達成協議當有不少作用。

　　小組的成立相信早已告知工會，故工會暫緩抗議行動。資方以「油燭扎作商號聯誼」另設談判小組，[11] 為一直陷於僵局的勞資談判帶來曙光，雙方之後互通函件，態度積極，[12] 準備正式談判。

## 談判順利，協議達成

　　雙方 1 月 19 日假仁人酒家談判，「加薪及逾時補水獲得協議」，其餘條款仍須斟酌，遂定於 23 日往勞工處就未決事項請示仲裁。23 日會議由徐添福主任主持，就未達共識處予以調解，雙方最後達致共識並簽署臨時協議，定 28 日再到勞工處正式簽約。[13] 今存臨時協議簽署方有三：一為商號代表七人，即聯誼小組成員；二為工會代表七人，分別是伍于攀、梁漢榮、嚴拯、馬

10　按：Ho Shui-tung 當是 Ho Shui-ting 的拼寫或手民之誤。

11　〈紮作商號調解工潮，勞資今日正式談判〉，《華僑日報》，1961 年 1 月 19 日。

12　〈油燭紮作工潮，五十餘家商號明午會商應付〉，《華僑日報》，1961 年 1 月 16 日。

13　〈油燭扎作業勞資雙方臨時協議〉，1961 年 1 月 23 日。

霖、何志光、謝榮泰、關海成；三為見證人勞工處徐添福。惜篇幅有限，未能於此羅列協議全文。

對工會來說有協議總比「向無規定」有較佳保障，日後也可在此基礎上爭取權益。同年工會易名「港九油燭紙業扎作職工會」，以「紙業」代替「藝術」，目的是擴大會員範圍，堵住對工會代表性不足的批評。總的來說，這次勞資糾紛最後能予以解決，除了勞工處的斡旋外，當年《華僑日報》的回顧我以為是符合事實的：

在工方進行始終保持穩重忍讓，而資方商號亦以久經不解，終非雙方之福。其中老成練達者，採取開明態度，融和雙方意見，另組聯誼名稱，號召同業參加，自行調處，乃能獲致成果。[14]

隨着社會文化變遷及經濟急速發展，以及改革開放後生產線移至內地，本港紮作業隨之步向式微，工人轉職，工會會員銳減。其實工會名稱中還有「油燭」二字，不過本港油燭業更早沒落，所見各屆理事會明確申報為「油燭工人」的，就只有 1959年第 11 屆的郭順（調查主任）和 1968 年第 20 屆的黃普（財務主任）了。至於會員專營土紙及祭祀用紙錢的紙業商會，同樣受市場競爭及營商模式轉變衝擊，過去商會類似總代理的角色不再，商會會員銳減。自 1960 年工運後，雖然工會仍會不時與僱主檢討薪酬標準，但未有再行使集體談判權。畢竟紙業與紮作業都面對新時代挑戰，沒有新血加入，理事與會員老化，工會與商會會務同樣不振，也就難以再談爭取權益的問題了。[15]

---

14　〈紮作商號自任調處，勞資糾紛會談順利〉，《華僑日報》，1961 年 1 月 20 日。

15　因篇幅關係未能一一點出引用出處。此附錄主要參考香港政府檔案處檔案，包括港九油燭紙業扎作職工會（TU 170）：HKRS837-1-244，HKRS939-1-31，HKRS1364-2-43，HKRS1364-2-44，HKRS1364-2-45，HKRS1364-2-46，HKRS1364-2-47，HKRS1364-2-48。中華紙業商會（TU 151）：HKRS837-1-232，HKRS1161-1-51，HKRS1364-2-36，HKRS1364-2-37。港九紙業工會（TU 140）：HKRS837-1-224。

# 鳴謝

　　本書能順利撰寫及出版，必須感謝以下同仁及機構（按筆劃順序排列）：

## 個人

Leigh McKinnon、王偉明、余英豪、吳水勝、吳江南、杜千送、林穎燕、冒卓祺、胡炎松、夏中建、夏浩文、翁振華、張浩林、梁金華、梁進希、梁寶儀、許嘉雄、陳子安、陳旺、陳鈞、陳覺聰、曾憲威、隋彪、黃輝、黃韻璋、楊九、楊秀玲、楊強、溫佐治、雷詠薇、歐陽秉志、歐陽偉乾、蔡旭威、蔡達耀、鄧家宙、鄭相德、黎敬嫻、盧智基、蕭國健、駱桂平、鍾家樂、鄺嘉仕、蘇馬電、蘇敏怡

## 團體

中華紙業商會

天寶樓扎作

古洞義和堂花炮會

本迪戈市金龍博物館（澳洲）

生和隆扎作

光藝紙品廠

明日記載 Facebook 專頁

東華三院

東頭邨盂蘭勝會有限公司

長春社文化古蹟資源中心

非物質文化遺產辦事處

俊城行

保良局歷史博物館

南華早報

政府檔案處歷史檔案館

香港非物質文化遺產系列：紮作技藝

香港大學圖書館特藏部

香港中文大學圖書館特藏

香港史學會

香港紮作業聯會

香港歷史博物館

得一文化

紮作技藝展示館

程尋香港

雄獅樓

新亞研究所

祺麟店紙料扎作香莊

夢周文教基金會

福興隆豪記扎作

橫洲建醮委員會

寶華扎作

香港非物質文化遺產系列

# 紮作技藝

黃競聰　李凌瀚　著

| **責任編輯** | 葉秋弦 |
| **版式設計** | 簡雋盈 |
| **排　　版** | 楊舜君 |
| **印　　務** | 劉漢舉 |

**出　版**

中華書局（香港）有限公司

香港北角英皇道 499 號北角工業大廈一樓 B

電話：（852）2137 2338

傳真：（852）2713 8202

電子郵件：info@chunghwabook.com.hk

網址：http://www.chunghwabook.com.hk

**發　行**

香港聯合書刊物流有限公司

香港新界荃灣德士古道 220 － 248 號荃灣工業中心 16 樓

電話：（852）2150 2100

傳真：（852）2407 3062

電子郵件：info@suplogistics.com.hk

**印　刷**

寶華數碼印刷有限公司

香港柴灣吉勝街 45 號勝景工業大廈 4 樓 A 室

**版　次**

2023 年 7 月初版

©2023 中華書局（香港）有限公司

**規　格**

大 16 開（287mm x 178mm）

ISBN

978-988-8860-22-7